W0090453

Wolfgang Schmidbauer
Erziehung ohne Angst

Wolfgang Schmidbauer

Erziehung ohne Angst

Eine Orientierungshilfe
für Eltern

R. Piper & Co Verlag
München

ISBN 3-492-01983-8
© R. Piper & Co. Verlag, München 1972
Gesetzt aus der Garamond-Antiqua
Gesamtherstellung: H. Mühlberger, Augsburg
Printed in Germany

Inhalt

Vorwort

Angst und Erziehung hängen in doppelter Hinsicht eng zusammen. Immer noch ist wohl die Angst vor dem Entzug elterlicher Liebe (»wenn du nicht sofort aufräumst, will ich dich nicht mehr sehen!«) oder vor Strafe (»hör auf damit, sonst gibt es Schläge!«) das geläufigste Erziehungsmittel. Gibt es Möglichkeiten, ohne Angst, das heißt auch: ohne durch sie erzwungene Anpassung zu erziehen? Die Antwort auf diese Frage ist zugleich auch eine auf die vieldiskutierte (falsche) Alternative zwischen der autoritären und der antiautoritären Erziehung. Vielleicht werden wir in einigen Jahren erkennen, daß gerade eine Erziehung ohne Angst das ist, was es an den Konzeptionen der antiautoritären Pädagogik zu bewahren gilt.

Erziehung soll aber auch in einer ganz anderen Richtung von Angst befreit werden. Es gibt heute (und man sollte trotz allem sagen: glücklicherweise) immer mehr Eltern, die ein wenig oder sogar recht viel Angst vor der Erziehung ihrer Kinder haben. Es ist ihnen deutlich geworden, wie lebensprägend das ist, was sie tun, wieviel sich schicksalshaft in den ersten Lebensjahren des Kindes entscheidet, wie groß die Verantwortung ist, vor der sie stehen. Diese Angst »etwas falsch zu machen« scheint wie alle Ängste in geringer Dosis anregend und nützlich; sie weckt Energie und Initiative, führt dazu, ausgefahrene Geleise auch in der Erziehung zu verlassen. Doch wenn diese Angst zu groß wird, kann sie nicht nur den Eltern das Leben schwer machen, sondern auch zu Spannungen in der Familie führen, die den Kindern schaden. Sie kann jede spontane Reaktion ersticken und führt nicht selten dazu, daß die Eltern endlich Schlagworten zum Opfer fallen, daß sie nicht bewußt und zielstrebig, sondern planlos und voller Resignation »repressionsfrei« zu erziehen meinen, tatsächlich aber abdanken. Erziehung ohne Angst ist immer auch eine Erziehung durch und zur Einsicht. Das gilt für die Eltern wie für die Kinder, und um beide geht es hier.

Antiautoritäre Erziehung? Ist doch längst überholt! In der von den Massenmedien informierten und zugleich in Trab gehaltenen Gesellschaft glaubt man eine Frage nicht selten dann erledigt, wenn sie zu Tode geredet wurde. Wenig hat sich verändert, Konsequenzen wurden kaum gezogen, die grundlegenden Probleme bestehen unter der erst bewegten, nun wieder geglätteten Oberfläche weiter. Man »kann nichts mehr davon hören«.

Wird da nicht oft eine immer noch drängende, immer noch nicht beantwortete Frage deshalb für gestrig erklärt, um das Vorgestrige zu schonen? Die Kritik an sachlich nicht gerechtfertigten Autoritäten, die sich als »antiautoritär« verstand, hat wenig verändert und oft Veränderungen ersetzt. Das liegt nicht zuletzt daran, daß sie als Absage an jede Autorität mißverstanden wurde, als »Erziehung zum Ungehorsam« (nicht zum kritischen im Gegensatz zum blinden Gehorsam). Was in den antiautoritären Kinderläden geschah, verschreckte viele Gutwillige und gab weniger Gutwilligen Anlaß, in der Ablehnung dieser teilweise fehlerhaften und vorläufigen Experimente jede Chance für einen Fortschritt zu leugnen. Wie so oft arbeiteten auch in der Erziehung die radikalen Revolutionäre jenen Kräften in die Hände, die jeder Reform abhold sind.

Man hat sich über pro und contra der antiautoritären Erziehung so heftig gestritten, daß immer undeutlicher wurde, worum es sich eigentlich handelt: Um ein Übergangsstadium, in dem oft über das eigentliche Ziel hinausschießend gegen eine autoritär bestimmte Erziehungstradition angekämpft wird. Sinnvoll ist dieser Kampf, wenn er dazu dient, den Weg für eine künftig von Freiheit und Sachautorität bestimmte Erziehung zu ebnen. Fragwürdig wird er, sobald er die Kindergärten in einen Exerzierplatz für den Klassenkampf umwandeln will. Es geht hier darum, in einer kritischen Prüfung »antiautoritären« Gedankengutes die Situation zu klären und jene Gesichtspunkte zu bewahren, die es im Interesse einer sinnvollen Erziehungsreform verdienen. Wie nötig gerade deutsche Eltern und Pädagogen eine solche kritische Klärung brauchen, scheint mir nicht zuletzt der Massenerfolg von A. S. Neills Buch »Theorie und Praxis der antiautoritären Erziehung« zu zeigen. Noch nie haben so viele Eltern ein Buch über Erziehung gekauft, das alle ihnen vertrauten Erwartungen geradezu auf den Kopf stellte – Ordnung, Sauberkeit, Gehorsam, Disziplin. Auch dies zeigt, wie groß die Unsicherheit in der Erziehung geworden ist, wie fragwürdig die Kontinuität. Man will nicht mehr so erziehen, wie man selbst erzogen wurde. Aber wie sonst?

Deshalb ist es nach einem Überblick über die gegenwärtige Erziehungssituation notwendig, zu fragen, wie weit das von Neill entworfene Modell übertragbar ist, wo neben dem Glück von Summerhill seine Grenzen liegen. Eine weitere wichtige Frage: Wogegen richtet sich eigentlich die »antiautoritäre« Erziehung? Gegen eine autoritäre Tradition, gewiß, gegen die Bildung des »autoritären Charakters« situationsblinder Befehlsempfänger. Nicht Autorität schlechthin wird abgelehnt, sondern nur jene Autorität, die sich als absolut und über alle Kritik erhaben zeigt, jene Erziehung, in der Gehorsam um seiner selbst willen erzwungen wird. Sachgebundene, begründbare Autorität bleibt anerkannt.

Allerdings wurde antiautoritäre Erziehung nicht immer so aufgefaßt. Sie hat eine Reihe gefährlicher Mißverständnisse provoziert, mußte herhalten, um Vernachlässigung, Verwöhnung, Gleichgültigkeit zu rechtfertigen: Nicht selten hört man von Eltern, die sich nie viel um ihre Kinder gekümmert haben: »Wir haben ja immer schon antiautoritär erzogen ... dabei kommt nicht viel raus.« Um solchen Mißverständnissen vorzubeugen, ist es nicht nur notwendig, zu erfahren, wie man antiautoritär erzieht, sondern auch warum. Wie sehen die Grundlagen aus, welche Vorstellungen aus Theorie und Forschung der Psychoanalyse, Sozialpsychologie, Soziologie und Biologie spielen mit? Es muß gefragt werden, was uns hier das in der Psychotherapie erarbeitete Wissen über krankmachende Enflüsse in der Kindheit sagen kann, was die Erfahrungen mit unbewußt-neurotischen Familientraditionen, welche die Dimension des »Warum?«, der Motivation in der Erziehung, so bedeutsam machen. Die kindliche Sexualität ist so wichtig wie die Frage nach den Ursprüngen der menschlichen Aggression oder auch nach den genetisch abgesteckten »Grenzen der Erziehung«. Nur wenn man solche Materialien einem breiteren Kreis von Eltern zugänglich macht und die Grundbegriffe einer neuen Erziehung jenseits der (teilweise falsch gestellten) Alternative autoritär-antiautoritär erläutert, wird man die Chance nützen können, welche das leidenschaftliche Interesse an der antiautoritären Erziehung eröffnete. Nur dann werden Eltern und Sozialpädagogen den Weg zu einer freieren Erziehung nicht mehr unsicher gehen, zwischen Tradition und Fortschritt hin- und hergerissen.

Ich danke meinen akademischen Lehrern, vor allem Philipp Lersch und Rudolf Bergius, die mich eine kritische Haltung gegenüber den geläufigen entwicklungspsychologischen Theorien lehrten, sowie Albert Görres, der trotz (oder auch wegen) seines reichen analytischen Wissens eine Synthese von Psychoanalyse und lernpsychologischen Einsichten gefördert hat. Paul Matusseks Unterscheidung von ideologischer und gläubiger Haltung hat mein Verständnis der autoritären Persönlichkeit erheblich erweitert. Günter Ammon und Gisela Ammon, Berlin, haben mir nicht nur ihren psychoanalytischen Kindergarten gezeigt, sondern mir auch geholfen, viele Fragen klarer zu sehen. Elke Natorp und Ulrich Dittmann, München, unterstützten mich mit Literatur. Stärker, als durch Zitate allein vielleicht deutlich wird, haben mich die Arbeiten von Horst-Eberhard Richter, Theodor W. Adorno, Robert Skidelsky und Alexander Thomas beeinflußt.

München-Feldafing 1970–1972
W. S.

I. Zur Situation heute

Zwei Gruppen von Eltern lassen sich unterscheiden. Die eine glaubt, daß man in der Kindererziehung nicht zuviel nachdenken soll und am besten seinem »gesunden Gefühl« oder »Instinkt« vertraut – tatsächlich jenen Prägungen der eigenen Kindheit, die vor allem deshalb richtig scheinen, weil man sich an sie gewöhnt hat. Die andere Gruppe ist weniger selbstsicher. Sie hält nach neuen Gesichtspunkten Ausschau, da sie an der Richtigkeit der an sich selbst erfahrenen Erziehung zweifeln gelernt hat. Offensichtlich wächst diese zweite Gruppe heute ständig. Gleichzeitig mehren sich aber die Zweifel an den neuen Erziehungsrezepten, die in Zeitschriften und Büchern angeboten werden. Zu viele Wegweiser gibt es, und sie zeigen in sehr verschiedene Richtungen.

Die Selbstkritik, mit der manche Eltern ihr eigenes Erziehungsverhalten betrachten, scheint sich nicht zu lohnen. Sie vermehrt nur die Unsicherheit, ja die Angst, den eigenen Kindern zu schaden – indem man nicht früh genug die Intelligenz fördert, indem man nicht rücksichtsvoll genug auf kindliche Bedürfnisse eingeht, oder aber auch, indem man die Kinder verwöhnt, sie verzieht. Ich möchte in diesem Buch versuchen, solche Unsicherheit und Angst mindern zu helfen. Dabei konzentriere ich mich vor allem auf »das heißeste aller heißen pädagogischen Probleme« (Hildegard Hamm-Brücher), nämlich die Auseinandersetzung um autoritäre oder antiautoritäre Erziehung. Aber auch weitere, in diesen Problemkreis gehörende Fragen werden behandelt: Soll man die kindliche Sexualität dulden oder, wie es die Mitglieder der Berliner Kommune II schildern, geradezu fördern? Was ist der Unterschied zwischen einer freien und einer verwöhnenden Erziehung, zwischen dem »demokratischen« und dem »laxen« Führungsstil?

Besonders hinderlich auf dem Weg zu einer neuen Selbst-
sicherheit und Spontaneität in der Erziehung scheint mir ein
Fehler, den man das »Denken in Extremen« nennen kann.
Er liegt vor, wenn man etwa den Anhängern einer antiautoritären Erziehung vorwirft, sie wollten Autorität schlechthin
»abschaffen« – während, wie wir noch sehen werden, lediglich eine Form der Autorität durch eine andere ersetzt
wird. Derselbe Fehler aber findet sich auch in vielen Plädoyers für einen repressionsfreien Umgang mit Kindern, in
denen einfach übersehen wird, daß nicht jeder (um nur ein
Beispiel zu nennen) Eingriff in das kindliche Spiel »repressiv«
ist. Wenn die Mutter, sobald sie ihrem Kind etwas erlaubt,
was sie selbst als Kind nicht durfte, fürchtet, es zu verwöhnen; wenn sie auf der anderen Seite bei jedem Verbot Angst
hat, zu streng oder zu »repressiv« zu sein, dann wird sie möglicherweise ganz vergessen, sich an einer weit empfehlens-
werteren Richtschnur zu orientieren, nämlich an den Reaktionen des Kindes selbst.

Viele Eltern sind heute schon vor lauter Wegweisern an jedem Weg irre geworden, den sie gehen. Sie schenken einem
Experten, der weder sie noch ihr Kind kennt, mehr Glauben,
als den eigenen Wahrnehmungen und dem eigenen Denken.
Wenn hier die »klassische« autoritäre Pädagogik ebenso wie
die »revolutionäre« antiautoritäre Erziehung kritisch und dif-
ferenziert betrachtet werden, dann vor allem deshalb, um
ihnen wieder Mut zur ganz persönlichen Erziehung zu machen. Nicht zuletzt die völlig unterschiedlichen Temperamentsanlagen unserer Kinder machen Faustregeln, die in jedem Fall richtig sind, zu einer fragwürdigen Angelegenheit.

Bruno Bettelheim[1] hat einmal eine betont fortschrittliche
Mutter geschildert, die sehr stolz darauf ist, daß sie von
ihrem zweijährigen Sohn noch nicht verlangt hat, sauber zu
werden. Er darf ruhig in die Windeln machen und frei von
jedem Zwang entscheiden, wann er seine Schließmuskeln beherrschen will. Doch dieselbe Mutter berichtet, daß ihr Kind

---

1 B. Bettelheim, Liebe allein genügt nicht, Stuttgart 1970.

jetzt jeden Tag ein Wort lernt. Sie legt sehr großen Wert darauf und führt über die täglichen Fortschritte Buch. Wenn es nicht so klappt, wird sie ungeduldig und ärgerlich. Hier also ist ein Erziehungsrezept, das – für sich genommen – wertvoll und richtig bleibt, dem Buchstaben nach aufgefaßt, in seinem Sinn aber nicht erkannt ist. Die Kontrolle der Ausscheidungen ist ja nur ein Beispiel dafür, daß man von einem Kind nichts zu früh verlangen soll. Für den Zweijährigen jedenfalls wäre es angemessener, Blase und Darm zu beherrschen, als sich jeden Tag ein neues Wort einzuprägen.

Für die Zukunft erziehen

Die Angst, es könnte für bestimmte Erziehungseingriffe zu spät sein (»was Hänschen nicht lernt, lernt Hans nimmermehr«) hat gewiß schon mehr Schaden angerichtet, als geduldiges Abwarten, selbst wenn man es noch so übertreibt. Wir wissen nicht, wieviele Kinder seelisch krank gemacht worden sind, weil man ihnen schon mit sieben oder zwölf Monaten jene »Sauberkeit« andressieren wollte, die sie mit zwei bis drei Jahren ganz von selber beherrschen lernen.

Die Unfähigkeit, geduldig abzuwarten, kennzeichnet aber nicht nur die kleinbürgerliche Erziehung, in der man von Kindern viel zu früh Darm- und Blasenkontrolle, Wahrheitsliebe, Stillsitzen, Mundhalten verlangt, sondern man findet sie auch, freilich mit umgekehrtem Vorzeichen, in vielem wieder, das sich als progressiv, ja revolutionär hinstellt. Die braven Bürger wie die wilden Revolutionäre projizieren ihre Ideale in die Kinder und möchten in diesen verwirklicht sehen, woran es bei ihnen selbst hapert. Schon der Vierjährige soll jenes proletarische Klassenbewußtsein erwerben, dessen Mangel seine noch kleinbürgerlich geprägten Eltern als schmerzlich empfinden. Und wenn der Knirps reimt

»Hammer, Sichel, Sowjetstern
Sowjetrußland hab' ich gern.
Alle Kinder, groß und klein
Wollen Rußlands Freunde sein!«

dann leuchten die Augen der progressiven Eltern nicht weniger als die der bürgerlichen Mütter und Väter, deren eigene Verdrängungen sich in älteren Kinderreimen anschaulich widerspiegeln, wie etwa in

»Ich bin klein,

mein Herz ist rein.«

Das Dilemma der Erziehung in einer Welt, die sich mit immer rascherem Tempo verändert, liegt nicht zuletzt darin, daß wir unsere Kinder für eine Zukunft erziehen, die wir nicht kennen. Wir können ihnen nicht Traditionen weitergeben, die unsere eigenen Eltern womöglich noch als tragend erlebt haben, ohne kritisch zu prüfen, was davon Bestand haben wird. In der pluralistischen Gesellschaft gibt es kaum mehr für alle Situationen eines Menschenlebens verbindliche Leitbilder. Der Handwerker, dessen Sohn studiert, muß, selbst wenn er ein »vorbildlicher« Vater ist, in vieler Hinsicht als Vorbild abdanken. Früher, in der ständisch geordneten Gesellschaft, blieben uns solche Konflikte erspart.

Zukunftsangst, Furcht vor der Preisgabe als lebenswichtig erlebter Werte, zu denen bei vielen Angehörigen der Elterngeneration noch Autorität, Leistungsethos, selbstloser Einsatz, Idealismus gehören, – sie prägen die Unsicherheit in der gegenwärtigen Erziehungssituation ebenso wie auf der anderen Seite Ungeduld und ängstliche Erwartung. Angesichts mancher Familien, die sich linksradikal engagiert haben, gewinnt man den Eindruck, daß hier in der Erziehung der eigenen Kinder gescheiterte Versuche, die Gesellschaft selbst zu verändern, ausgeglichen und ersetzt werden sollen. Die Revolution siegt im Kinderzimmer, weil sie in der Realität keine Chance hat. Wer die Spannung nicht erträgt, die ihm jene kleinen Schritte nach vorne auferlegen, die durch demokratische Reformen möglich sind, der gerät in Versuchung, entweder blindlings Gewalt anzuwenden oder in seinen Kindern zu verwirklichen, was ihm selbst versagt blieb. So werden diese auf eine soziale Utopie hin erzogen, deren Aussichten, verwirklicht zu werden, sehr gering sind. So kann es dazu kommen, daß Kinder auf dieselbe Weise (aber mit völlig verschiedenen Inhalten) neurotisiert werden wie die Söhne und Töchter kleinbürgerlicher Familien, die ja ebenfalls von Anfang an nicht sie selbst sein durften, sondern die unerfüllten Wünsche ihrer Eltern verwirklichen sollten. Solche Überlegungen sind zumindest schwer abzuwehren, wenn etwa auf einer Demonstration der Berliner Kinderläden 1970 ein Dreijähriger mit einem Pappschild durch die Straßen zog: »Papi und Mami machen Partnertausch – ich bin frei!«

Um eine Alternative zu herkömmlichen Formen der Erziehung (und damit auch des menschlichen Zusammenlebens schlechthin, denn es ist beispielsweise nicht möglich, in einer traditionell patriarchalischen Familie antiautoritär zu erziehen) zu entwickeln, genügt es nicht, ein revolutionäres Konzept einige Monate lang in einer Kommune durchzuspielen (s. a. S. 117), wenn sich dann, sobald das Ereignis publizistisch ausgeschöpft ist, die Gemeinschaft auflöst. Erziehung braucht Dauer und Kontinuität; nur im zeitlichen Längsschnitt kann der Wert oder Unwert pädagogischer Maßnahmen deutlich werden. Man sollte erkennen, daß in dem Wort »antiautoritär« gerade jene Gelassenheit fehlt, die nötig wäre. Vielleicht sollte man den Ausdruck ganz fallen lassen und von einer freiheitlichen (Neill) oder repressionsfreien Erziehung sprechen. Dann wird möglicherweise auch jenes innerlich problematische Stadium überwunden, in dem die antiautoritäre gar nicht ohne den Gegensatz zur autoritären Pädagogik bestehen kann, sondern sich beständig an ihr messen muß. Gerade in ihrem ständigen Versuch, das Erziehungsverhalten zu polarisieren, jede Maßnahme als Repression oder Nicht-Repression einzustufen, erweist sie sich innerlich noch immer an das gebunden, was sie lautstark bekämpft. In der Erziehung geht es grundsätzlich immer um Evolution, um langsame Entwicklung und konstruktiven Aufbau, nie um Revolution, wobei ja etwas Vorhandenes zunächst zerstört werden muß. Man sollte diesen tiefgreifenden Unterschied zwischen Erziehung und Revolution immer im Auge behalten. Kritische Autoren der Linken wie Reimut Reiche haben deshalb auch unmißverständlich davor gewarnt, am Sozialisationsprozeß (dem Eingewöhnen des Kindes in die Gesellschaft) revolutionär »herumzudilettieren«[2].

Informations-Fallout der antiautoritären Erziehung

Unter Fallout versteht man die radioaktiven Staubteilchen, welche nach einer Atombombenexplosion weite Landstriche verseuchen können. Auch die heute in Millionenauflagen verbreiteten Schriften über antiautoritäre Erziehung produzieren einen Informations-Fallout, den Psychologen, Pädagogen und Psychotherapeuten mit Sorge betrachten. A. S. Neill, von dem im nächsten Kapitel eingehend die Rede sein wird, hat beschrieben, wie dieser manchmal aussieht: »Einmal brachte eine Frau ihr siebenjähriges Mädchen zu mir. ›Mr. Neill‹, sagte sie, ›ich habe jede Zeile gelesen, die Sie geschrieben haben. Und noch bevor Daphne zur Welt kam, habe ich schon beschlossen, sie genau nach ihren Prinzipien zu erziehen.‹ Ich warf einen Blick auf Daphne, die mit ihren schweren Schuhen auf meinem Konzertflügel stand. Sie machte einen Satz auf das Sofa und stieß beinahe die Sprungfedern durch. ›Sehen Sie, wie natürlich sie ist‹, sagte die Mutter. ›Das Neillsche Kind!‹ Ich fürchte, ich bin rot geworden[3].«

Solche Mißverständnisse können nur verhindert werden, wenn man versucht, keine Faustregeln zu geben, sondern stets nach dem Sinn solcher Regeln zu fragen. In dem von Neill zitierten Beispiel geht es etwa darum, Freiheit und Zügellosigkeit zu unterscheiden. Wo dieser Unterschied verloren geht, wird man immer noch von antiautoritärer Erziehung sprechen, obschon man sich bereits an einem Stück Fallout orientiert. Schlimmer noch: um die Diskussion vollständig zu verwirren, wird ein Gegner der antiautoritären Erziehung zu-

2 R. Reiche, Sexualität und Klassenkampf, Frankfurt 1969. Der Ausdruck stammt ursprünglich von P. Brückner. Siehe auch Agnoli/Brückner, Die Transformation der Demokratie, Berlin 1967.
3 A. S. Neill, Theorie und Praxis der antiautoritären Erziehung, Hamburg 1969, S. 116.

nächst einmal dieses Mißverständnis ausschmücken und es dann mit großer Energie bekämpfen.

Während die antiautoritäre Erziehung[4] durchweg darauf abzielt, Kinder vor seelischen Schäden zu bewahren (fast immer schwingt mit, daß den Söhnen oder Töchtern jene neurotischen »Komplexe« erspart werden sollen, an denen man selbst noch leidet), kann der Informations-Fallout, den sie hervorruft, zu massiven neurotischen Störungen führen. Wenn man buchstäblich jeden Einfluß des Erwachsenen auf das Kind als »repressiv« brandmarkt, dann entsteht eines der bequemsten Erziehungssysteme, das es überhaupt gibt – und ein höchst zerstörerisches obendrein. Es handelt sich um ein Klima der Gleichgültigkeit, um die Vernachlässigung durch Eltern, die ihren Kindern materiell »alles« geben, aber weder Zeit noch Zuwendung. Diese (Luxus-)Verwahrlosung tarnt sich dann als Verwöhnung oder antiautoritäre Erziehung (s. a. S. 132).

Kaum erkannt, schiebt man das zentrale Problem der Erziehung im Vorschulalter – die Verhütung neurotischer Prägungen – wieder ab. Nicht nur Prügel, sondern auch Lob und Ermutigung, nicht nur das destruktive Verbot, sondern auch die konstruktive Anregung werden als »Manipulation« abqualifiziert. Von Kleinkindern wird verlangt, »sich selbst zu regulieren«, ob sie wollen oder nicht.

Der Mensch ist viel mehr auf Lernen angewiesen als jedes Tier. Kein Instinkt legt sein Verhalten fest und ordnet es von innen heraus. Er muß lernen, wie man sich beherrscht, wie man anderen Menschen Freude macht und harmonisch mit ihnen zusammenlebt und wie man sich konstruktiv mit seiner Umwelt auseinandersetzt. Eine Erziehung, deren wichtigstes Mittel der Befehl und als letzter, überzeugendster Beweis der Stock sind, hat sich als ungeeignet erwiesen. Durch sie lernen Kinder nicht, sich aus freier Entscheidung zu beherrschen, sondern nur aus Angst vor Strafe. Angst aber

4 Wir lassen der Übersichtlichkeit halber diesen Begriff hier so stehen; ihn kritisch zu analysieren ist eine Aufgabe, die erst in den nächsten Kapiteln angegangen werden kann.

macht dumm. Das wertvollste Mittel der menschlichen Verhaltenskontrolle, die Einsicht in Ziele und Wege des eigenen Erlebens und Verhaltens (und in ihr auch die unverstellte Wahrnehmung der Wünsche und Gefühlsreaktionen des Mitmenschen) kann sich nur eingeschränkt entwickeln.

Diese Einsicht kommt nur im Gespräch des Kindes mit Erwachsenen und mit Altersgenossen zustande. Sie entsteht aber nicht von selbst, wenn man Kinder ohne jedes Eingreifen (außer es droht physische Gefahr, etwa bei einer Rauferei) miteinander spielen läßt, wie man es in vielen antiautoritären Kindergärten und -läden (so genannt nach den billigen Ladenwohnungen, welche zuerst in Berlin für solche Zwecke gemietet wurden) praktiziert[5]. Da meist nur ausgesprochen verantwortungsbewußte Eltern ihre Kinder in diese oft mit großen persönlichen Opfern aufgebauten und unterhaltenen Einrichtungen bringen, werden in der Regel durch das »nichtmanipulierte Spiel«, durch oft chaotische Verhaltensweisen (auf den Klaviertasten herumtrampeln, Kartoffelbrei und Suppe herumschmieren, Nägel in Möbel klopfen) kaum Schäden entstehen. Das Kind hat ja in seinen Eltern meist verständnisvolle Gesprächspartner. Aber es wäre ein Irrtum, anzunehmen, daß »Ausleben« der kindlichen Triebhaftigkeit allein genügt, um eine gesunde Persönlichkeitsentwicklung einzuleiten. Grenzen sind ebenfalls notwendig (s. a. S. 132 f.); der Erzieher muß sie freilich begründen, in ihrer Bedeutung einsichtig machen. Wer im Sandkasten sich nach Herzenslust die Hände schmutzig machen kann, der braucht dazu nicht Grießbrei oder Suppe zu nehmen. Es ist keineswegs bewiesen, daß es für Kinder psychisch gesünder ist, Mobiliar zu zertrümmern als konstruktiv zu spielen. Gewiß aber ist es einfacher, sie etwas kaputtmachen zu lassen. Immer dann, wenn eine Erziehungs-Faustregel der Bequemlichkeit des Erziehers zu sehr entgegenkommt, sollte unsere Kritik wach werden. Das gilt für den Rohrstock als »schlagendes Argument«,

5 Vergleiche Ernst und Erika Busche, Thesen zur antiautoritären Erziehung, Vorgänge 1969.

das mit jedem Widerstreben »fertig wird«, ebenso aber für das »nicht-manipulierte Spiel« tatsächlich einfach alleingelassener Kinder. Antiautoritäre Erziehung läßt sich schwer definieren, weil es sich um einen rein negativ bestimmten Begriff handelt. Das gilt aber nicht nur für den Begriff, sondern es kann auch für das konkrete Verhalten gelten. Man ist ja auch dann »repressionsfrei«, wenn man sich gar nicht um seine Kinder kümmert. Hier liegt eine sehr wesentliche Gefahr; man sollte sich hüten, das kritische Engagement, das gegenüber der autoritären Erziehung so erfolgreich geweckt wurde, nun gegenüber der antiautoritären einschlafen zu lassen.

Die antiautoritäre Bewegung

Fassen wir zusammen:

»Antiautoritäre Erziehung« ist heute zu einem Schlagwort geworden, das »die einen lockt und die anderen schockt« (Der Spiegel), aber noch nicht (oder nicht mehr) mit klaren Begriffen verbunden oder eindeutig definiert werden kann. Zwar läßt sich sagen, wie *nicht* erzogen werden soll – nämlich »autoritär« – kaum aber, wie und wofür. Dazu kommt, daß es trotz der außerordentlichen Popularität antiautoritärer Erziehungslehren praktisch keine allgemein anerkannte wissenschaftliche Literatur zu dieser Frage gibt. Noch nie wurde wirklich kritisch nachgeprüft, ob es überhaupt möglich ist, Kinder so zu erziehen, daß sie ausnahmslos zu innerlich freien, »selbstregulierten« Menschen heranwachsen. Unser bisheriges Wissen auf diesem Gebiet stammt vorwiegend aus der Psychotherapie. Rekonstruiert man im Gespräch mit einem seelisch kranken Menschen dessen Vergangenheit, so finden sich fast immer krankmachende Einflüsse in der Kindheit. Wir werden aber in unserer Untersuchung der Bedeutung der Psychoanalyse für die antiautoritäre Erziehung noch erkennen, daß es ein logischer Kurzschluß ist, nun anzunehmen, der Verzicht auf bestimmte Erziehungsfehler könne späteren Neurosen mit Sicherheit vorbeugen.

Um hier zu einem kritischen Verständnis zu kommen, ist es nötig, recht unterschiedliche Einzelergebnisse der psychologischen und pädagogischen Forschung auf die antiautoritären Lehren anzuwenden: Die gruppendynamischen Studien von Kurt Lewin und seinen Schülern, in denen ein autoritärer mit einem freiheitlich-demokratischen und einem laxen Führungsstil verglichen wurde (Kap. VI), ebenso wie die psychologische Untersuchung besonders mit Rassenvorurteilen belasteter Persönlichkeiten, welche zur Konzeption eines »autoritären Charakters« (Kap. VII) führte. Weil es sich in der antiautoritären Erziehung aber nicht um streng kontrollierbare Verhaltensweisen des Erziehers und die entsprechenden Reaktionen handelt, sondern um einen Spielraum, der dem Kind gewährt wird (und den es je nach den spezifischen Bedingungen seiner Lebenssituation sehr unterschiedlich ausfüllt), wird ein Rest von Unsicherheit bleiben.

Einen ersten Überblick angesichts der widersprüchlichen Ansichten über die antiautoritäre Erziehung mag das Schicksal von Neills wichtigstem Buch selbst erlauben. Der Titel, der diesen Begriff erst in Westdeutschland populär machte – »Theorie und Praxis der antiautoritären Erziehung« – stammt gar nicht vom Autor, sondern beruht auf einem kommerziell höchst erfolgreichen Einfall des Verlegers. Neill selbst wehrt sich dagegen, seine Erziehungslehre »antiautoritär« zu nennen. Er bevorzugt das Wort »frei« – »Das freie Kind« (The Free Child, London 1954) lautet der Titel eines seiner Bücher. Offensichtlich unter dem Eindruck eines Fallouts seiner Lehren hat er 1966 diese Freiheit scharf gegen Zügellosigkeit abgegrenzt (Freedom – Not License, New York 1966).

Als Neills Buch »Summerhill – A Radical Approach to Child Rearing« unter dem weit korrekter übersetzten Titel »Erziehung in Summerhill. Das revolutionäre Beispiel einer freien Schule« 1965 in Deutschland erschien, konnte der Verleger (Szczesny) nur einige Tausend Exemplare verkaufen. Was mußte geschehen, damit dasselbe Buch 1969 unter geändertem Titel zu einem Verkaufsschlager ohnegleichen wurde?

Inzwischen war antiautoritäre Erziehung aus einem von theoretisch-pädagogisch interessierten Fachleuten diskutierten Problem zu einer in konkreten Einzelfällen realisierten Praxis geworden. Von 1965 an hatte die erste, später als »antiautoritäre Phase« gekennzeichnete Protestwelle unter den Studenten auch zu konkreten Versuchen geführt, Kinder möglichst repressionsfrei, ohne Angst vor moralischen Zwängen, vor allem hinsichtlich der kindlichen Sexualität, aufwachsen zu lassen. Anlaß dazu war die von den Theoretikern der radikalen Linken neu aufgelegte Synthese von Marxismus und Psychoanalyse. Herbert Marcuse hatte den jahrzehntelang verpönten Lehren von Wilhelm Reich zu neuer Popularität verholfen. Die antiautoritären Kinderläden und die Pläne für ein völlig repressionsfreies Zusammenleben in Kommunen waren einerseits ein Versuch, in einem Gegenmodell der bisherigen, als »autoritär« abgelehnten Erziehung ein Gegenbild der abgelehnten, spätkapitalistischen Gesellschaft vorwegzunehmen. Andererseits wurde aber auch das Streben deutlich, den Kindern eben jene autoritären Prägungen und Zwänge zu ersparen, die man immer noch schmerzlich empfand (und in vielen revolutionären Gruppen durch »wilde Analyse«, gegenseitige Laien-Psychotherapie, zu überwinden suchte[6]).

Diese Experimente mit der damals zuerst »antiautoritär« genannten Erziehung erregten großes Aufsehen. Wer das Wort selbst prägte, habe ich nicht in Erfahrung bringen können. Da aber Theodor W. Adorno, der die Lehre von der »autoritären Persönlichkeit« aufstellte, auch zu den geistigen Vätern der Studentenrevolution gehört, wird man ihm

---

6 Diese wilde Gruppenanalyse hatte freilich oft eher den gegenteiligen Effekt. Wie mir Günter Ammon, ein in Berlin praktizierender, sehr erfahrener Gruppenanalytiker sagte, kam es dazu, daß ein Teil der ohne ärztlich-psychologische Aufsicht analysierenden Gruppenmitglieder durch zerstörerische Kritik an den schwächeren Angehörigen der Gruppe diese noch mehr neurotisierte und teilweise sogar psychotische Reaktionen auslöste.

zumindest einen Teil der Urheberschaft zubilligen müssen. Festzuhalten bleibt, daß sich der Begriff einer antiautoritären Erziehung primär nicht gegen Autorität schlechthin richtete, sondern das Zustandekommen einer *nicht-autoritären* Persönlichkeit betraf. Ähnlich wie angesichts der Gammler und Hippies, die nur eine winzige Minderheit der gesamten Jugend erfaßten, aber in einer Art parasitärer Publizität zu Vertretern der jungen Generation schlechthin aufgewertet worden sind, fehlte bald in keiner Illustrierten ein Bericht über die antiautoritären Kindergärten, in dem sich das hilflose Interesse überforderter Reporterinnen artikulierte:

» ›Schau, wir rupfen dich an den Haaren!‹ Und sie rupfen. Normalerweise würde ich mich jetzt meiner Fesseln entledigen, mir die kleine Anführerin vornehmen und ihr deutlich erklären, wie man sich erwachsenen Gästen gegenüber benimmt. Aber ich bin in Münchens erstem antiautoritären Kindergarten und weiß aus drei langen nächtlichen Diskussionen mit den Eltern, die diesen Kindergarten gegründet haben, daß man kindliche Aggressionen niemals unterdrücken darf.« So ein Bericht in *Brigitte*, dessen Titel: »Hier tun die Kinder, was sie wollen.« schon verrät, daß es gerade den Massenmedien recht schwer fiel, zwischen Freiheit und Zügellosigkeit, zwischen demokratischem und laxem Stil zu unterscheiden[7].

Die Begründer der Kinderläden, deren Thesen Erika und Ernst Busche in ›Vorgänge‹, der Zeitschrift der Humanistischen Union, zusammenfaßten, orientierten sich zunächst vor allem an älterer psychoanalytischer Literatur, die sie in Raubdrucken vervielfältigten. Dadurch wurde der Kreis der Informierten recht eng gehalten, da nur psychologisch oder soziologisch vorgebildete Studenten und Akademiker den komplizierten analytischen Jargon verstehen konnten. Erst der Bucherfolg Neills hat das geändert, denn Neill schreibt so klar und einfach, daß ihn jeder interessierte Leser begreifen kann.

7 Brigitte 18/1970, S. 108.

Die in den Arbeitspapieren der Kinderläden enthaltenen psychoanalytischen Schriften von Melanie Klein, Wilhelm Reich und Siegfried Bernfeld stammen fast durchweg aus den zwanziger Jahren. Damals begann jene Phase der Anwendung psychoanalytischer Erkenntnisse auf die Erziehung, die Anna Freud als »Periode des Optimismus« bezeichnet hat. Man hielt es für möglich, einen Katalog bestimmter Maßnahmen aufzustellen, die einer neurotischen Fehlentwicklung mit Sicherheit vorbeugen könnten. In diesen frühen analytischen Arbeiten finden sich Plädoyers gegen den Mißbrauch elterlicher Autorität, gegen Prügelstrafe, Kastrationsdrohungen, das Verbot von Sexualspielen. Aber »die Erfahrung zeigte, daß durch Modifikation äußerer Erziehungspraktiken allein keine zureichende Neurosen-Prophylaxe zu erreichen war«, wie Horst-Eberhard Richter sagt[8].

Die der optimistischen Phase einer psychoanalytischen Pädagogik folgende »Periode des Pessimismus« (Anna Freud) wurde von den Vertretern der antiautoritären Kinderläden nicht zur Kenntnis genommen. Man orientierte sich hier nicht mehr an der Hauptströmung der psychoanalytischen Lehre, an Freud selbst, der den Versuchen zu einer Synthese von Marxismus und Psychoanalyse immer sehr skeptisch gegenüberstand. Aber während ihre eigenen kritischen Bedenken die Psychoanalytiker bewogen hatten, sehr zurückhaltend mit konkreten Beispielen für eine Erziehung zu innerer Freiheit von neurotischen Zwängen zu sein, führte ihre ideologische Einseitigkeit die linksradikalen Studenten in die Erziehungspraxis zurück. Sie gründeten die Kinderläden und schufen dadurch in einer vorwiegend durch optische Medien (Fernsehen, Bildzeitung, Illustrierte) informierten Gesellschaft ein Signal, das nun sekundär der »Theorie und Praxis der antiautoritären Erziehung« A. S. Neills zum Druchbruch verhalf. Während die ältere psychoanalytische Literatur in einer verschlüsselten Sprache über einzelne, kurzlebige Experimente berichtete – Vera Schmidt über den analytischen

8 H.-E. Richter, Eltern, Kind und Neurose, Stuttgart 1963.

Kindergarten in Moskau, Siegfried Bernfeld über das an äußeren Widerständen gescheiterte Projekt eines analytisch orientierten Internats für Kriegswaisen in Wien – beschrieb Neill nicht nur eine Schule, die schon über vierzig Jahre bestand, sondern gab auch allgemein verständliche Regeln für die tägliche Erziehungspraxis.

Mit Neills Thesen und seiner Schule Summerhill wollen wir uns nun beschäftigen. Wir gehen davon aus, daß nur die Biographie dieses Mannes – in der ein wesentliches Stück Erziehungsgeschichte enthalten ist – wirklich verständlich machen kann, worauf es in der freien Erziehung, wie er sie versteht, ankommt. Erst aus diesem Wissen um Vorzüge und Schattenseiten des Modells Summerhill kann man dann ableiten, was Neills Lehren, die heute von sehr vielen Eltern mit antiautoritärer Erziehung schlechthin gleichgesetzt werden, von den Erziehungsexperimenten in den antiautoritären Kinderläden unterscheidet, mit denen wir uns im dritten Kapitel befassen.

II. Das Glück und die Grenzen
von Summerhill

»Ich glaube nicht, daß einer von euch versteht, warum ich weggehe, aber ich will versuchen, es euch zu erklären. Ich bin von euren Vätern und Müttern entlassen worden. Ich bin kein guter Lehrer gewesen, sagen sie; ich habe euch zuviel Freiheit gelassen. Ich bin mit euch Zeichnen und Fischen und Spielen gegangen, ich habe euch lesen lassen, was ihr wolltet, ich habe euch nicht genug beigebracht. Wie viele von euch wissen, was die Hauptstadt von Bolivien ist? Ihr seht, keiner von euch weiß es.«

»Bitte, Herr Lehrer, wie heißt sie?«

»Ich weiß es selber nicht!«[1]

Das ist der Abschied des »entlassenen Schulmeisters«, den Neill in einem autobiographischen Roman (»A Dominie Dismissed«) aus dem Jahr 1918 schildert. Er hat darin seine Eindrücke über den Unterricht in einem schottischen Dorf festgehalten. Neill, der Lehrer, welcher seinen Schülern zuviel Freiheit läßt, lieber mit ihnen lacht als sie diszipliniert, der sich schlechterdings weigert, sie zu gehorsamen Arbeitssklaven heranzuziehen, wird von den ortsansässigen Kleinbürgern entlassen. Er fährt nach London, doch ein Arzt empfiehlt ihm körperliche Arbeit in frischer Luft. So kehrt er zurück, als Gast eines Farmers, und führt lange Diskussionen mit seinem Nachfolger, dem untadeligen, verklemmten Schulmeister MacDonald, beobachtet mit verhaltenem Grimm, wie seine Schüler nach einem Jahr freier Erziehung wieder Zucht und Ordnung lernen, und verliebt sich in eine Farmertochter. Die Heirat der beiden (ein Tagtraum Neills, in dem er eine tatsächlich gescheiterte Liebe glücklich enden ließ) beschließt das Buch, das – literarisch gesehen – ein Stück hu-

---

1 A. S. Neill, A Dominie Dismissed, London 1918, S. 10.

morvoller Unterhaltungsliteratur ist, wobei der Leser kaum merkt, was für wichtige Fragen hier diskutiert werden.

MacDonald findet Neills vorgeschriebenen Arbeitsbericht nicht und erfährt, daß sein Vorgänger nie einen solchen Bericht geführt hat. Mein Arbeitsbericht, sagt Neill, sind meine Schüler im späteren Leben. Was für einen Sinn sollte es haben, einzutragen, daß man dies oder jenes Kapitel aus der Heimatkunde behandelt habe? Schon recht, erwidert MacDonald. Aber wir sind bezahlte Staatsdiener, und unsere Vorgesetzten werden schon wissen, warum wir das tun sollen.

»Woher wissen Sie, daß die Vorgesetzten klüger sind als Sie?«

»Sie sind jedenfalls klüger«, entgegnet MacDonald mit einem Lächeln.

»Ich bin nicht so sicher«, sagt Neill. »Sie haben wahrscheinlich nur weniger Skrupel. Sie wissen genau, was sie wollen, ausschließlich und endgültig: sie wollen arbeitsame Lohnsklaven.«[2]

Hier wird deutlich, daß Neill damals ziemlich weit links von der Labour Party stand. Er kritisiert das zweigleisige britische Schulsystem ganz ähnlich, wie Siegfried Bernfeld das deutsche in seinem Buch »Sisyphos oder die Grenzen der Erziehung«: Die Herrschenden glauben – so Neill –, daß zwei Formen der Erziehung notwendig sind. Sie schicken ihre Söhne auf die Privatschulen (in Deutschland auf die Gymnasien), wo sie lernen, andere zu beherrschen, und die Söhne der Arbeiter kommen in die staatlichen Schulen (bzw. Volksschulen), wo sie lernen, sich diszipliniert zu verhalten und mit ihrem Los zufrieden zu sein. Die sinnlose, nur um ihrer selbst willen aufrecht erhaltene Disziplin enthüllt sich als Werkzeug der Unterdrückung, als Vehikel der Mystifizierung: Die Kinder sollen bereits in der Schule lernen, daß sie selbst schlecht und schuldig sind, wenn sie sich ihren Vorgesetzten widersetzen.

2 Neill, S. 26 f.

Die Lehre von der angeborenen Schlechtigkeit des Kindes, das man verdirbt und verzieht, wenn man es nicht streng anfaßt, dient also nur einer Klassengesellschaft, in der es darauf ankommt, Gehorsam gegenüber den Mächtigen zu lernen. Neill geht nicht so weit, diesen Schluß ausdrücklich zu formulieren, doch macht er schon in seinen frühen Werken deutlich, daß er den Menschen trotz gelegentlicher Schwächen für gut hält und dazu neigt, Aggressionen, Haß und Bosheit gesellschaftlichen Einflüssen zuzuschreiben[3]. Dabei ist sehr interessant, wie Neill zwischen der impulsiven Strafe und der disziplinären Maßnahme unterscheidet: Auch er, konzediert er, würde einem Jungen einen Tritt geben, der den Schlauch seines Fahrrads mit einem Taschenmesser anbohrt – wenn er ihn dabei ertappt. Doch wenn der Lehrer, dem dieses Vergehen zu Ohren kommt, zum Rohrstock greift, dann handelt er mit klarer Überlegung und ohne verletzte Eigeninteressen ebenso »primitiv« wie ein anderer in der ersten Wut. So wird das Prinzip emotional-aggressiver Vergeltung nachträglich rationalisiert. Die Vernunft widerlegt sich gewissermaßen selbst: Sie beschönigt Rache als Gerechtigkeit, rechtfertigt eine Barbarei, die dem Prinzip der Einsicht widerspricht.

Biographisches über Neill

Summerhill ist heute in aller Munde; man hat Neills Schule als Vorbild für alle Schulen schlechthin gepriesen, aber ihr auch – wie Max Rafferty[4] – vorgeworfen, »verabscheuenswert heuchlerisch« zu sein und auf einen »Zusammenbruch der westlichen Moralordnung« hinzuarbeiten. Es ist deshalb notwendig, von Neill zu sprechen, wenn man über antiautoritäre Erziehung spricht, obschon er selbst dieses Wort nicht gerne hört und großen Wert darauf legt, Freiheit und Zügellosigkeit scharf zu trennen.

3 Neill, S. 59.
4 M. Rafferty in: Summerhill – pro und contra, Reinbek 1971, S. 13 ff.

Neill leitet eine Schule, während es uns hier vorwiegend um die Erziehung im Elternhaus geht. Was für und gegen diese Schule gesagt wurde, gilt nur teilweise für die Probleme der Eltern, an die sich Neill freilich sehr oft unmittelbar wendet. Selbst Summerhill ist eine Art »Elternschule«: Wie R. W. Leonhardt beschrieben hat, geben nicht sehr viele Ex-Schüler ihre Kinder dorthin – weil sie glauben, ein verständnisvolles Elternhaus sei *noch* besser für ein Kind als Summerhill.

Alexander Sutherland Neill wurde am 17. Oktober 1883 in Forfar, Angus (Schottland) geboren. Er stammte aus einer »respektablen« Familie der unteren Mittelklasse: Sein Großvater war noch Bergmann gewesen; sein Vater hatte es zum Lehrer gebracht. Dieser Vater muß genau das Abbild des schottischen Schulmeisters gewesen sein, das Neill sein Leben lang bekämpfte: Als leuchtendes Vorbild stellte er seinen acht Kindern einen Jungen hin, den Neill später als »schwächlichen kleinen Burschen mit Brille« schildert, »der nie spielte, aber weinte, wenn er nicht Klassenbester war«. Seine Mutter liebte der junge Neill sehr, zu sehr, wie er später (nach mehrjährigen Psychoanalysen) sagte. Obschon freundlich, war sie doch der Ansicht, daß aus ihren Söhnen »mehr« werden müsse als aus denen der Bauern und Arbeiter in der Nachbarschaft. So mußten ihre Kinder gestärkte Krägen tragen (selbst werktags), das Haus wurde makellos rein gehalten, und in der Familie nur Englisch gesprochen (während Neill mit seinen Schulkameraden Dialekt sprach).

Neill war selbst ein miserabler Schüler; sein älterer Bruder Willie, der später Geistlicher wurde, übertraf ihn hier bei weitem. Alexander Sutherland litt an dem, was man heute eine Lernhemmung nennen würde, was damals aber schlicht als Gemisch aus Dummheit und Faulheit charakterisiert wurde. In sklavischem Gehorsam erzogen, starrte er stundenlang in seine Bücher, ohne den Sinn des Geschriebenen zu begreifen. Abgesehen von emotionalen Faktoren (der Frustration durch die Bevorzugung des älteren, »klügeren« Bruders) muß es eine Rolle gespielt haben, daß Neill (soweit man das aus den biographischen Daten erschließen kann) ein typisch »kreatives« im Gegensatz zum »intelligenten« Kind war, – und ein Spätentwickler dazu!

Dieser Unterschied zwischen Kreativität und Intelligenz ist so wichtig für das Verständnis Neills und der Schule Summerhill, daß man hier einige Worte über ihn verlieren muß.[5] Seit um die Jahrhundertwende die ersten »psychometrischen« Tests auftauchten, galt der Intelligenz-Quotient (IQ) als Maß der Begabung schlechthin. Es dauerte fast fünfzig Jahre, bis man die Grenzen des IQ erkannte. Er erwies sich zwar als recht brauchbares Kriterium, wenn es galt, den Schulerfolg vorauszusagen. Eine großangelegte Studie des amerikanischen Psychologen Terman zeigte darüber hinaus, daß Kinder mit hohem IQ nicht nur in der Schule, sondern auch im Berufsleben besonders gut abschneiden, körperlich gesünder sind als ihre Altersgenossen und weniger zu Neurosen neigen (womit die Behauptung einer Verwandtschaft zwischen Hochbegabung und seelischer Krankheit, kurz zwischen »Genie und Irrsinn«, hinfällig wurde).

Aber es zeigte sich auch, daß der IQ nicht die Begabung schlechthin mißt, sondern nur die Fähigkeit ausdrückt, sich im Denken an gestellte Aufgaben *anzupassen*. Prüft man jedoch Leute, die in ihrem Beruf Herausragendes leisten und vor allem wegen ihrer schöpferischen Talente bekannt sind, dann findet man, daß der IQ nur sehr schwach mit ihren schöpferischen Leistungen zusammenhängt. Ein Mindestmaß an Intelligenz scheint zwar notwendig, daß überhaupt Schöpferisches geleistet wird. Aber über dieses Mindestmaß hinaus kann man aus dem Testresultat keineswegs erschließen, ob der Betreffende besonders kreativ ist. In vielen Berufen ist Kreativität aber viel wichtiger als Intelligenz.

Diese Schwäche der Tests leuchtet ein: Sie zielen darauf ab, geistige Leistungen meßbar zu machen; der Tester muß also die richtige Antwort schon vorher wissen (wenn er nicht,

---

[5] Siehe auch die Textauswahl »Kreativität und Schule« von Günther Mühle und Christa Schell, München (Piper) 1970, in der eine Reihe grundlegender Arbeiten zu dieser Frage veröffentlicht ist.

wie in den *speed-tests* im Unterschied zu den *power-tests*, nur die Geschwindigkeit mißt, mit der Probleme gelöst werden, und damit seine Frage noch roher quantifiziert). Schöpferisches Denken wird im herkömmlichen Intelligenztest von vornherein eliminiert, nicht anders als im Lehrplan der meisten Schulen. Es kann neben der adaptiven Intelligenz bestehen (ebenso wie ein Mensch gute Schulnoten haben *und* schöpferisch sein kann), wird aber vom Test nicht erfaßt.

Einen guten Überblick über diese Probleme gibt eine Studie von Jacob W. Getzels und Philip W. Jackson[6], zwei amerikanischen Psychologen, die glauben, daß man in naher Zukunft Kreativität ebensosehr als Begabungskriterium anerkennen wird wie Intelligenz. Getzels und Jackson haben zuerst gezeigt, wie sich hochkreative Kinder von hochintelligenten unterscheiden. Sie prüften dazu über 500 Kinder mit einer Batterie von Intelligenz- und Kreativitätstests. Dabei fanden sie schließlich drei Gruppen: Hochintelligente Kinder, hochkreative Kinder und solche Kinder, die beides waren. Um den Unterschied zwischen Kreativität und Intelligenz herauszubekommen, verglichen die Forscher nun die hochintelligente mit der hochkreativen Gruppe. Sie fanden, daß die hochkreativen Kinder in der Schule nicht schlechter waren als die hochintelligenten, obschon sie durchschnittlich 23 Prozent weniger Intelligenzpunkte in den Tests sammelten.

In den Charakterbildern beider Gruppen fanden sich besonders interessante Unterschiede. Die hochintelligenten Kinder sind bei den Lehrern eindeutig beliebter. Sie schätzen sich selbst als besonders energisch, charaktervoll und zielgerichtet ein, während sich die hochkreativen Kinder für besonders humorvoll, allgemein interessiert und emotional stabil halten. Eine geradezu zentrale Eigenschaft des kreativen Kindes ist sein schier unerschöpflicher Sinn für Humor, der dem hochintelligenten weitgehend fehlt, und auf den es auch keinen besonderen Wert legt.

6 J. W. Getzels, Ph. W. Jackson, Creativity and Intelligence, London/New York 1962.

Ganz verschieden ist schließlich noch in beiden Gruppen das Verhältnis zwischen dem Selbstbild der Kinder und ihrer Bewertung der Eigenschaften, die – wie sie glaubten – der Lehrer an ihnen schätzt. Bei den hochintelligenten Kindern entsprechen sich beide Bilder stark. Sie sind Konformisten, sie wollen so sein, wie sie (wohl nicht zu Unrecht) glauben, daß der Lehrer sie haben möchte. Bei den kreativen Kindern hingegen deckt sich das Selbstbild nicht mit dem Bild, das ihrer Ansicht nach dem Ideal der Lehrer nahekommt, sondern widerspricht ihm geradezu. Sie haben, auch in dem Entwurf ihrer selbst, den Mut zur Originalität.

Ralph J. Hallmann[7] hat eine Reihe von Forderungen an Eltern und Lehrer aufgestellt, die Kreativität fördern und nicht unterdrücken wollen. Sie entsprechen weitgehend dem, was Neill schon lange vorher in Summerhill verwirklicht hat. Der auf Kreativität bedachte Lehrer soll vermeiden:

1. Konformitätsdruck mit einem starren Lehrplan;

2. autoritäre Maßnahmen, welche den Nachdruck darauf legen, daß der Schüler lernt und tut, was andere bereits entdeckt und organisiert haben;

3. Spott und Ironie, die das Selbstgefühl der Schüler untergraben (ganz zu schweigen von herbem Tadel und körperlichen Strafen);

4. Nachdruck auf Belohnungen (gute Zensuren, Schulpreise);

5. übermäßiges Streben nach Gewißheit (wenn der Lehrer überzeugt ist, selbst in jedem Fall die »beste« Antwort zu wissen);

6. Feindseligkeit gegenüber andersartigen Persönlichkeitsmerkmalen, die ja nicht selten in neurotischen Haltungen des Lehrers selbst wurzelt und schöpferische Arbeit gefährdet, die immer ungewohnt und störanfällig ist.

Wer die frühen Werke Neills liest, die zu einer Zeit entstanden, in der man eben die Intelligenztests entwickelte und

7 R. J. Hallmann, Techniken des kreativen Lehrens. In: G. Mühle, Ch. Schell, (Hrsg.), Kreativität und Schule, München 1970, S. 175–181.

noch keinerlei Ahnung hatte, was Kreativität psychologisch bedeutet, der muß sich über die Vollkommenheit wundern, mit der Neill alle diese Postulate der Kreativitätsforschung und – Erziehung vorweggenommen hat. Neill fordert bereits 1918, daß der Lehrer nie die Antwort schon fix und fertig haben soll, wenn er für die Einfälle seiner Schüler offen bleiben will. Als in dem kleinen schottischen Dorf, aus dessen Lehrerstelle man den Ich-Erzähler von *A Dominie Dismissed* entlassen hat, die Schüler ihre Taubenschläge mit Teer wasserdicht machen wollten, stand Neill bei ihnen, als sie die (wohl gestohlenen) Asphaltbrocken aus ihren Taschen gruben. Er machte mit, als man das Zeug in einer Blechbüchse über offenem Feuer erhitzte. Aber es wollte nicht streichfähig werden. So stand die Klasse eine Weile um das Feuer, bis ein Junge sagte: »Ich denke, wir versuchen es mit Paraffin« – und siehe da, mit einigen Paraffinkerzen konnte man den Teer streichfähig machen.

Neills eigene Kindheit widersprach in nahezu jedem Punkt diesen Richtlinien. Seine Originalität wurde verlacht. Am Sonntag durfte er keine Minute spielen; der Tag des Herrn war ja heilig. Es war ein bösartiger, mit Höllenfeuern drohender Gott, den Neill kennenlernte, ein Gott, der Kirchgänge mit steifen Kragen verlangte und dessen Religion nur aus Verboten bestand. »Ohne daß man es uns je genau sagte«, schreibt Neill, »kannten wir die Meilensteine genau, die an der breiten Straße zur ewigen Verdammnis standen: Sex, Stehlen, Lügen, Fluchen, Gottes Tag profanieren (was nahezu alles einbegriff, was einem Freude machte)«[8]. Die Geschlechtlichkeit war Sünde; als Neill, sechsjährig, zusammen mit seiner Schwester von der Mutter beim Spiel mit den Genitalien ertappt wurde, bekam er Prügel und wurde für Stunden in einen finsteren Raum eingeschlossen. Nachher mußte er niederknien und Gott um Vergebung anflehen.

»Es kostete mich Jahrzehnte, um mit diesem frühen Schock

8 A. S. Neill, Notes on My Life (unpublished manuscript, 1939), zit. n. R. Skidelsky, English Progressive Schools, London 1969, S. 125.

fertig zu werden«, sagt Neill selbst[9]. Er hat diesen Vorfall offensichtlich als entscheidenden Wendepunkt seiner kindlichen Entwicklung angesehen. Viel von dem, was er in Summerhill verwirklichte, wäre ohne ihn nicht verständlich. In Zukunft wehrte der junge Alexander Sutherland sexuelle Impulse durch Sublimierung ab; romantische Anbetung schien ihm die einzig »reine« Form der Liebe (wozu eine Fixierung an Mutter und Schwester entscheidend beigetragen haben mag). Vor dem Hintergrund solcher Prägungen scheint es verständlich, daß Neills frühe Versuche, Liebesbindungen aufzubauen, sämtlich scheiterten und er erst mit über vierzig Jahren heiratete. Ebenso verständlich wird seine Aversion gegen ein Erziehungssystem, das ihm für so lange Zeit die Chancen für persönliches Glück verschloß.

Wahrscheinlich weil seine Leistungsfähigkeit durch emotionale Konflikte lahmgelegt wurde, war er der einzige Sohn, der zunächst nicht einmal den Übergang in die Oberschule schaffte. Seine gestochene Handschrift brachte dem Vierzehnjährigen einen Posten in einer Fabrik für Gasometer ein, wo er entsetzlich unter Heimweh litt. Schließlich wurde Neill krank; die Eltern entschlossen sich endlich, ihn Lehrer werden zu lassen.

Erst jetzt schwand langsam die Lernhemmung: Nach vier Jahren Lehrzeit an der Schule seines Vaters – die Lehrer wurden damals nicht viel anders ausgebildet als heute ein Handwerker – bestand Neill die Prüfung als 103ter von 104 Kandidaten. Er war jetzt Volksschullehrer und hatte Anspruch auf ein Gehalt von sechzig Pfund (damals 1200 Goldmark) jährlich. Seine Vorgesetzten empfahlen ihm, den Rohrstock reichlich zu gebrauchen. So mußte Neill als strenger Zuchtmeister auftreten, während seine eigenen Bedürfnisse nach kindlicher Ausgelassenheit noch nicht abgesättigt waren. Er schildert sich später mit der ihm eigenen Ehrlichkeit als wenig bewundernswerte Person, die damals gesonnen war, alles dem Streben nach Status unterzuordnen. Seine er-

9 s. Anm. 8.

sten Beziehungen zu Frauen wurden von diesem Streben nach sozialem Rang ebenso bestimmt wie von der Sexualverdrängung: Scheue Anbetung par distance; »ich war zufrieden, sie in der Straße vorbeigehen zu sehen, und wenn die Angebetete mich ansah, war meine Freude vollkommen.«[10]

Um diese Zeit begann Neill zu entdecken, daß er durchaus lernen konnte und seine Begabung der seiner Altersgenossen nicht nachstand. Er wechselte seine Stelle, brachte sich weitgehend autodidaktisch Mathematik und Griechisch bei und bestand 1908 die Aufnahmeprüfung in Edinburgh. Ebenso wie seine durch Prüderie und autoritäre Schulmeisterei verdorbene Kindheit Neills Erziehungsideal in dem prägte, was er verneinte, hat ihn diese späte akademische Karriere in dem beeinflußt, was er anstrebte. Seitdem war er fest überzeugt, daß der Zwang zum Lernen nur Schaden anrichtet (und zwar *jedem* Kind schadet), während freiwillig gewählte Ziele allein dadurch erreichbar werden, daß man sie mit aller Kraft anstrebt, auch wenn man vorher nichts oder nur sehr wenig gelernt hat.

So hat Neill die in vieler Hinsicht typische Karriere eines lerngehemmten, hochkreativen Kindes mit der »richtigen« Ausbildung schlechthin verwechselt. Und er ist vor allem einem Denken in Alternativen zum Opfer gefallen. Man kann durchaus der Ansicht sein, daß es nutzlos, ja schädlich ist, Kindern bestimmte Wissensgebiete aufzuzwingen, ohne es andrerseits völlig dem spontanen Wunsch der Kinder zu überlassen, ob sie nun etwas lernen wollen oder nicht. Freiheit ist ja in unserer kulturbestimmten Welt nicht einfach das Nicht-Existieren von Zwang, sondern auch und vor allem das Wissen um die Möglichkeiten, welche diese Welt bietet und auch das Wissen um die möglichen Folgen unserer Entscheidungen.

Mir scheint, daß hier der einzig mögliche Ansatzpunkt für Einwände gegen Neills Lehren liegt. Es ist töricht, ihm vorzuwerfen, daß er »bewußt Unmoral züchtet und daraus ma-

10 Zit. n. Skidelsky, S. 128.

teriellen Nutzen zieht«, wie es Max Rafferty[11] tut, der auch Jean-Jacques Rousseaus Ideen daran richtet, daß der Verfasser des »Emile« seine eigenen Kinder ins Findelhaus steckte. Es ist sinnlos, ihn dafür zu tadeln, daß er seit Jahrzehnten eine Privatschule für Kinder gut bemittelter Eltern leitet, während es ihm doch ursprünglich darum ging, gerade die Klassenschranken in der Erziehung abzubauen. Denn so hat Neill ein Modell geschaffen, dem man in der Diskussion um die richtige Erziehung nicht mehr ausweichen kann, während er sonst nur einer der schriftstellerischen Mahner geblieben wäre, die selten viel ausrichten. Übrigens hat die Gegenwart der Erziehung in Summerhill deutlich gezeigt, daß die meisten Eltern diesen Mangel von sich aus korrigieren: Zur Zeit sind fast ausschließlich jüngere Kinder in Summerhill. Mit zwölf, dreizehn, spätestens vierzehn Jahren nehmen sie ihre Eltern aus der »freien« Schule heraus und sorgen dafür, daß sie sich in einer weniger freien auf die Universität vorbereiten.

Die »Neue Erziehung«

Der Wendepunkt im Leben des jungen Neill kam, als er 1916 als Artillerie-Kadett den amerikanischen Erzieher und Psychologen Homer Lane und dessen Schule für verwahrloste Kinder *The Little Commonwealth* kennenlernte. Lane vermittelte Neill die Überzeugung, daß auch aggressive und verhaltensgestörte Kinder im Grunde nicht »böse« sind, sondern »ein böser Junge ein Beispiel für gute Eigenschaften in falscher Richtung« ist. Lane war einer der ersten, die Jugendkriminalität auf eine harte, lieblose Erziehung zurückführten. Ähnlich wie August Aichhorn in Wien schlug er vor, solche Jugendlichen durch Zuwendung und Lob zu bessern, ihren guten Eigenschaften zu vertrauen und sie vor allem durch Selbst-Verwaltung in der Gemeinschaft zu resozialisieren.

11 M. Rafferty in: Summerhill – pro und contra, Reinbek 1971, S. 13–27.

Die *Ford-Republik* – eine amerikanische Gründung Lanes in der Nähe von Detroit – und *The Little Commonwealth* hatten beide ausgearbeitete Verfassungen. Zum erstenmal lernten die jugendlichen Delinquenten hier Möglichkeiten kennen, soziale Rollen auf der positiven Seite des Lebens zu spielen und sich in eine Gemeinschaft einzuordnen. Wenn Neill später gelegentlich einem Kind, das stahl, nach dem Diebstahl Geld schenkte (und es so tatsächlich kurierte), dann folgte er Lanes Vorbild, der etwa schildert, wie er mit dem mißtrauischen, antisozialen Jason zusammen Teller zerschlug, um dem Jungen zu zeigen, daß er auf seiner Seite sei.

Neill fand in Lane einen Katalysator, der ihm seine mehr erlittene als erdachte Erziehungsphilosophie bewußt machen und systematisch ausgestalten half. Doch als Neill – nach einer Lungenentzündung aus der Armee entlassen[12] – Lane persönlich helfen wollte, existierte das kleine Commonwealth schon nicht mehr. Es hatte einen Skandal gegeben. Lane wurde – wie sich herausstellte, zu Unrecht – verdächtigt, eines der ihm anvertrauten Mädchen verführt zu haben. Als das Ministerium verlangte, Lane müsse gehen, wenn die Schule weiter anerkannt werden solle, beschloß das Verwaltungskomitee, die Schule zu schließen.

Die nach dem Krieg einsetzende Bewegung einer »Neuen Erziehung« (*New Education*) fand in Neill einen Anhänger, der aber bald eigene Gedanken entwickelte. Die *New Education* war von zwei einander durchaus widersprechenden Tendenzen geprägt: Theosophie und Anthroposophie einerseits, spekulativen Versuchen, eine Synthese verschiedener östlicher und westlicher Religionen zu finden; den aus der Therapie seelisch kranker Menschen entwickelten Methoden der Psychoanalyse andrerseits. Wenn beide auch von sehr verschiedenen Punkten ausgingen, so waren sie doch in einem grundlegenden Urteil einig: Sie zweifelten an den viktorianischen Idealen eines unaufhaltsamen Fortschritts, der die

12 Obwohl er bewußt an die Front wollte, seien hier unbewußte Ängste vor dem Grabenkrieg stärker geworden, hat Neill später interpretiert.

Menschheit mehr und mehr vervollkommnen müsse, wenn man die bisherigen Wege in Moral, Erziehung, wissenschaftlicher Forschung und Weltanschauung weitergehe. Der Erste Weltkrieg hatte gezeigt, daß diese Hoffnung eine Illusion war: In den blutigen, sinnlosen Grabenkämpfen, in den Lügen der Propaganda, in den Gesten der Priester, die Waffen jeder Partei segneten, erwies sich der bisherige Fortschrittsglaube für eine Minderheit von Intellektuellen als trügerisch. Freiheit von Vorurteilen, allgemeine Brüderlichkeit ohne rassische, nationale oder Klassenschranken wurden sowohl aus der intuitiv-religiösen Schau von Theosophen[13] und Anthroposophen[14] heraus gefordert, wie sie sich aus den Einsichten der neuen Tiefenpsychologie ableiten ließen. Auch Freud analysierte ja (»Das Unbehagen in der Kultur«) die Fragwürdigkeit des Fortschrittsglaubens; er machte deutlich, wie dieser Fortschritt durch Neurosen erkauft wird.

Robert Skidelsky hat die ganze Bewegung der *New Education* eingehend beschrieben, wobei er sich vor allem auf die von einer prominenten Theosophin, Beatrice Ensor, in der Zeitschrift *New Era* (Neues Zeitalter) vorgestellten Lehren stützt. So schrieb und dachte Neill eine Zeitlang in der Gesellschaft von etwas versponnenen Frauen und Männern, die sich überlegten, welche Zusammenhänge zwischen der Libido (der von Freud betonten sexuellen Triebenergie) und dem göttlichen Prinzip im Universum bestanden. Das entstehende Konglomerat von Gedanken sah so aus: Jedes Kind besitzt eine innere Lebenskraft oder Libido, die es zur Vollkommenheit führen will, doch in der Regel durch störende Einflüsse von außen daran gehindert und teilweise ins Unbewußte verbogen wird. Nun kann die ursprünglich positive Lebenskraft sich in Neurosen, vor allem aber auch in Haß, Grausamkeit,

13 Die Theosophische Gesellschaft ist 1875 von Madame Blavatsky gegründet und seit deren Tode 1891 entscheidend von Annie Besant beeinflußt worden, die später nach Indien übersiedelte.
14 Die Lehre der »Weisheit vom Menschen« wurde 1913 von Rudolf Steiner begründet und hat in den Waldorfschulen eine eigene Pädagogik entwickelt.

schließlich in zerstörerischen Kriegen äußern. Wer das Unbewußte bewußt machte – die *New Education* erhob dieses Ziel der Psychoanalyse zu ihrem Motto – der konnte die Libido von dieser Verwandlung ins Zerstörerische bewahren und die wahren Ausdrucksweisen der Seele fördern. An dieser Stelle wird klar, warum die anthroposophischen Schulen in Deutschland, schon lange ehe Neills Summerhill hierzulande bekannt wurde, relativ freiheitlich erzogen. Die Bedeutung der Libido für die Pädagogik wurde manchmal auch sehr realistisch gesehen; in einem Passus von J. A. M. Alcock von 1921 kann man kaum mehr zwischen Libido und Aufmerksamkeit trennen. Die hier zitierten Gedanken sind dennoch verblüffend »modern«; George B. Leonard hat sie in seinem Buch »Erziehung durch Faszination« (München 1971) kürzlich wieder aufgegriffen. Alcock sagt[15]:

»Wenn wir einen Jungen in einen Raum für eine bestimmte Zeit einschließen und ihm sagen, er müsse jetzt Arithmetik lernen, während zu dieser Zeit seine Libido tatsächlich in dem Garten draußen ist, dann richten wir eine Spaltung in diesem Jungen auf. Das heißt, daß wir in ihm soviel seelische Verwirrung stiften, daß er einen Autoritätskomplex davonträgt. Und dadurch kann es zu einer Unterdrückung seiner mathematischen Fähigkeiten kommen. Sie entwickeln sich nicht, obschon sie doch ein wichtiger Teil seiner Intelligenzfunktion sind. Wenn wir ihm andrerseits zuerst erlauben, im Garten zu spielen, und dann Mathematik unterrichten, so kann es durchaus sein, daß er mit seiner ungeteilten Libido an sie herantritt.«

Mrs. Ensor sah das Problem weit weniger konkret; sie spricht davon, die »rhythmische Harmonie zwischen den verschiedenen Ausdruckswegen aufrechtzuerhalten, so daß ein ununterbrochener Fluß von Leben durch sie besteht, der den einzelnen immer enger mit der Quelle, dem kollektiven Unbewußten, der kosmischen Lebenskraft verbindet.«

15 Vorlesung im Oxford Labour Club 1921, zit. n. R. Skidelsky, English Progressive Schools, London 1969.

Hier greift die Neue Erziehung unmittelbar auf Rousseau zurück, dessen Forderungen sie vielfach nahezu wörtlich wiederholt, oft ohne sich dessen bewußt zu sein. Es geht nicht mehr darum, den Zögling durch äußere Einflüsse so zu formen, wie es dem Bild des Lehrmeisters vom rechten (Christen)Menschen entspricht, sondern die natürlich angelegten Fähigkeiten zu entwickeln. Der Erzieher ist nichts anderes als ein Anwalt der natürlichen Bedürfnisse des Kindes, sagte Rousseau (und führt, da er dem »Natürlichen« die »Launen« des Kindes entgegensetzt, einen guten Teil jener kulturellen Normen wieder ein, die er eben verdammte).

»Alles ist gut, wenn es aus den Händen des Schöpfers hervorgeht, alles entartet unter den Händen der Menschen.«[16] Leben sollen die Kinder lernen, keine fixierte soziale Rolle erwerben, denn – Rousseau hat hier ein sehr modernes Problem vorweggenommen – es wäre Torheit, in einer wandelbaren Gesellschaft (die der französische Schriftsteller schon vor der Revolution kommen sah) einen Menschen statt zum Menschen für eine zufällige Funktion in der Sozietät zu erziehen. Und wie Rosseaus *Emile* allein durch den Umgang mit konkreten Dingen ganz ohne Bücher lernt, so sieht man in der Neuen Erziehung im Erzieher vor allem einen Fachmann, der dem Kind Gelegenheit zu lehrreichen Erfahrungen gibt, um seine verborgenen Fähigkeiten und Kräfte zu wecken. Zu diesen Pädagogen gehörten John Dewey, dessen Lehren Neill in seinem zweiten Buch (*A Dominie Dismissed*) aufgreift, und Maria Montessori, die bei Arbeiterkindern und geistig Behinderten in Rom entdeckte, daß sie spontan erstaunliche geistige Konzentration, Ordnungsliebe, Ausdauer und einen Wunsch nach Schweigen entwickelten, wenn man sie mit geeignetem Lehrmaterial (und wohl auch den entsprechenden Anordnungen) versorgte. Die Montessori-Pädagogik setzte auch erheblich früher ein als andere Schulen (im Alter von drei Jahren), wobei der heute wieder aufge-

16 Über Rousseau siehe F. Blättner, Geschichte der Pädagogik, Heidelberg 1953, S. 59–75.

griffene Gedanke eine Rolle spielte, durch frühe Schulung das Intelligenzdefizit wettzumachen, das ein an geistiger Anregung armes Milieu Kleinkindern einträgt.

Die Anhänger der Neuen Erziehung in den zwanziger Jahren waren sich trotz aller Differenzen in Detailfragen in vielen grundsätzlichen Gesichtspunkten einig. Die Umwelt des Kindes sollte schön sein und zu kreativem Denken anspornen. Man spielte Bach beim Frühstück, Meisterwerke aller Epochen zierten die Wände. Körperliche Züchtigung wurde abgelehnt, man wollte die Kinder eher verstehen als disziplinieren. Schülerselbstverwaltung spielte eine große Rolle, freilich nicht in der extremen Form, wie sie Neill später in Summerhill einführte. Die Kinder durften sagen, was sie sich dachten. »Gut, auf Wiedersehen, du verdammte Langweilerin«, soll ein kleines Mädchen aus einer angesehenen, progressiven Schule zu einem älteren Fräulein gesagt haben, das ernsthaft und wißbegierig die Schule besuchte. Bis heute tolerieren die Besucher an Neills Schule mit masochistischer Bewunderung, daß die Zöglinge ungezwungen ihre Taschen plündern oder sie mit obszönen Flüchen belegen. Auch Gerüchte von sexuellen Orgien hat es schon gegeben, lange ehe Max Rafferty Summerhill mit Sybaris verglich[17]. Als ein Pastor die englische Schule von Beacon's Hill besuchte, soll ihm ein splitternacktes Mädchen geöffnet haben. »Mein Gott«, prallte der entsetzte Geistliche zurück. »Es gibt keinen Gott«, sagte das Mädchen und schlug ihm die Tür vor der Nase zu.

Seit 1920 war Neill Mitherausgeber der Zeitschrift *New Education*. Bald wurde deutlich, daß ein Konflikt zwischen den sehr konkreten Gedanken Neills und den religionsphilosophischen Spekulationen bevorstand, die bisher, vor allem in Gestalt des theosophischen Seelenglaubens, die Neue Erziehung beherrscht hatten. Neill verabscheute moralische Vorschriften in jeder Form. Er erklärte es für ebenso verwerflich, ein Kind zum Pazifisten zu erziehen wie zum Mili-

17 M. Rafferty in: Summerhill – pro und contra, Reinbek 1971.

taristen: In beiden Fällen suche der Erwachsene, das Kind nach seinen Ideen zu prägen, statt sich auf die Seite des Kindes zu stellen. »Die Bischöfe und die Schulmeister in Sandalen«, hat Neill damals geschrieben, »stimmen überein, daß das Kind zum Licht geführt werden muß. Es ist gleichgültig, ob das Licht nun das Licht des Kreuzes oder das des Spätimpressionismus ist, der Zweck ist stets derselbe: erhoben muß werden.«[18]

Ein Jahr später (1921) ging Neill nach Hellerau (bei Dresden), wo er die internationale Klasse einer fortschrittlichen deutschen Schule übernahm und sich über die vom Wandervogel geprägten deutschen Lehrer wunderte, die Alkohol und Tabak verabscheuten und in Fahrtenkluft völkische Lieder sangen. In seinen Disputen mit Mrs. Ensor wird immer deutlicher, daß Neill jeden Versuch ablehnt, das Kind zu »formen« – auch wenn es noch so verständnisvoll geschieht. Er geht darin sogar noch über Rousseau hinaus, der ja zwischen »echten« und nur auf »Launen« beruhenden Impulsen des Kindes unterschied. Für Neill sind Wünsche des Kindes gut, solange sie nicht die Rechte anderer Kinder oder Erwachsener einschränken. Neill ist es nicht leicht gefallen, sich zu dieser nur scheinbar einfachen Regel durchzuringen. Er war außerordentlich stark von der Psychoanalyse beeinflußt, die gerade zu dieser Zeit mit Freuds These eines in jedem Menschen wirkenden Aggressions- und Todestriebes eine pessimistische Wendung nahm. Neill hat diese Lehre für einige Zeit übernommen: Selbst ein auf einer einsamen Insel ohne jeden menschlichen Einfluß durch elektronische Apparate erzogenes Kind »würde in die menschliche Gesellschaft mit einer masochistischen, todessüchtigen Persönlichkeit zurückkehren«[19].

Deshalb ist es auch verständlich, weshalb Neill ein Anhänger des Freud-Schülers Wilhelm Reich wurde, den er 1937 auf einer Reise in Norwegen traf. In zwei Wochen habe er von Reich mehr gelernt als in den zahllosen Stunden Psycho-

18 Zit. n. Skidelsky, a. a. O, S. 155.
19 A. S. Neill, A Dominie in Doubt, London 1920.

analyse, die er früher bei Homer Lane und Wilhelm Stekel mitmachte, erläuterte Neill später. Reichs Überzeugung, daß erst die (sexuelle) Repression aus dem ursprünglich guten Menschen ein aggressives Wesen macht[20], entsprach Neills ursprünglicher Auffassung des kindlichen Wesens weit mehr als Freuds skeptische Ansichten. Der pessimistische Begründer der Psychoanalyse hat immer wieder auf den unerläßlichen Kompromiß von Gewähren und Versagen, von (möglicherweise neurotisierender) Unterdrückung kindlicher Impulse und (möglicherweise Asozialität und Aggressivität begünstigender) Freizügigkeit hingewiesen.

Während Marx das Problem der gerechten Gesellschaft im Grunde rein intellektuell sah – die ›mystifizierten‹ Massen der Arbeiter wissen nicht, was gut für sie ist und weigern sich deshalb, ihre Unterdrücker zu bekämpfen – ergänzte Reich diesen Gedankengang durch triebdynamische Gesichtspunkte. Die Unterdrückung der menschlichen Sexualität schafft jene Hemmung der inneren Freiheit (und damit des revolutionären Bewußtseins) einerseits, jene Aggressivität nach außen andrerseits, die den willigen Soldaten, Arbeiter oder auch bürgerlichen Manager der kapitalistischen Industriegesellschaft hervorbringen. Reich hat hier sehr wesentliche Dinge gesehen, es seinen Kritikern aber zu leicht gemacht. Seine Ideen über eine spezielle Sexualenergie (das »Orgon«) tragen den Stempel einer manischen Geisteskrankheit; andrerseits zeigen seine Thesen zur »Sexualökonomie« nur einen möglichen, keineswegs aber den einzigen Weg zu einem aggressiven, neurotisch »verbogenen« Charakter auf.

Es stimmt keineswegs, daß nur jene Kulturen aggressive Menschen hervorbringen, die ihre Mitglieder sexuell frustrieren. Beides fällt keineswegs notwendig zusammen: Es gibt sexuell freizügige Gesellschaften, die trotzdem aggressiv sind, etwa die Massai; es gibt auch höchst »repressive« Kulturen, die das kindliche Sexualleben nicht einschränken

20 W. Reich, Die sexuelle Revolution, Frankfurt 1969; Ders., Die Funktion des Orgasmus, Raubdruck 1968 (englisch 1965).

(Hopi-Indianer). Reich irrt wohl auch, wenn er die sexuelle Revolution als Vorstufe der sozialen hinstellt: Ganz im Gegenteil kann man sagen, daß Puritanismus ein konstantes Merkmal erfolgreicher Revolutionäre ist (Eric Hobsbawn); erfahrungsgemäß sucht sich der frühere Schüler von Summerhill eher eine weitgehend repressionsfreie »Nische« in der Klassengesellschaft, als daß er offen für soziale Reformen kämpft (S. 53). Man könnte sagen, daß die Klassengesellschaft zusammenbrechen muß, wenn sich genügend Einzelne ihren Zwängen entziehen. Aber solange es ihr gelingt, die Zahl dieser einzelnen (die Summerhills, könnte man sagen) zu beschränken, solange wird hier auch nur sehr wenig geschehen. »Summerhill«, sagt Neill, »bedeutet mir mehr als die Gesellschaft; ich werde ein Insulaner bleiben.«[21]

Für und wider Summerhill

Bis heute werden in vielen Schulen die Kinder gezwungen, Unmassen mechanisch gelernter Fakten in sich zu stopfen. Von Zeit zu Zeit sollen sie »in einer feierlichen Folter, Prüfung genannt, ... diese Fakten auf einem leeren Blatt Papier wieder von sich geben, worauf ihr Kopf dann wieder so leer ist wie zuvor«[22]. Endziel dieser Erziehung am Fließband ist der willige Arbeiter, der Angestellte, der nicht über den Rahmen seiner Dienstpflicht hinaussieht. Wer es am besten versteht, mechanisch Gelerntes wiederzugeben, gilt als besonders begabt, wird gelobt und gefördert. Wem wenig an solchem Lernen liegt, der muß sich anders durchschlagen; gute Noten werden ihm keine Karriere ebnen.

Die herkömmlichen Schulen werden kreativen Kindern nicht gerecht; bei anderen, die kreativ und intelligent sind, fördern sie nur die eine Seite der Begabung. Neills Schule hingegen ist ziemlich einseitig auf die Kreativität ausgerich-

21 A. S. Neill, Theorie und Praxis der antiautoritären Erziehung, Reinbek 1969.
22 Ashley Montagu in: »Summerhill – pro und contra«, Reinbek 1971, S. 477.

tet. Das mag als Gegensatz zu dem traditionellen Ideal richtig sein, wird aber fragwürdig, sobald man diesen Gesichtspunkt verabsolutiert. Es ist sicher wesentlich, der kindlichen Kreativität Spielraum zu gewähren. In Summerhill, wo lange Zeit die Kinder jede Woche selbst ein Theaterstück schrieben und aufführten, wo es Werkstätten und Malerateliers gibt, bestehen dazu ideale Voraussetzungen. Es ist aber auch notwendig, die kindliche Intelligenz zu fördern. Und hier wird man weiter kommen, wenn man ein Kind (ohne Zwang) unterrichtet, wenn man nicht wartet, bis es von selbst kommt, sondern versucht, seine Freude daran zu wecken, neue Dinge kennenzulernen. Neill sieht hier, wie wir schon einmal gesagt haben, nur die Alternative zwischen Zwang und absoluter Freiheit. Es ist aber möglich und notwendig, den Weg zum einsichtigen Lernen (und zum Lernen der Einsicht) zu ebnen, ohne ein Kind förmlich auf diesen Weg zu zwingen.

Neill hat die enge Beziehung zwischen Freiheit und Wissen nicht erkannt, wenn er etwa sagt, wirkliche Freiheit für ein Kind bedeute, darauf zu verzichten, »es Religion, Politik oder ein Klassenbewußtsein zu lehren«, da ja »jede dem Kind aufgezwungene Meinung eine Sünde gegen das Kind ist« (S. 120)[22]. Es scheint mir eher die Freiheit eines Kindes zu gefährden, wenn es nichts über Religion oder Politik erfährt, und zwar so früh, wie es nur solche Zusammenhänge begreifen kann. Daß solche Informationen nicht doktrinär vorgebracht werden müssen, steht auf einem anderen Blatt. Ist ein Kind, das nichts von sozialen Klassen weiß, wirklich »freier« als ein anderes? Wahrscheinlich erhöht ein von Toleranz und Einsicht bestimmtes Wissen um die eigene soziale Klasse die Bewegungsfreiheit im sozialen Raum eher, als daß es sie vermindert. So gesehen, wird die Freiheit von Manipulation, die Summerhill gibt, selbst zur Manipulation: Sie kann die Grundlagen für eine wirkliche freie Entscheidung versagen, da diese auch Wissen voraussetzt.

22 Neill, Theorie und Praxis der antiautoritären Erziehung, 1969.

Die Grenzen von Neills Schulmodell zeigen sich, sobald man versucht, das trotz allem privilegiert-utopische Modell der Privatschule Summerhill an unseren gegenwärtigen Schulverhältnissen zu messen. Wir haben pro Schule nicht zwischen 43 und 70 Schüler, wie Summerhill, sondern zwischen 400 und 1000. Wir haben nicht einen Lehrer für zehn Kinder, sondern einen für dreißig, ja vierzig und mehr Kinder. Und wieviele Schulen gibt es, deren Direktor fundierte Kenntnisse in Kinderpsychologie hat und bei auftretenden Schwierigkeiten keine Verweiszettel an die Eltern schickt, sondern eine PL (Private Lesson, eine Art Kinderpsychotherapie) einschaltet?

Summerhill liegt idyllisch auf dem Land; die Eltern sind meist überzeugte Anhänger Neills. Die Konflikte, welche notwendig entstehen, wenn man die Kinder autoritär geprägter Eltern in einer Summerhill-ähnlichen Schule erzieht, kann man sich unschwer ausmalen. Noch nie ist Summerhill in der Lage gewesen, Kinder armer Eltern aufzunehmen. Wohl nur deshalb kann Neill sagen, daß seine Schüler, auch wenn sie wenig gelernt haben, rasch das Nötige aufholen, sobald sie ein Fach interessiert (etwa weil sie die Aufnahmeprüfung in der Universität bestehen wollen). Forschungen über den Zusammenhang zwischen Intelligenz, Lernmotivation, geistigen Interessen und sozialer Klasse haben sehr deutlich gezeigt, daß nur Kinder aus einem anregenden Milieu (wie es das aufgeklärte Bürgertum bietet, aus dem die Summerhill-Eltern kommen) zu diesem »aufholen« fähig sind. Ihr Zuhause hat ihnen hier etwas gegeben, was ihnen die freie Schule nicht mehr nehmen konnte. Kinder, die von ihrem Elternhaus nicht soviel mitbekommen haben, werden durch das Prinzip der Freiwilligkeit potentiell geschädigt; vielleicht verfluchen sie später die Lehrer, die ihnen nicht beigebracht haben, wie man lernt.

Neills Schule ist im Grunde gar keine: Sie ist eher ein Freiraum, in dem Fehler korrigiert werden, die Eltern in der emotionalen Erziehung ihrer Kinder gemacht haben. Diese Korrektur gelingt in Summerhill zweifellos oft, sicher aber nicht immer, wie eine Umfrage unter ehemaligen Summerhill-Schülern und gelegentlich einmal ein Leserbrief zeigt (siehe S. 47–49). Es scheint aber fragwürdig, ein Prinzip, das an sich in der Kinder*psychotherapie* wurzelt, auf die *ganze Erziehung* auszudehnen. Wer Krankheiten auch dann behandelt, wenn sie gar nicht vorhanden sind, geht im besten Fall einen Umweg; im schlechtesten richtet er Schaden an. Wenn man einem seelisch kranken, schwer gehemmten Kind hilft, seine aggressiven Gefühle loszuwerden, dann kann das eine sehr nützliche und hilfreiche Sache sein. Ermuntert man aber ein gesundes Kind, »seine Aggressionen abzureagieren«, so nützt man diesem Kind nicht, sondern schadet ihm möglicherweise, indem man ihm nicht genügend Chancen gibt, Selbstkontrolle zu erlernen.

Neill kennt diesen Unterschied durchaus. Er würde, schreibt er einmal, einen seelisch gesunden Schüler von Herzen verfluchen, wenn er ihm Dreck auf eine frisch gemalte Tür würfe. Wäre es aber ein kranker, durch eine strenge Erziehung aggressiv gemachter Junge, dann würde Neill sich noch an dem Bombardement der Tür mit Schmutz beteiligen, denn ein gesundes Kind ist wichtiger als eine saubere Tür. Verhängnisvoll werden Neills Lehren erst, wenn man sie in Rezepte umwertet: »Kinder müssen ihre Aggressionen abreagieren.«

So scheint Neill nur eine Seite der Erziehung zu sehen. Es ist jene, die dem Psychologen näher steht als dem Pädagogen, dem Menschenfreund näher als dem Wissenschaftler, dem Kreativen näher als dem Intelligenten. Man muß Schaden vermeiden, fordert er. Die wichtigste Aufgabe der Pädagogik liegt darin, einen seelisch gesunden Menschen zu gewinnen; jedes andere Ziel hat sich diesem unterzuordnen, fällt ihm gegenüber nicht mehr ins Gewicht. Diese Forderung ist notwendig und richtig, aber sie enthält eine falsch gestellte Alternative. Es ist möglich, aktiv zu erziehen und einem Kind dennoch Freiheit zu geben; intellektuelle Schulung und Abwesenheit von Zwang schließen einander nicht aus.

Was Neill an der pädagogischen Realität kritisiert, ist

nahezu immer richtig. Es ist unmenschlich, ein Baby zu zwingen, nur dann zu essen, wenn der Stundenplan es vorschreibt; es ist sinnlos, Kindern Kopfrechnen einzudrillen (das heute jede Rechenmaschine viel besser beherrscht), es ist schädlich und kann ein ganzes Leben zerstören, wenn die kindliche Sexualität brutal unterdrückt wird, wenn man Selbstbefriedigung als Todsünde abstempelt. Doch Neills pädagogisches Ideal, – muß man sich mit ihm zufriedengeben? Verräterisch ist hier die Alternative zwischen dem glücklichen Straßenkehrer und dem unglücklichen Professor. Sicher ist der glückliche Straßenkehrer ein lohnenderes Ziel – *wenn der Professor notwendig unglücklich würde*. Aber wenn man schon ein pädagogisches Ideal errichtet und mit Wunschvorstellungen arbeitet, dann sollte man dem unglücklichen Professor nicht den zufriedenen Straßenkehrer gegenüberstellen, sondern einen glücklichen Professor!

»Es ist unmöglich, in Summerhill etwas zu lernen, etwas zu werden, auch mit dem besten Willen nicht. Das Haus glich damals einer abgenutzten Kaserne, alle Möbel waren zerhackt, zerschnitten, kaputt, die Wände schmutzig, überall verkratzt, die Bettwäsche zerrissen, der Lärm war nicht auszuhalten; es gab keine Ordnung, kein Programm ... alles war Chaos.« So Vivyan Volkach in einem Leserbrief an »Die Zeit«. In drei Jahren, schreibt sie weiter, haben ihr Bruder und ihre Schwester nur Reiten gelernt. Die Schwester starb später, nach drei gescheiterten Ehen, an einem Leberleiden (sie war Alkoholikerin); der Bruder arbeitet als Immobilienmakler in London und vermietet baufällige Wohnungen an Neger, die zu zehnt in einem Raum hausen.

Neill hat sehr erbittert auf diesen Angriff reagiert (Die Zeit 36/1970, S. 49), der sich gegen eine Zeit richtete, in der Summerhill aus chronischem Geldmangel weit schlechter eingerichtet war als später. Aber auch heute noch ist es in Summerhill nicht leicht, »in Ruhe zu arbeiten«, wie es im Bericht des britischen Schulinspektors heißt, der zwar Neills Persönlichkeit würdigt und seinen Verzicht lobt, bei aller menschlichen Autorität autoritär zu sein[23], aber gleichzeitig tadelt:

»Es ist... eine Atmosphäre geschaffen worden, in der geistige Bildung gedeihen könnte; nur gedeiht sie leider nicht...«

Ein objektiveres Bild vermittelt eine von Emanuel Bernstein unter 50 ehemaligen Summerhill-Schülern veranstaltete Umfrage, die im Oktober 1968 in »Psychology Today« veröffentlicht wurde (*What Does a Summerhill Old School Tie Look Like?*). Bernstein sprach mit 29 Männern und 21 Frauen, die zwischen 16 und 49 Jahre alt waren. Sie hatten zwischen 1924 und 1963 durchschnittlich vier bis fünf Jahre in Summerhill verbracht.

Aufs Ganze gesehen, ist Bernsteins Eindruck günstig, obschon auch gar nicht selten kritische Stimmen laut wurden. Man muß bei dem positiven Ausfall einer solchen Studie ja auch bedenken, daß Summerhill als vielumkämpfte Schule ein weit stärkeres Zusammengehörigkeitsgefühl erzeugen mußte als andere Internate, die sich staatlicher Anerkennung erfreuen. So werden viele der Befragten aus diesen Gründen ihre Kritik weniger betont haben als ihr Lob.

Von den 50 Befragten hielten zehn Summerhill für einen sehr wertvollen Einfluß auf ihr späteres Leben; sie hätten der Schule viel zu verdanken. Sieben Schüler waren anderer Ansicht: Sie sagten, Summerhill habe ihr späteres Leben negativ beeinflußt. Bernsteins Umfrage zeigt auch deutlich, wo eine Kritik an Summerhill ansetzen muß (und bestätigt unsere oben geäußerten Einwände): 26 ehemalige Schüler klagten über fehlende Anregungen und den Mangel an Gelegenheit für wissenschaftliche Arbeit; ihre Lehrer seien zu schlecht qualifiziert gewesen. Eine für ehemalige Summerhill-Schüler typische Eigenschaft ist nach Bernsteins Studie Toleranz: Sie akzeptieren den anderen, wie er ist, ohne Rück-

23 »Der Schulleiter ist ein Mann von festen Überzeugungen und tiefer Aufrichtigkeit... Er besitzt die seltene Gabe, eine starke Persönlichkeit zu sein, ohne beherrschen zu wollen.« Sind es übrigens immer wirklich die starken Persönlichkeiten, die herrschen möchten? (Zitiert nach: Theorie und Praxis der antiautoritären Erziehung, Reinbek 1969, S. 93).

sicht auf seine Rasse, Religion oder politische Überzeugung (ein erneuter Beweis für den engen Zusammenhang zwischen autoritärem Charakter und Intoleranz). Schließlich hat Bernstein auch noch aufgezählt, welche erfreulichen Resultate einer Erziehung in Summerhill besonders oft genannt wurden. Es waren (in dieser Reihenfolge):

1. Gesunde Einstellung zur Sexualität, harmonische Beziehungen zum anderen Geschlecht,
2. Selbstvertrauen,
3. Unbefangenheit im Umgang mit Autoritätspersonen,
4. natürliche Entwicklung, die mit den persönlichen Interessen und Fähigkeiten übereinstimmte.

Besonders interessant ist schließlich noch, daß nach Bernsteins Studie eine lange Dauer des Aufenthaltes in Summerhill keineswegs zu einem günstigeren Urteil über die Schule Neills führte. Im Gegenteil: die Schüler, die am längsten in Summerhill waren, standen der Schule weit kritischer gegenüber als die Kinder, die nur wenige Jahre dort blieben. Nach einem kürzeren Aufenthalt in Summerhill hatten sich die Kinder auch an die Schulen, die sie später besuchten, ohne große Probleme angepaßt. Wer in Summerhill erzogen wurde, wird übrigens fast durchweg später ein nicht-autoritärer Erzieher, dessen eigene Kinder unbefangen und glücklich wirken. So scheint die freiheitliche Erziehung über Generationen hin im selben Sinn positiv zu wirken, wie die autoritäre sich durch ihre negativen Folgen fortführt und selbst unterhält[24].

24 In seinem Buch »Sexualität und Klassenkampf« erwähnt Reimut Reiche eine Statistik, nach der die Häufigkeit psychose-ähnlicher Nervenzusammenbrüche bei ehemaligen Schülern Summerhills größer ist als in vergleichbaren Gruppen. (Sexualität und Klassenkampf, Frankfurt 1969, S. 160.) Er deutet das so: »Das muß daran liegen, daß die Jugendlichen in Summerhill nicht gelernt haben, sich mit den repressiven gesellschaftlichen Institutionen auseinanderzusetzen und darum nur eine extrem niedrige – für die gegenwärtige Gesellschaft zu niedrige – Frustrationstoleranz besitzen.«
Ich habe Reiche brieflich gebeten, mir die Quellen dieser Statistik zu nennen. Er hat nicht geantwortet; da es mir nicht glückte, in der

mir zugänglichen psychologischen Literatur eine solche Studie über Summerhill zu finden, kann ich seine These nur sehr skeptisch bewerten. Sicher falsch ist übrigens die Interpretation, die Reiche gibt. Nicht die niedrige Frustrationstoleranz (die übrigens in Summerhill gar nicht so niedrig ist; daß ein Kind frustriert wird, erzeugt ebensowenig notwendig eine hohe Frustrationstoleranz, wie umgekehrt ein Minimum an Frustrationen die Frustrationstoleranz verkleinert) kann man für eine solche erhöhte Schizophrenie-Gefährdung der Summerhillianer verantwortlich machen, überhaupt kaum die Schule, sondern wohl eher die Tatsache, daß Neill lange Jahre vorwiegend »problem children« aufgenommen hat, von kranken Familien weitgehend geschädigte Schüler, die eine Risikogruppe für Nervenzusammenbrüche (Psychosen) darstellen.

III. Antiautoritäre Kinderläden

> Antiautorität, wie ich sie verstehe,
> hat nichts mit Politik zu tun.
> A. S. Neill[1]

Als Wegbereiter des Erfolgs von »Theorie und Praxis der antiautoritären Erziehung« und erste konkrete Versuche auf diesem Gebiet in Westdeutschland haben wir die Kinderläden schon erwähnt. Wie unterscheidet sich Neills Konzeption von dem, was in ihnen praktiziert wird? Lassen sich verschiedene Richtungen innerhalb dieser antiautoritären Vorschulerziehung finden?

Zunächst ist festzuhalten, daß Neill in Summerhill Kinder zwischen sechs und siebzehn Jahren unterrichtet, für die es eine Reihe fester Regeln (sie betreffen Kleidung und Ernährung; seit jüngster Zeit auch ein Rauchverbot) gibt. »Autorität« – nach Neills eigenen Worten – ist die Schulversammlung. In den Kinderläden und Kindergärten hingegen leben Kleinkinder zwischen zwei und sechs Jahren zusammen. Hier kann eine demokratische Autorität, wie das Schülerparlament in Summerhill, noch nicht funktionieren, weil die entsprechenden entwicklungspsychologischen Voraussetzungen nicht gegeben sind, vor allem die Fähigkeit, unmittelbare Bedürfnisbefriedigung zugunsten des Gruppeninteresses längere Zeit aufzuschieben. Das kann frühestens ein Schulkind.

Dieser Altersunterschied zwischen den Summerhill- und den Kinderladen-Kindern ist recht wichtig. Denn auf irgendeine Weise muß auch in dem antiautoritären Kindergarten die innere Ordnung hergestellt werden, welche in Summer-

---

1 In: Die Zeit, 30. Oktober 1970, S. 25.

hill die Schülerversammlung und die wenigen »rules«, die Neill unabhängig von ihr aufstellt, garantieren. In der Regel geschieht das, wenigstens in den lebensfähigen Einrichtungen, die über ein experimentelles Stadium hinausgekommen sind, durch den Eingriff der Erzieher. Die Praxis hat gezeigt, daß Grenzen unerläßlich sind, wenn die Kinder nicht Schaden davontragen sollen. So gesehen, charakterisiert nicht das völlige Fehlen von Anordnungen einen antiautoritären Kindergarten, sondern der Verzicht auf jeden nicht unerläßlichen Eingriff. Nach allem, was ich aus Gesprächen mit Eltern, Erziehern und beratenden Psychologen in solchen Kindergärten erfahren konnte, spielt sich dieses notwendige Minimum an »autoritären« Maßnahmen allmählich ein; es wird immer wieder überprüft. Freilich, es kann auch geschehen, daß eine antiautoritäre Kindergärtnerin verzweifelt zum Psychologen kommt: die Kinder hätten schon zum dritten Mal das gesamte Mobiliar zertrümmert, die Unkosten seien nicht mehr tragbar – wie könne man nur wieder ein wenig Autorität einführen?

Die antiautoritäre Erziehung im Kindergarten kann also niemals völlig »repressionsfrei« sein, es sei denn, man nennt nur jene Verbote repressiv, die den Kindern nicht begründet werden. (»Warum darf ich nicht mit Kreide an die Wand malen?« – »Weil ich es dir sage!«). Dieses hier zu erzielende Gleichgewicht von Gewähren und Verbieten werden wir noch ausführlich besprechen.

Noch in einem anderen Punkt hebt sich Neill von der antiautoritären Erziehung zumindest eines Teils der für Kinderläden und Kindergärten zuständigen Elterngruppen ab. Er versteht sein Konzept ausdrücklich unpolitisch. Die sozialistischen Gedanken, die man in seinen frühen Büchern noch oft finden kann, machen in seinen späteren Aussagen zunehmend der Resignation über die Welt der Erwachsenen Platz. »Ich habe schon lange den Glauben daran aufgegeben, daß sich Reformen auf dem Umweg über die Politik erreichen ließen«, sagte er 1970. »Politisch wurde die russische Revolution gemacht, und am Anfang bedeutete sie Freiheit in den

Schulen, Freiheit auch des Sexus. Aber jeder, der heute in einem kommunistischen Land diese persönliche Freiheit noch entdecken kann, muß einen Sehfehler haben.« Summerhill ist für ihn nur dann antiautoritär, wenn »unter ›autoritär‹ die Herrschaft der Erwachsenen über die Kinder verstanden wird.« Die Politik in Großbritannien wie in den Vereinigten Staaten tue nichts, »jene repressive Institution zu ändern, die wir Erziehung nennen. Sie programmieren Kinder so, daß sie den jeweils herrschenden Mächten der politischen und wirtschaftlichen Bosse folgen.« Von den Summerhill-Schülern ist auch laut Neill noch keiner Politiker geworden, denn »vielleicht sind sie für dieses Metier zu aufrichtig. Ein Politiker muß es beinahe unmöglich finden, ehrlich zu sein.«

Neill sieht also »Politik« als anonyme, unangreifbare Macht; er zweifelt daran, daß sich Reformen auf eine Weise erreichen lassen, die er sonderbar genug den »Umweg über die Politik« nennt. Sehr bezeichnend ist auch seine These »Die großen Menschen dieser Welt, Beethoven, Freud, Einstein, Shakespeare, waren nicht politisch, sondern kreativ tätig.« In dieser naiven Unterscheidung von Politik auf der einen, Erziehung, Kreativität und Freiheit auf der anderen Seite, führt Neill eben jenes bürgerliche Vorurteil gegenüber der »schmutzigen« Politik fort, das sich zwar unpolitisch gibt, aber eben darin ein Politikum eigener Art ist, ganz ähnlich wie die scheinbar »wertfreie« wissenschaftliche Forschung. Weil sie zum Verzicht auf aktive politische Arbeit drängt, wird eine solche Erziehung sekundär doch wieder politisch – desgleichen, wenn sie auf ein unpolitisches Arbeitsgebiet verweist, in dem man schöpferisch tätig sein kann, ohne Macht auszuüben. Neill leugnet dieses Dilemma, aus dem freilich nur mit Mühe, ja vielleicht gar kein Ausweg zu finden ist. Die Tragik des kreativen Wissenschaftlers, dessen Arbeit nicht die Politik verwandelt, sondern von ihr mißbraucht wird, hat der von Neill zitierte Albert Einstein in ihrem ganzen Gewicht ertragen müssen. (Die Mächtigen respektieren das unpolitische Genie nicht, sondern seine Leistung muß ihnen dienen, um ihre Macht noch weiter zu steigern.)

Neills entschieden unpolitischem Erziehungskonzept stehen Versuche der radikalen Linken gegenüber, die Erziehung total zu politisieren. Daß beide sich »antiautoritär« nannten (im Fall der revolutionären Studenten) oder nennen lassen mußten (im Fall Neills) hat sehr viel dazu beigetragen, die Diskussion zu verwirren. Über den Gemeinsamkeiten (die vor allem darin liegen, daß Neill ebenso wie Herbert Marcuse, der wichtigste Ideologe der Studentenrevolution, in ihrem Denken stark von Wilhelm Reich beeinflußt wurden) sind die Gegensätze nicht selten übersehen worden.

Für die Linksradikalen, deren Sprecher in Erziehungsangelegenheiten vor allem der »Zentralrat der sozialistischen Kinderläden in Berlin« war, ist bereits die Vorschulerziehung ein Stück Klassenkampf. Ziel bleibt immer der künftige sozialistische Revolutionär.

Die antiautoritäre Erziehung wird voll und ganz in den Dienst politischer Auseinandersetzung gestellt. Sie kann nicht mehr ohne Indoktrination auskommen und »der Gefahr entgehen, die neurotischen Strukturen, die trotz aller noch so realitätsgerechten Rationalisierungen das Verhalten der Revolutionäre mitbestimmen, auf die Zöglinge zu übertragen«, wie Hans Krieger sagt. Deshalb droht sie auch, mit ihrem eigenen Prinzip in Widerspruch zu geraten, »weil sie Autorität in einem doppelten Sinn nach wie vor braucht: als die zu bekämpfende des herrschenden Systems und als die zu bejahende der eigenen Ideologie.«[2] Wer an seinen Kindern jenes revolutionäre Bewußtsein verwirklicht sehen will, das die Gesellschaft nicht teilt, gerät in Gefahr, statt tüchtiger Revolutionäre neurotische Söhne heranzuziehen, die in der Pubertät zur Zeit des Vaterprotests auch den schon im Kinderladen erworbenen Marxismus verwerfen.

Der Erfolg von Neills unpolitischer antiautoritärer Erziehung hat endlich sogar dazu geführt, daß eben jene linksradikalen Studenten, die seit 1967 die Kinderläden gründeten und damit die Breitenwirkung Neills erst ermöglichten,

2 H. Krieger in: Die Zeit Nr. 32/1970, S. 15.

sich auf dem Höhepunkt der Diskussion um die antiautoritäre Erziehung bereits wieder von ihr distanzierten und mißtrauisch verfolgten, wie Neill und seine Schule in liberalen Zeitschriften (allen voran die »Zeit« und der »Spiegel«) wohlwollend beschrieben wurden. Der Zentralrat der sozialistischen Kinderläden West-Berlins, früher Wortführer in der Diskussion um eine revolutionäre Pädagogik, löste sich schon 1969 auf und riet, die Kinderläden wieder zu schließen, weil sie »die vordringlichste Aufgabe, eine schlagkräftige Organisation der Arbeiterklasse zu schaffen, ersetzen durch antiautoritäre oder sozialistische Erziehung, die im gegenwärtigen Stadium zu unproduktiven Konflikten in Familie und Schule führen muß.«[3]

Die Experimente mit einer Erziehung zum Klassenkampf waren offensichtlich zum Scheitern verurteilt, während ein Kinderladen-Konzept, das nicht zum Kampf gegen äußere Autorität anleiten will, sondern die Bildung autoritätshöriger Charakterstrukturen zu verhindern sucht, sich als durchaus lebensfähig erwiesen hat. Die Kinder sollen nicht mehr, wie noch 1968, zu Trägern einer »Gegengesellschaft« erzogen werden, sondern die Fähigkeit gewinnen, gesellschaftliche Anpassungsforderungen auch dann noch kritisch zu betrachten, wenn sie sich ihnen zeitweise fügen (während für den »autoritären Charakter« ja jedes Abweichen von diesen Anpassungen, selbst nur in Gedanken, Angst hervorruft (siehe S. 100 f.).

Noch sind, selbst in Berlin, wo diese Entwicklung am weitesten fortgeschritten ist, antiautoritäre Kindergärten und -läden eine verschwindend kleine Minderheit. Während 18 000 Kinder in Berlin Tagesstätten und 7000 Vorschulen besuchen, gehen höchstens 800 in antiautoritär orientierte Kinderläden (von denen weniger als ein Drittel sich als ausdrücklich »links« orientiert versteht). Der wirkliche Fortschritt dieser »Kinderhäuser«, wie sie oft genannt werden, liegt darin, daß sie sich nicht als bequemer Abstellplatz für

3 Der Spiegel 52/1970, S. 128.

Kleinkinder verstehen. Im Gegenteil: die Eltern sollen in die pädagogische Gruppenarbeit intensiv mit einbezogen werden, an den Treffen der Kinder teilnehmen, sie beobachten und von der Fachkraft erfahren, wie nun die angezielte repressionsfreie Erziehung aussieht. Auf diese Weise wird verhindert, daß zwischen dem, was in der Familie selbst praktiziert wird, und dem Zusammenleben in der Kindergruppe ein Bruch entsteht. Solange diese antiautoritären Einrichtungen für Vorschulkinder zwischen demokratischem und laxem Stil, zwischen Freiheit und Zügellosigkeit zu unterscheiden wissen, kann man in ihnen einen wirklichen Fortschritt sehen. Er hebt die Nachteile wieder auf, welche die soziale Entwicklung zur Kleinfamilie produziert hat.

Einzelkinder werden mit zwei, drei Jahren regelrecht »kindersüchtig«, auch wenn die Erwachsenen ihre Kontaktwünsche nach Kräften zu befriedigen suchen und sich als Spielpartner zur Verfügung stellen. Offensichtlich ist der Mensch biologisch nicht auf das Leben in der isolierten Kleinfamilie programmiert. Für die Drei- bis Fünfjährigen sind Altersgenossen vielleicht mindestens so wichtig, ja wichtiger als die Mutter, die nur in den ersten beiden Lebensjahren als Bezugsperson nicht zu ersetzen ist[4]. Dafür sprechen nicht nur kulturanthropologische Beobachtungen, nach denen die Kindergruppe in vielen primitiven Gesellschaften der wichtigste Träger der Sozialisation ist, sondern auch Tierexperimente, die den Gedanken nahelegen, daß es sich hier um eine Gesetzmäßigkeit handelt, welche für die gesamte Gruppe der Primaten gilt. Gene Sackett, ein Schüler des Verhaltensforschers Harry Harlow (der die zerstörerischen Folgen mutterloser Aufzucht auch an Rhesusaffen beweisen konnte), zeigte isoliert aufgewachsenen Affenkindern verschiedene Diapositive.

4 Das zeigen die von Pfaundler, Spitz, dem Ehepaar Gluck und vielen anderen angestellten Untersuchungen an Heimkindern, die schwere seelische und Intelligenz-Schäden davontragen, wenn sie länger als sechs Monate den Kontakt zu einer ihnen voll zugewandten Mutterperson entbehren müssen (wie es auch heute noch in den Heimen der Fall ist), S. Schmalohr 1968 (Lit.-Verz.)

Da diese Tiere noch nie einen anderen Affen gesehen hatten, mußten ihre Reaktionen auf die lebensgroßen, farbigen Bilder solcher Tiere vorwiegend angeboren sein. Es erwies sich, daß die Äffchen offensichtlich »wußten«, wie ihre Artgenossen aussehen, weil sie auf deren Bilder eindeutig anders reagierten als auf Kontrollbilder (Möbel, Menschen u. ä.). Sie wurden aktiver, suchten die Leinwand ab, stießen Rufe aus.

Während diese Reaktionen auf Mutter- und-Kind-Bilder, sich paarende Affen, Demuts- und Angstgebärden immer ziemlich ähnlich aussahen, fand Sackett zwei Kategorien von Bildern, die besondere Reaktionen auslösten: ein Männchen in Drohhaltung – die Affenkinder, die noch nie ein solches Männchen gesehen hatten, gerieten offensichtlich in ängstliche Erregung und versuchten zu fliehen. Ebenso eindeutig, ja sogar noch ausdauernder reagierten die Affenkinder auf Bilder von spielenden Altersgenossen. Sie wurden erregt, riefen, liefen im Käfig herum und waren wesentlich intensiver beeindruckt als durch alle Bilder von Affenmüttern[5].

Man kann nun daraus noch nicht schließen, daß auch für menschliche Kleinkinder Altersgenossen wichtiger sind als die Eltern. Auf der Basis von Tierexperimenten gewonnene Erkenntnisse geben uns nicht mehr als eine Arbeitshypothese, die erst am Menschen geprüft werden muß, ehe man auf Gemeinsamkeiten schließen darf. Immerhin müssen wir festhalten, daß die Erziehung von Vorschulkindern in einer Gruppe von Altersgenossen Vorzüge hat, welche über die reine Entlastung der Eltern hinausgehen. Dafür sprechen auch die guten Erfahrungen mit der Kibbutz-Erziehung in Israel[6]. Auch dort arbeiten Eltern und professionelle Erzieher (Metaplot) sehr intensiv zusammen; die Gruppengröße ist gering (vier bis sechs Kinder pro Erzieherin).

5 G. Sackett, Monkeys reared in isolation with pictures as visual input: evidence for IRM. In: Science 1966, Nr. 154, S. 1468–1473.

6 B. Bettelheim, Die Kinder der Zukunft. Gemeinschaftserziehung als Weg einer neuen Pädagogik. Wien/München 1971. Vgl. auch L. Liegle (Hrsg.), Kollektiverziehung im Kibbutz, München 1971.

Zwischen dem dezidiert unpolitischen Charakter der antiautoritären Erziehung im Sinne Neills und der radikalen
Politisierung in den utopisch-linken Kinderläden Berlins hat
sich ein breites Spektrum einzelner Gruppen entwickelt, die
zum größten Teil ausgesprochen kind-orientiert sind. Sie verstehen sich weniger als Kämpfer und Rebellen, wie es das
Wort »antiautoritär« nahelegt, sondern versuchen, das eine
zu tun, ohne das andere zu lassen – Kindern einen Freiraum zu gewähren, ohne auf politische Bewußtseinsbildung
völlig zu verzichten. Sie wird freilich weniger als ideologische
Schulung verstanden, sondern betrifft eher das konkrete So-
zialverhalten. Hier die wichtigsten Punkte aus der Satzung
eines solchen antiautoritären Kindergartens, der 1969 von
Mitgliedern des Republikanischen Klubs in München gegründet wurde:

»Absicht des Kindergartenmodells ist es, die Vorausset-
zung dafür zu schaffen, daß Kinder und Erwachsene möglichst repressionsfrei, das heißt: frei von moralischen Zwängen, Angst und Drohungen, miteinander leben können. Dazu
gehören:

a) die Überzeugung, daß es möglich ist, die Bedürfnisse
der Kinder zu befriedigen, daß diese Kinder diese Bedürfnisse (auch nach Liebe und Beachtung) frei äußern dürfen
und sich nicht durch Anpassung erkaufen müssen, daß Kinder sich selbst untereinander ohne Einmischung von Erwachsenen regulieren können;

b) die Auffassung, daß Konflikte nicht durch das Macht-
wort eines Erwachsenen, sondern durch Einsicht und Ver-
handlungsbereitschaft der beteiligten Kinder beigelegt werden sollen. Ferner, daß Aggressionen nicht von vorneherein
unterdrückt, sondern bis zu dem Punkt ausgetragen werden
sollen, an dem Gesundheit und physische Belastbarkeit aller
eine Grenze setzen;

c) die selbstverständliche Einbeziehung des im allgemeinen
immer noch tabuierten Sexualbereiches in das normale Zusammenleben, die Ablehnung von Ruhe, Ordnung und Sauberkeit als obersten Erziehungsprinzipien;

d) eine Erziehung zu politischem Denken und Handeln schon auf Kindergartenebene;

e) die Beteiligung aller Eltern (auch der Väter) am Kindergarten, damit kein Bruch entsteht zwischen der repressionsarmen Erziehung dort und der möglicherweise noch autoritär geprägten Erziehung im Elternhaus. Gleichzeitig gehören die Konflikte der Eltern mit zur Erziehungssituation, gegebenenfalls soll eine gemeinsame Lösung gesucht werden;

f) die Absicht, die Konzeption einer antiautoritären Erziehung in der Öffentlichkeit zu diskutieren.«[7]

Solche und ähnliche Erziehungsprogramme üben eine große Anziehung auf viele Eltern aus. Zu Recht oder zu Unrecht? Was ist hier wirklich neu? Welche Beweise gibt es dafür, daß ein solches, vernünftigerweise »repressionsarm« (nicht »repressionsfrei«) genanntes Konzept herkömmlichen, autoritären Maßnahmen, Geboten und Verboten, mildem oder hartem Zwang zu Ruhe, Ordnung und Sauberkeit überlegen ist? Müssen die Eltern wirklich als Autorität abdanken, – oder können sie sich heute nur noch dadurch Autorität bewahren, daß sie auf eine autoritäre Erziehungspraxis verzichten? Was aber ist unter diesen Umständen eigentlich Autorität? Ehe wir diese Frage untersuchen können, müssen wir noch mit Hilfe einiger kulturhistorischer Daten das Bild der typisch »autoritären« Haltung zeichnen und die gesellschaftlichen Bedingungen aufdecken, die in der Vergangenheit zu ihr führten. Denn erst dann wird deutlich werden, warum eine autoritäre Erziehung keine Zukunft mehr hat, so stark sie – trotz aller Popularität antiautoritärer Konzepte – gegenwärtig noch sein mag[8].

7 Zit. nach Brigitte, Nr. 18/1970, S. 108.
8 Das läßt sich nicht zuletzt daraus ableiten, daß noch 80 Prozent aller deutschen Eltern eine typisch »autoritäre« Erziehungsmaßnahme – die Prügelstrafe – gutheißen. Vgl. K. Horn, Dressur oder Erziehung. Schlagrituale und ihre gesellschaftliche Funktion, Frankfurt 1967. Dort macht Horn deutlich, daß jede Erziehungskonzeption, die auf Unterordnung und absoluten Gehorsam gegenüber dem physisch Überlegenen beruht, den Menschen zum Ding, zum Material zu machen droht.

IV. »Wer seinem Kind die Ruthen spart...«

Schlafe mein Kind, ich wiege dich
Wärst du größer, so schlüg ich dich –
Da du aber so winzig und klein,
Muß ich tun den Willen dein.

Wiegenlied

Die Fabel, die Aristoteles von den Bären erzählt – daß sie ihre Kinder aus formlosen Klumpen durch ausdauerndes Belecken erst allmählich heranbilden – gilt in einem übertragenen Sinn eigentlich nur für den Menschen. Ohne Zuwendung und Lernhilfe ist er nicht lebensfähig, seelisch wohl noch weniger als körperlich, wie die Beobachtungen an gut ernährten, aber jeder menschlichen Zuwendung beraubten Heimkindern zeigen. So verwundert der Nachdruck nicht, den alle menschlichen Kulturen auf die Erziehung legen, so verschieden deren Inhalte und Formen auch sein mögen. In Europa hat man die Bedeutung der Kindheit für die Persönlichkeitsentwicklung schon früh erkannt; die Folgerungen aber, die man aus dieser Erkenntnis zog, waren höchst einseitig.
Ein »Sinnenbild« aus dem Jahr 1650 (im Münchener Kupferstichkabinett) zeigt das deutlich genug:
»Die lieben Kinderlein den Zweiglinen nacharten,
weil sie zu biegen sind, eh sie zu alt erharten.
Zu bleiben lasterleer, zu werden tugendvoll
sie von der Wiegen her man recht erziehen soll.

Denn wie ein alter Baum nicht anderst wird gebogen,
so bleibet auch der Mensch gleich wie er ist erzogen.
Drum wer an Kindern will erleben Freud und Ehr,
der spar an ihnen nicht die Ruten, Zucht und Lehr.«[1]

1 Hans Boesch, Kinderleben in der deutschen Vergangenheit, Leipzig 1900, S. 46.

Was ein Häkchen werden will, krümmt sich beizeiten, was Hänschen nicht lernt, lernt Hans nimmermehr – diese Kernsprüche könnte man geradezu als Motto über eine neurotisierende Erziehung stellen. Die Eltern sind es, die »Freud und Ehr« von den Kindern haben wollen; nach den Wünschen der Kinder wird nicht gefragt. Ziel ist der zurechtgebogene Mensch, nicht der natürlich gewachsene, denn die Lehre von der Erbsünde hat einen guten Teil der abendländischen Erziehung vergiftet. Mittel der Erziehung ist vor allem die Rute; Grenze der Züchtigung nur der körperliche Schaden, den man durch Schläge anrichten kann.

Berthold von Regensburg fordert: »Für die Zeit, als es erste böse Wort spricht, so sollt ihr ein kleines Rütelein nehmen … und als es eine Unzucht oder ein böses Wort sprichet, so sollt ihr ihm ein Smitzlin thun an der bloßen Haut. Ihr sollt es aber aufs bloße Haupt nicht schlagen mit der Hand, denn ihr möchtet es wohl zu einem Thoren machen.« Hier unterscheidet sich die elterliche Autorität also nicht vom körperlichen Zwang; die Erziehung findet vorwiegend durch Angst statt. Das Kind fürchtet die Rute; die Eltern fürchten das Jüngste Gericht, denn – wie etwa Luther sagte – sie werden dann für alle Sünden der Kinder büßen müssen, als ob sie ihre eigenen seien. Die christliche Moral, ja die gesamte kirchliche Lehre braucht offensichtlich als seelische Ausgangsbasis ein ständiges Schuldgefühl. Theoretisch dazu bestimmt, die Kinder zur »Tugend« zu führen, dient eine leibfeindliche und zu Verdrängungen geradezu nötigende Erziehung über Jahrhunderte hin dazu, Angst und Schuldgefühle zu verinnerlichen und auf diese Weise einen an die kirchliche Verfügung über die »Gnadenmittel« gebundenen (nicht diese aus freiem Willen suchenden) Menschen zu prägen.

Noch Luther ist überzeugt, daß Kinder von Natur dem Bösen nur allzu zugeneigt sind. Strafe zu unterlassen, erklärt er zu einer Sünde der Eltern, die durch die Rute ihre Kinder zu ordentlichen, brauchbaren Menschen erziehen und sie vor der Hölle bewahren müssen. Man kann aus diesen und vielen anderen Beispielen ablesen, daß heute nicht ohne Grund vielfach elterliche Autorität mit nackter Gewalt identifiziert wird. Die christliche Erziehung ist gewiß ein Vorläufer jener kleinbürgerlichen »Aufzucht« von Kindern zu braven Arbeitssklaven. Wahrscheinlich sind die Zusammenhänge zwischen dem von der christlichen Moral geforderten Triebverzicht, dem Kapitalismus und der Industrialisierung sogar noch enger, als es Max Weber in seinen Studien über die protestantische Ethik herausstellte[2].

Die von ihrer natürlichen Befriedigung abgelenkten, unterdrückten Triebe lieferten die Energie für Fortschritte im technisch-wissenschaftlichen Bereich, welche erst die Voraussetzungen für die Industrialisierung und damit das Heraufkommen des Früh- und Hochkapitalismus schufen. So schließt sich der Kreis von autoritärer Erziehung und Klassengesellschaft. Es verwundert nicht mehr, daß die Vertreter der engagierten Linken eine Zeitlang glaubten, sie könnten zusammen mit der autoritären Erziehung auch den Kapitalismus überwinden.

Doch wäre es falsch, in der mittelalterlichen Erziehung nur die Prügel zu sehen und zu glauben, die Kinder seien damals ausschließlich mit Gewalt in die moralische Norm gezwungen worden. Luther, der so energisch den Gebrauch der Rute verlangt, fordert auch, neben sie den Apfel zu legen. Der Reformator hat deutlich erkannt, daß nicht nur das, was er einen »ordentlichen, brauchbaren Menschen« nennt, in früher Kindheit geprägt wird, sondern daß die Eltern durch ihre überstrenge, lieblose Erziehung eine ängstliche oder zwanghaft-gehemmte Persönlichkeit formen können, die das Kind im späteren Leben nicht wieder abzulegen vermag. »Wer zornig herrschet, macht Übel ärger«, sagt Luther – aber »geherrscht« muß werden. »Daraus, daß die Kinder mit Ungestüm erzogen werden, kommt, daß ihr Gemüt, weil es noch zart ist, ganz in Furcht und Blödigkeit gerät und erwächset in ihnen ein Haß gegen die Eltern, daß sie entlau-

2 M. Weber, Ges. Aufsätze zur Religionssoziologie, 3 Bde., Tübingen 1920/21.

fen und thun, was sie sonst nimmer getan hätten. Denn was vor Hoffnung mag sein an einem Menschen, der einen Haß und Mißtrauen hat zu seinen Eltern und ganz an ihnen verzaget?«[3]

Luther wußte also, daß »Urvertrauen« – die Überzeugung, daß das Leben lebenswert ist – und Selbstvertrauen in früher Kindheit begründet werden müssen. »Ein Kind, das einmal blöde und kleinmütig worden ist, dasselbige ist zu allen Dingen verzagt und fürchtet sich allezeit, so oft es etwas thun und angreifen soll«, sagt Luther. »Und was noch ärger ist, wo eine solche Furcht in der Kindheit bei einem Menschen einreißet, die mag schwerlich wieder ausgerottet werden sein Leben lang. Denn weil sie zu einem jeglichen Worte des Vaters oder der Mutter erzittern, so fürchten sie sich auch hernach ihr Leben lang vor einem rauschenden Blatte.«

»Wer seinem Kind die Ruthen spart / Der haßt sein Sohn nach Feindes Art«, war auch die Lehre von Hans Sachs. Doch wurden damals offensichtlich die Kinder der Adeligen anders erzogen als die der Bürger. Eine durchaus moderne Ansicht vertrat etwa Walther von der Vogelweide, ein Vertreter des niedrigen Adels im 13. Jahrhundert:

»Niemand kann beherten
Kindes Zucht mit Gerten.
Den man z' Ehren bringen mag
Dem ist ein Wort als wie ein Slak.«

Also Einsicht statt Strafe!

Auch in der Chronik der Grafen von Zimmern wird von einem Gottfried Werner berichtet, der sich im Alter von acht Jahren »unter anderen Schalkheiten ... sich manchmal nackt auszuziehen (pflegte), sich im Kot zu wälzen und durch Anstreichen unkenntlich zu machen; alsdann lief er im Dorf herum, jagte die Kinder und erschreckte die Weiber in den Häusern, so daß viele Klagen vor den alten Herrn kamen; der bestrafte ihn aber nicht, sondern lachte nur darüber.«[4] Diese

3 Boesch, a. a. O., S. 48.
4 B. Jhringer (Hrsg.), Aus der Chronika Derer von Zimmern, München/Leipzig 1911, S. 177.

Freizügigkeit scheint dem jungen Grafen nicht geschadet zu haben; die Chronik verzichtet völlig darauf, zu moralisieren und schildert, wie Gottfried Werner wenige Jahre später in Zürich einem zu Unrecht Verurteilten das Leben rettete.

Erziehung durch Angst

Durch Jahrhunderte ist Angst eines der wichtigsten Erziehungsmittel gewesen. »Still, still, und werdet fromm, ihr gar zu bösen Kinder«, sagt der Kinderfresser, in voller Lebensgröße auf einem Flugblatt aus dem 17. Jahrhundert abgebildet, einen Kindskopf zwischen den Kiefern, Mädchen und Buben in den Taschen seines weiten Mantels. Doch er weiß bereits, daß Kinder nicht gern »fromm« werden und hat einen ganzen Sack voller grausiger Drohungen parat:

»Wo nit, so komm ich gar geschwind zu euch gelaufen,
Und friss euch alle auf: Seht an den großen Haufen,
So ich schon bei mir hab, die Säcke seyn gefüllet . . .
Diese all hab ich geraubt, zum Fressen und zum Naschen.
Wird mir die Zahl zuviel, daß ich's nicht kann auffressen,
So henck ich teils in Rauch, theils pflege ich zu pressen
So lang bis alles Blut aus Adern ist geflossen,
Das sauf ich Mass weiss aus mit meinen Hausgenossen,
Dem WauWau und der Bercht, viel pfleg ich klein zu hak-
ken
Zu Knöpflein oder Würst . . .«[5]

Diese Hausgenossen des Kinderfressers, vor allem die »Bercht« (in der die alte, heidnische Göttin Berchta oder Perchta weiterlebt), flößen womöglich noch mehr Angst ein. Sie droht den »bösen« Kindern (Flugblatt aus dem 17. Jahrhundert):

»Ich will euch Händ und Füß creuzweiß zusammen bin-
den
Und werfen in den Korb, auch will ich euch anzünden
Euer Zöpf und Haar, das Gesicht zerkratzen und die Nas

5 Boesch, a. a. O., S. 86.

Abschneiden und euch praff zerzausen: Über das,
All euer Dockenwerk (= Puppen) wegnehmen und ver-
brennen,
Euer schönstes Sonntagskleid verschneiden und zertrennen,
Die Gurgel will ich so einfüllen mit Rotz,
Daß sie recht tropfen soll, wann ihr als wie ein Klotz
Zu lang im Bette flackt und schnarcht, so will ich haspeln
Die Därme aus dem Bauch und ihn hernach mit Raspeln
Und Hecheln füllen ein. Ich will euch in ein Hauß/
Zusammen sperren, wo ein Floh bald einer Maus,
Ein Lauß bald einer Katz in ihrer Größe gleichet,
Die Wanze einem Hund: Solch Ungeziefer schleichet
Zu Nacht in euer Bett. Die Schlang soll Tischgesell,
Der Wurm zu Kurzweil sein: Die Bänck und Tischgestell
Der Küh und Ochsendreck, Geißkugeln seyn die Speisen,
Mein Rotz ist das Getränck. Wollt ihr euch nun erweisen,
Zu Haus und in der Schul, gottsfürchtig fleissig frumb,
So komb ich Butzbercht nit, mum, mum, mum, mum ...«[6]

Wir zitieren diese Verse (das Originalflugblatt findet sich
im Kupferstichkabinett Berlin), weil ihre barocke Rhetorik
zeigt, wie unbesorgt man in früheren Zeiten den Kindern
Angst machte. Neben dem Kinderfresser und der Butzbercht nimmt sich der Schneider im Struwwelpeter geradezu
harmlos aus, der dem Daumenlutscher den schuldigen Finger
»schneidet ab, als ob Papier es wär«. Hier äußert sich den
Kindern gegenüber nahezu unverhüllt jene sadistische Phantasie, die vielleicht die unerfreulichste (und den Lehren Chri-
sti fremdeste) Folge der christlich geprägten, leibfeindlichen
Ethik war. Sie spiegelt sich auch deutlich in den immer wie-
derkehrenden Formeln der Heiligenlegenden, die sich nicht
genug tun können mit den blutigen Foltern der Märtyrer
oder in den ausgesuchten Martern, welche die allerchristlich-
ste Inquisition gegen Hexen und Ketzer kehrte.

In der Schule wurde fortgeführt, was im Elternhaus die

6 Boesch, a. a. O., S. 87

Regel war. Als braves Kind galt, wer nach der Strafe die Rute küßte. Das Kind Luther wurde an einem Vormittag fünfzehnmal mit der Rute geschlagen, Melanchthon erhielt für jeden Fehler in Latein einen Streich. »Also«, sagt er von dem Lehrer, »machte er einen Grammaticus aus mir.« Die Kinder wurden an Schulpranger gestellt, mußten Mützen mit Eselsohren aufsetzen, auf Erbsen, Kirschkernen oder spitzen Scheiten knien, Stricke und Ketten um den Hals tragen. Sehr verbreitet war die Strafe mit dem Schulesel: Man setzte die Kinder auf einen lebensgroßen, hölzernen Esel und gab sie dem Spott der Mitschüler preis. Bereits im Jahre 1356 stellt das Siegel der Schule zu Höxter einen Lehrer dar, der die Rute über einem knieenden Knaben schwingt. Bis heute verfügt der Lehrer noch in einigen deutschen Bundesländern über das »Züchtigungsrecht«, obschon bereits vor über dreihundert Jahren eine Gegenströmung einsetzte, die sich vielleicht am deutlichsten im Wahlspruch des Johannes Amos Comenius ausdrückt: »Alles fließe von selbst und Gewalttat verbanne ganz«[7]

Soweit die kulturgeschichtlichen Zeugnisse reichen (sie geben sehr unvollkommen wieder, was in den unteren Sozialschichten geschah, die ja selten als »literaturwürdig« galten), begleitet die Prügelstrafe den Prozeß der Verbürgerlichung; städtische Schulen übernahmen sie von den Klöstern. Die freien Germanen durften nicht geschlagen werden, ebensowenig wie die Kinder in vielen »primitiven« Gesellschaften. Fürsten und Adelige wurden im Mittelalter ebenfalls nicht geprügelt, doch seit dem 16. Jahrhundert setzt sich – gleichzeitig mit der Erziehung auch der Fürstenkinder durch bürgerliche Präzeptoren – an manchen Höfen die Prügelstrafe durch.

Die typisch »autoritäre« Erziehung geht von den folgenden Voraussetzungen aus: Kinder sind von Natur aus in Gefahr, daß ihre bösen Anlagen die guten Anlagen überwälti-

---

7 Frei übersetzt; das lateinische Original lautet: »Omnia sponte fluant, absit violentia rebus!«

gen. Nur durch Strafe – den Entzug von angenehmen Dingen (Nahrung, Spielzeug, Bewegungsfreiheit) oder die Zufügung von Schmerz (Schläge und andere Körperstrafen, Spott) – können sie auf den rechten Weg gebracht werden. Nur für das auf diese Weise erreichte Wohlverhalten wird das Kind belohnt, gelobt und beschenkt, kurz als Mensch akzeptiert. Diese Erziehung ist streng und fest überzeugt, daß diese Strenge notwendig ist. Selbstsicher behauptet sie, ihr Weg sei der einzig mögliche, denn wenn man einen anderen gehe, nehme notwendig das Böse überhand. Bis heute ist diese Überzeugung in der Bevölkerung verwurzelt, was sich nicht zuletzt in den immer wieder geäußerten Vermutungen erweist, die Zunahme der Jugendkriminalität sei allein durch den Verzicht auf eine solche strenge Erziehung bedingt.

Das ist mit Sicherheit nicht richtig. Die Ursachen der Jugendkriminalität sind sehr komplex, aber wir wissen, daß eine ausgesprochen strenge Erziehung bestimmt kein verläßliches Gegenmittel darstellt. Die Arbeiten von August Aichhorn[8] haben gezeigt, daß geprügelte und geängstigte Kinder ein unbewußtes Strafbedürfnis entwickeln, das sie gerade zu scheinbar »sinnlosen« Delikten treibt. Wer, wie das ausschließlich durch Angst vor Strafe erzogene Kind, nur dann bestimmte Verhaltensweisen unterläßt, wenn er äußere Nachteile erwarten muß, ersetzt endlich sämtliche moralischen Normen durch das elfte Gebot des Kriminellen: »Du darfst dich nicht erwischen lassen.« Auf der anderen Seite entsteht in ihm die Überzeugung, daß der Stärkere immer im Recht ist – denn auch seine Erzieher haben ja nicht an seine Einsicht appelliert, sondern nur die Schwäche des Kindes ausgenützt. Zu diesen mehr individuellen Faktoren treten in der Jugendkriminalität noch sozialpsychologische Einflüsse. Wie eine Reihe amerikanischer Forscher festgestellt hat, die Banden verwahrloster Jugendlicher untersuchten, verhält sich der jugendliche Verwahrloste gerade dann »richtig« (an den Nor-

8 A. Aichhorn, Verwahrloste Jugend, Bern[3]1953.

men seiner Gruppe gemessen), wenn er sich nach den Normen der Gesamtkultur »falsch« verhält[9].

Wahrscheinlich hängt die Zunahme der Jugendkriminalität eng mit eben jenem gesellschaftlichen Wandel zusammen, der auch die traditionell autoritäre Erziehung fragwürdig machte. In der vorindustriellen Zeit, von deren Erziehungskonzept wir oben gesprochen haben, wuchs der Einzelne in der Großfamilie heran und lernte in ihr, die notwendigen Verhaltensnormen zu verinnerlichen. Diese waren eindeutig, einfach, von niemandem bezweifelt. Der Übergang in die Berufswelt vollzog sich schrittweise und ohne jenen plötzlichen Bruch, wie ihn heute der Wechsel von der Schule zum Berufsleben mit sich bringt. Der Heranwachsende hatte schon geraume Zeit das Vorbild seines Vaters vor Augen gehabt; die Wahrscheinlichkeit war groß, daß er später dieselbe Tätigkeit ausüben würde. So war sein Leben viel einfacher und stabiler als das des heutigen Jugendlichen, der sich nicht mehr darauf verlassen kann, daß die in seiner Familie erlernten Denk- und Verhaltensweisen ihm auch in der Erwachsenenwelt genügend weiterhelfen. Der ständisch begrenzte soziale Raum brach im Zug der Industrialisierung auf; der Prozeß des Hineinwachsens in die Gesellschaft wurde weit schwieriger und reicher an Konfliktstoff. Die juristischen Normen sind noch eindeutig; die Verhaltensnormen sind es nicht mehr. Damit ist auch die autoritäre Erziehung in sich fragwürdig geworden. Sie kann ja nur dann funktionieren, wenn dem Erzieher bereits bekannt ist, wie der weitere Lebensweg seines Kindes aussehen wird, wenn eine feste Form, ein unabänderliches System von Verhaltensnormen gegeben ist. Diese gibt es aber heute nicht mehr. Soziale Mobilität und verbesserte Aufstiegschancen haben die gruppen- und klassenspezifischen Verhaltensnormen teilweise unbrauchbar gemacht. Der soziale Wandel betrifft nicht mehr Generationenfolgen, sondern die Lebensspanne einer einzi-

9 A. K. Cohen, Kriminelle Jugend. Zur Soziologie jugendlichen Bandenwesens. Reinbek 1961.

gen Generation. Die entstehende Unsicherheit in den Familien überträgt sich auch auf die Kinder. Die Eltern wissen nicht mehr, wie »man« sich in einer bestimmten Situation verhält.

Oft ist Resignation die Folge. Helmut de Rudder[10] hat vermutet, daß hier ein Grund »für den so häufig festzustellenden Verzicht vieler Eltern auf die Erziehung ihrer Kinder liegt«, wodurch nun auf der anderen Seite die Bereitschaft der Jugendlichen wächst, abweichende Normen einer Gruppe oder »Bande« von Altersgenossen zu übernehmen, die ihnen ein Gefühl der Zugehörigkeit und der Verhaltenssicherheit geben, freilich indem sie den Werten der Erwachsenengesellschaft widersprechen (und eben dadurch den Zusammenhalt der Bande verstärken).

Auch mit einem anderen Argument könnte man die autoritäre Erziehung noch zu rechtfertigen suchen. Ist nicht in den Industriegesellschaften, parallel zu dem allmählichen Abbau einer vorwiegend durch Strafe und Angst bestimmten Erziehung, die Zahl der Neurosen angestiegen? Zunächst muß man hier darauf hinweisen, daß bisher nur die Erziehungstheorie grundlegend verändert wurde, während in der Praxis »Schläge als Strafe« noch sehr beliebt sind – auf die entsprechende Studie von Klaus Horn haben wir schon hingewiesen (siehe S. 59); auch nach neueren Umfragen[11] schlagen 60 bis 80 Prozent der Eltern noch gelegentlich ihre Kinder.

Heute wird aber in keinem populären Buch über Erziehungsfragen, in keinem der Elternbriefe (Peter-Pelikan-Briefe u. a. m.) die Prügelstrafe mehr befürwortet; fast durchweg rät man von jeder körperlichen Züchtigung ab. Dennoch hat sich die Zahl von Verhaltensstörungen bei Kindern eher erhöht; freilich wissen wir in diesem Punkt über die Vergangenheit sehr wenig, weil damals diese Fragen gar nicht gestellt wurden. Ein Kind, das wir als seelisch gestört be-

10 H. de Rudder, Zur Soziologie der Jugendverwahrlosung. In: A. K. Cohen, a. a. O.

11 G. Biermann (Hrsg.), Kindsmißhandlung. Eine Dokumentation. München 1969.

trachten, galt einfach als faul oder ungezogen – und wurde entsprechend behandelt.

Nicht zu verkennen ist auch, daß die neurotisierenden Faktoren in der jüngsten Vergangenheit erheblich zugenommen haben. Die oben geschilderte Erziehung hatte auch Eigenschaften, die Neurosen verhüten helfen mochten. Einige davon – die Stabilität und Normensicherheit der ständischen Gesellschaft – haben wir schon erwähnt; andere liegen eher im biologischen Bereich. Damals überlebten nur ausreichend gestillte Kinder. Es gab keine »orale Frustration«[12], die nach Ansicht vieler Psychoanalytiker und Verhaltensforscher die gesunde seelische Entwicklung im späteren Leben gefährdet. Die ängstliche Sorge vieler Mütter um eine möglichst rasche und möglichst gründliche Sauberkeitserziehung bestand noch nicht, die ebenfalls an der Entstehung vieler Neurosen in unserer Zeit beteiligt ist. Allein in Deutschland wachsen heute 100 000 Kinder in Heimen auf, die meisten sind in ihrer geistigen Entwicklung und emotionalen Bindungsfähigkeit durch das dort bestehende System der Massenpflege schwer geschädigt[13]. Der Lebensraum der Kinder war in der Großfamilie des Bauern oder Handwerkers weit weniger eingeengt und reglementiert als das heute in den typischen Kleinwohnungen der Fall ist (siehe auch S. 176).

Die gesellschaftlichen Prozesse, von denen wir hier sprachen, haben nicht nur das Risiko sozial abweichenden Verhaltens in Jugendkriminalität und kindlicher Neurose

12 Darunter versteht man Triebversagungen, die bei liebloser Flaschenernährung oder brüskem Abstillen entstehen können. Spätere Folgen sind u. a. süchtiger Konsum von Essen, Trinken, Rausch- und Genußgiften (Zigaretten), möglicherweise auch Magengeschwüre. Diese Folgen treten nur möglicherweise auf; die künstliche Ernährung schafft eine Risikosituation, die nur durch besondere Zuwendung von seiten der Mutter wieder ausgeglichen werden kann. Vgl. Meves, Ch.: Verhaltensstörungen bei Kindern, München 1971.

13 Diese Kinder sind unter den jugendlichen Straftätern stark überrepräsentiert; Heimaufenthalte scheinen die wichtigste einzelne Teilursache der Kriminalität.

erhöht. Sie veränderten auch die Art, in der überhaupt Autorität glaubhaft erlebt werden konnte. Ein soziales Klima wurde geschaffen, in dem Autorität teilbar schien – säkularisiert, funktionalisiert, in rationale und irrationale, absolute und relative, personale und sachliche Autoritäten aufgespalten. Erst zu diesem Zeitpunkt wurde Kritik an einer autoritären Erziehung, an der autoritären Persönlichkeit möglich – und die antiautoritäre Bewegung geboren.

V. Autorität und Antiautorität

Autorität bedeutet ursprünglich Ansehen und auf Ansehen begründete Macht (lateinisch: auctoritas), die von der Amtsgewalt getrennt werden muß (potestas). Der römische Senat hatte keinerlei Amtsgewalt, sondern eine beratende Funktion. Dennoch herrschte er im republikanischen Rom nahezu unbestritten, allein auf Grund des Ansehens seiner Mitglieder. Die scharfe Trennung zwischen Autorität und Amtsgewalt wird im Sprachgebrauch nicht aufrechterhalten, aber sie ist keineswegs ganz verloren gegangen. Jeder von uns wird sich noch an Lehrer erinnern, die ganz einfach »mehr Autorität« hatten als andere, obschon ja rein verwaltungsrechtlich alle die gleiche Amtsgewalt besitzen.

Ein interessanter Bedeutungsunterschied hat sich hingegen zwischen »Autorität« und dem zugehörigen Adjektiv »autoritär« entwickelt. Beide Wörter haben ganz unterschiedliche »Sphären«, Sinn-Umfelder. Wenn von einem Wissenschaftler gesagt wird, er sei eine Autorität, dann heißt es, sein Ansehen werde von niemandem ernstlich bestritten. Wer hingegen möchte mit einem autoritären Professor viel zu tun haben? Diese sprachlichen Nuancen verraten schon viel über die Widersprüche, welche heute eine rationale Diskussion der antiautoritären Erziehung so erschweren. Bezeichnend ist, daß die meisten zeitkritischen oder pädagogischen Abhandlungen, die sich in jüngster Zeit mit Autorität befaßten, gleich mit der Frage nach der »wahren« oder »echten« Autorität einsetzen[1].

Zunächst ist es notwendig, Autorität gegen Zwang abzugrenzen. Wer uns mit gespanntem Revolver oder erhobener

---

[1] Gesammelt und mit weiteren Literaturangaben in H. Röhrs (Hrsg.), Die Disziplin in ihrem Verhältnis zu Lohn und Strafe. Frankfurt 1968.

Faust eine bestimmte Handlung abnötigt, ist alles andere als Autorität für uns. Im Gegenteil: wo Gehorsam durch Gewalt oder durch Androhung von Gewalt erzwungen wird, hat Autorität bereits versagt. Jetzt wird auch noch deutlicher, warum »Autorität« und »autoritär« so verschiedene Bedeutungen gewonnen haben. Gerade diese Grenze zwischen Autorität und gewaltsamer Machtausübung wird in dem Wort autoritär verwischt. Man könnte sagen: Autorität ist gerade das, was autoritäres Verhalten überflüssig macht. Der Lehrer, der die meiste Autorität hat, wird die wenigsten Verweise, Strafaufgaben oder Ohrfeigen austeilen. Drohungen, Schläge und andere Zwangsmaßnahmen mögen dazu dienen, einen autoritär geäußerten Befehl zu unterstreichen; sie machen jedoch deutlich, daß hier keine Autorität spricht. Hannah Arendt hat deshalb gesagt, daß totalitäre Regimes wie die von Hitler oder Stalin mit Autorität nicht das geringste zu tun haben[2].

Hier sollte man sich allerdings davor hüten, die zweifellos bestehenden Unterschiede zwischen Autorität und autoritärem Zwang so zu verstehen, daß man einen Autoritätsträger für außerstande hält, beide Formen, Menschen zu beeinflussen, zugleich anzuwenden. Die Kirche war während des Mittelalters die Autorität schlechthin. Dennoch scheute sie sich nicht, in manchen Fällen mit höchst autoritären Maßnahmen zu reagieren (Inquisition, Hexenverfolgung) – die bezeichnenderweise freilich ihren Höhepunkt erst zu einer Zeit erreichten, als die geistige Autorität der Kirche nicht mehr unbestritten war (15. und 16. Jahrhundert). Auch die römischen Senatoren haben unverhüllte Gewalt nicht gescheut, sobald es um ihre Interessen als Großgrundbesitzer ging (wie das Schicksal der beiden Gracchen zeigt, die als Volkstribunen für eine Bodenreform kämpften und auf Veranlassung des Senats ermordet wurden). Andrerseits erlebten die Menschen in einem autoritären Regime nicht nur Zwang und Gewalt,

2 H. Arendt, Was ist Autorität? In: Fragwürdige Traditionsbestände im politischen Denken der Gegenwart. Frankfurt 1957, S. 117. Siehe auch Der Monat 89/1956, S. 32.

sondern viele von ihnen billigten den Diktatoren Autorität zu. Ohne diese begeisterten Anhänger, die nicht nur aus Angst vor Zwangsmaßnahmen bei der Stange blieben, hätte es keinen Nationalsozialismus, keinen Krieg und Terror gegeben.

Autorität muß aber nicht nur gegen Zwang und andere Maßnahmen abgegrenzt werden, die man heute autoritär nennt. Sie ist auch in sich teilbar, tritt uns in verschiedenen Formen entgegen. Allen ist gemeinsam, daß in einer sozialen Beziehung ein Partner für den anderen »Autorität ist«; die Unterschiede betreffen aber sowohl die Grundlagen wie auch den Bereich dieser Autorität. Es gibt eine absolute, vollkommene Autorität, die tragend erlebt und als selbstverständlich hingenommen wird. Ihr steht die relative Autorität gegenüber, die nur in bestimmten Verhaltensbereichen akzeptiert wird und von der man meist eine rationale Begründung verlangt. Diese absolute Autorität ist wohl gemeint, wenn etwa Friedrich Sieburg festgestellt hat, daß heute »der Sinn für wahre Autorität im schnellen Abnehmen begriffen sei«[3], oder Hannah Arendt[4] sagt, wir hätten heute kaum mehr Gelegenheit, »zu erfahren, was Autorität nun eigentlich ist«.

Zweifellos ist eine solche absolute Autorität, die in allen Verhaltensbereichen ohne Einwand und Skepsis als bestimmend hingenommen wird, heute selten geworden. Die Bedeutung der Sachautorität hat hingegen ständig zugenommen. Sie wird als selbstverständlich erlebt – niemand wird einem Wissenschaftler, der wie Einstein, Marx oder Freud eine neue Sicht der Wirklichkeit begründete, seine so erworbene Autorität vorwerfen. Für den Gläubigen freilich ist diese sachbezogene, immer notwendig partielle, sich als vorläufig verstehende Autorität keine »echte« Autorität.

Hier handelt es sich um eine Definitionsfrage. Mir scheint, daß der ursprüngliche Wortsinn »Ansehen, auf Ansehen begründete Macht« durchaus auch für die Sachautorität zutref-

3 F. Sieburg in Frankfurter Allgemeine Zeitung 1958, Nr. 190.
4 H. Arendt a. a. O.

fen kann. Die Wissenschaft ist für sehr viele Menschen die einzige Autorität, welche sie anerkennen. Nicht, weil sie jede Erkenntnis nachgeprüft haben, dazu ist heute kein Einzelner mehr imstande, sondern weil sie ihr vertrauen und den eingeschlagenen Weg für richtig halten, gerade weil man auf ihm jeden erreichten Punkt als vorläufig empfinden muß und nicht mehr, wie der in absoluter Autorität geborgene Mensch, an unveränderlichen Wahrheiten festhalten kann. Auf der anderen Seite hat sich das wissenschaftliche Denken selbst, so nachdrücklich es jede Sachautorität akzeptiert, zu einem unnachsichtigen Kritiker jeder nicht sachlich-rational begründeten Autorität entwickelt. Der Autoritätsbegriff ist nicht zuletzt deshalb so vieldeutig und unscharf geworden, weil die Herrschenden von gestern stets behaupten, wer ihre absolute Autorität durch Sachautorität ersetzen wolle, untergrabe jede Autorität[5].

In den bekannt gewordenen Experimenten von Stanley Milgram (1963, 1965), die in Deutschland mit ähnlichen Resultaten von David Mark Mantell wiederholt wurden, hat sich deutlich gezeigt, daß heute gerade die an sich auf reiner Sachautorität begründete Wissenschaft von vielen Menschen als absolute Autorität erlebt wird. Die weit überwiegende Mehrzahl der Versuchspersonen war bereit, in einem fingierten Experiment anderen Menschen für »Fehler« schmerzhafte, ausdrücklich als möglicherweise tödlich ausgewiesene Elektroschocks zu geben, obschon die angebliche Versuchsper-

---

5 Ein jüngeres Beispiel dafür ist der Streit um die Geburtenkontrolle: Die römische Kirche hat hier versucht, kraft ihrer Autorität ein sachlich falsches »Naturgesetz« aufzustellen, wonach die Fortpflanzung der einzig natürliche und damit gottgewollte »Sinn« sexueller Beziehungen sei. Nun läßt sich aber durch vergleichende biologische Studien nachweisen, daß das ganz einfach unrichtig ist. Die Sexualität hat noch eine Reihe anderer Funktionen, etwa die der Partnerbindung. Solche Relativierung aber empfindet der Vertreter einer absoluten Autorität als Preisgabe jeder ethischen Norm – selbst in einem so eindeutigen Fall wie diesem. Vgl. W. Wickler: Sind wir Sünder?, München 1968. – Ders., Die Biologie der Zehn Gebote, München 1971.

son durch laute Schmerzschreie oder flehende Bitten den Abbruch des Experiments verlangte.

Allerdings lassen solche Experimente mehr Fragen offen als sie beantworten. Sehr wichtig scheint die Präsenz des als Wissenschaftler ausgewiesenen Versuchsleiters, der auf Einwände stereotyp antwortet: »Machen Sie weiter. Sie haben keine andere Wahl.« Da der »Wissenschaftler« die Schocks billigt, sieht der »Helfer« – die eigentliche Versuchsperson – keinen Anlaß, sich zurückzuhalten. Sicher drückt sich hier eine noch durchaus autoritäre Auffassung von Gehorsam aus. Aber wer beklagt, daß soviele Menschen (65 Prozent in Milgrams Versuchen) bereit sind, einen anderen körperlich zu gefährden, der muß sich auch fragen, ob die Ethik psychologischen Experimentierens hier nicht verletzt wurde. Es scheint, daß sich in der Haltung der Experimentatoren selbst eine ganz ähnliche Auffassung von Menschenwürde ausspricht wie in der Bereitwilligkeit der Versuchspersonen. Interessant wäre, solche Experimente mit einem anderen Kontext anzustellen und von den Versuchspersonen etwa zu verlangen, nicht innerhalb eines psychologischen Versuchs, sondern als Hilfs-Priester religiöses Versagen oder als Hilfs-Ideologen mangelnde marxistische Linientreue zu bestrafen. Man würde dann erfahren, ob in einer leichter durchschaubaren Situation die Versuchspersonen immer noch blind gehorchen. Solche Erwägungen zeigen, daß man aus Milgrams Versuchen keine vorschnellen Schlüsse ziehen sollte. Es ist jedenfalls reichlich kurzschlüssig, sie unmittelbar mit der Bereitschaft von KZ-Häftlingen, als »Kapos« ihre Mitgefangenen zu schikanieren, in Verbindung zu bringen, wie es George Maclay und Humphry Knipe (»Adam im Hühnerhof«, Frankfurt 1972) tun. Hier genügt es schon zu wissen, daß die Kapos – im Gegensatz zu den anderen Häftlingen – meist Berufsverbrecher waren[6].

6 St. Milgram: Behavioral Study of Obedience. In: Journal of Abnormal and Social Psychology, 67, 1963, S. 371–378 und D. M. Mantell, Das Potential zur Gewalt in Deutschland. In: Der Nervenarzt 42, 252–257, 1971.

Autorität kann in biologischen, religiösen, soziologisch-institutionellen und psychologischen Zusammenhängen nachgewiesen werden. Die Begriffe, mit denen man sie beschreibt, richten sich nach dem Aspekt, unter dem man sie betrachtet. Weil die Autorität des Erziehers Elemente aus allen vier Bereichen vereinen kann, müssen wir diese noch kurz untersuchen.

1. Autorität im biologischen Bereich. Viele *in Gruppen lebende* Tiere sind in Rangordnungen gegliedert, die instinktiv vorgegeben (etwa in den Insektenstaaten) oder auf einer Instinkt-Grundlage individuell erlernt sein können (die »Hackordnung« der Hühner, die komplizierteren Hierarchien von Pavian- und Schimpansengruppen). Diese Rangordnungen werden zwar manchmal (nicht immer) durch physische Gewalt festgelegt, führen aber andrerseits dazu, daß das Zusammenleben weitgehend reibungslos verläuft, weil jedes Tier weiß, welchem anderen es ausweichen muß.

Ein solches Verhalten kann man durchaus den von Autorität bestimmten menschlichen Beziehungen zur Seite setzen; diese sind zumindest teilweise aus ihr hervorgegangen. Das rangniedrigere Tier respektiert das ranghöhere, es akzeptiert es weit eher als »Vorbild« und folgt seinem Beispiel. Das läßt sich experimentell in Affengruppen (Schimpansen, Rhesusaffen) nachweisen, wo die ganze Gruppe bestimmte Verhaltensweisen viel schneller übernimmt, wenn man sie dem ranghöchsten Tier beibringt, während ein rangniedriges kaum beachtet wird (selbst wenn die betreffenden Verhaltensweisen Zugang zu begehrten Nahrungsmitteln verschaffen).

Gerade dieser schon im biologischen Bereich wirksame Vorgang ist für eine Untersuchung der Autorität im Erziehungsprozeß sehr bedeutsam. Offensichtlich besteht bei in Gruppen lebenden Tieren eine (angeborene oder erworbene) Disposition, den Ranghöheren nachzuahmen, seine Verhaltensweisen als vorbildlich zu empfinden, ihm »Ansehen« zuzubilligen.

Auf diese Weise wird gesichert, daß sich das Verhalten an den lebenstüchtigsten Mitgliedern orientiert; hierin liegt wohl der Selektionsvorteil eines solchen Mechanismus.

Für Jungtiere in Primatengruppen ist jeder Erwachsene ein »Alpha«, das heißt, er hat einen höheren Rang als sie selbst. Dadurch wird er ebenfalls als Vorbild wirksam, dessen Verhaltensweisen nachgeahmt werden. Es gibt eine Reihe von Beweisen dafür, daß auch der Mensch noch eine wohl angeborene Disposition zu diesem Nachahmungslernen besitzt, die für ein gruppenlebendes, vom Erwerb kulturell bestimmter Traditionen abhängiges Lebewesen sehr wichtig ist. Für einen solchen »Nachahmungstrieb« sprechen die psychoanalytischen Beobachtungen der Identifizierung (etwa mit den Eltern)[7], die von der Ausdruckskunde ermittelten Prozesse der automatischen Mitbewegung (Empathie; man kann sie auf jeder Sportveranstaltung beobachten, wo viele Zuschauer meist ohne bewußte Aufmerksamkeit in Ansätzen jene Bewegungen ausführen, die ihnen die Akteure auf dem Rasen vormachen), sowie weitere Beobachtungen an Tieren, Erwachsenen und Kindern[8]. Der Erwachsene ist also für das Kleinkind von Natur aus Autorität, weil er ein wohl biologisch vorgegebenes Anpassungsmodell verkörpert. Davon muß jede Erziehung, auch die antiautoritäre, ausgehen. Allerdings überformen in fast allen Verhaltensbereichen kulturelle und soziale Normen diese biologisch vorgegebene Autorität. Dennoch sollte man ihren Einfluß nicht unterschätzen.

7 S. Freud, Massenpsychologie und Ich-Analyse. Ges. W. XIII.

8 Die »Ansteckung«, welche etwa herzhaftes Gähnen ausübt, gehört ebenso in den Bereich des Nachahmungstriebes wie die zahlreichen Anekdoten von höheren Tieren (auch Papageien); das Wort »nachäffen« zeigt endlich, daß der Sprache die besondere Häufigkeit solcher Vorgänge bei Primaten durchaus geläufig ist. Meine Vermutung, daß es sich hier um ein stammesgeschichtlich erworbenes Verhaltensprogramm handelt, wird auch durch Beobachtungen an meinen eigenen Kindern gestützt, die schon im Alter von drei Monaten auffällige Bewegungen (Kopfnicken) imitierten; mit fortschreitender Kontrolle der Motorik geschah dasselbe auch mit Armbewegungen. Ein Erlernen durch schrittweise Verstärkung halte ich für ausgeschlossen.

E. Jacobson hat gesagt, daß Kinder zweifellos sehr früh Gesten, Stimmklang und andere Ausdrucksformen der Erzieher wahrnehmen und imitieren. Sie vermutet, daß auf diese Weise nicht nur Verhaltensweisen übernommen werden, sondern auch der emotionale »Ton«, in dem etwa bestimmte Worte erlebt werden. So können schon sehr früh Vorurteile übertragen werden, indem der ablehnende Stimmklang und Gesichtsausdruck bestimmte Gesprächsthemen mit einer negativen Gefühlsqualität versieht[9]. E. R. Hagman[10] bestätigte in einer Erhebung an 70 Vorschulkindern, daß sich diese sehr häufig vor denselben Dingen fürchteten wie ihre Mütter – Hunde, stechende Insekten, Gewitter. Offensichtlich wird *der Affekt der Eltern Bestandteil der Wahrnehmung des Kindes.*

2. Autorität und religiöser Glaube. An der Nahtstelle zwischen biologischer und kulturell bestimmter Autorität steht die mythologisch-religiös begründete Autorität, wie sie etwa die mosaischen Gesetze dem Priester verliehen. Alle Autorität in den archaischen Gesellschaften war sakral; oft galten, wie in Ägypten, die Könige schlechterdings als Götter. Sakrale Autorität ist immer auch totale Autorität; sie duldet keine Kritik, verzichtet auf rationale Argumente und fordert völlige Unterwerfung. Hierin mit der biologischen Autorität verwandt, stützt sie sich aber im Gegensatz zu dieser nicht immer mittelbar oder unmittelbar auf äußere Machtunterschiede, sondern erweist sich als erstes Beispiel einer von Anfang an verinnerlichten Beziehung, die durch symbolische Zusammenhänge bestimmt wird. Die Tatsache, daß ein Mensch einen bestimmten Rang in einer religiösen Ordnung verkörpert, genügt, um ihm Autorität zu verleihen. Dabei tritt er allerdings nicht als sein eigener Sprecher auf, sondern ordnet sich selbst in den Glaubenszusammenhang ein, worauf seine Autorität wesentlich beruht.

9 E. Jacobson, The Self and the Object World. In: The Psychoanalytic Study of the Child Bd. IX, 1954, S. 75.
10 E. R. Hagman, A Study of Fears of Children of Preschool Age. In: J. Experimental Education I, 1932, S. 110.

3. Autorität und Amt. Von der religiösen Autorität zur säkularisierten, weltlichen Amtsautorität ist kein sehr weiter Weg. Auch sie ordnet sich in einen größeren Zusammenhang ein, den der politischen Ordnung, der Verfassung und der Gesetze. Während die biologische Autorität gewissermaßen aus einem Guß ist, begegnet uns in der religiös fundierten und in der Amtsautorität als möglicher Konfliktstoff der Widerspruch zwischen einem als absoluter Autorität aufgefaßten Symbolsystem (den Glaubenssätzen, dem Gesetz, der Verfassung) und seinen möglicherweise unwürdigen Vertretern oder Würdenträgern.

4. Autorität und Demokratie. Die Autorität regierender Fürsten und der mit ihnen verbundenen Aristokratie beruhte auf religiösem Glauben, militärischer Macht, ehrwürdigen Traditionen und den bestehenden Besitzverhältnissen. Regierende und Regierte waren durch einen weiten Abstand getrennt. Jeder Versuch der Untertanen, das Verhalten der Mächtigen zu beeinflussen, mußte als Hochverrat gelten. Doch kann man damit rechnen, daß die Vormacht der Herrschenden fast durchweg stillschweigend anerkannt wurde.

In der demokratischen Ordnung hat sich dieser ehrfurchtsvolle Gehorsam in kritische Zustimmung verwandelt. Kritik an einer frei gewählten Autorität stellt ja nicht mehr die Ordnung schlechthin in Frage, da die Führer auswechselbar sind und nicht mit der Ordnung selbst identifiziert werden müssen. Die demokratische Auffassung der Autorität hängt eng mit dem Aufstieg einer sachlich bestimmten Autorität zusammen, deren Forderungen ja ebenfalls in jedem einzelnen Punkt kritisch nachprüfbar sind und sich aus eben der Tatsache ableiten, daß sie diese Prüfung bestehen können. Vom Standpunkt der absoluten Autorität aus freilich ist die sachlich bestimmte Autorität eine Antiautorität, da der Zwang zum Argument ihrem Totalanspruch enge Grenzen setzt, ja sie in ihrem Wesen bedroht.

Biologische und kulturell bestimmte Formen der Autorität wirken in der Familienerziehung gemeinsam. Man darf davon ausgehen, daß die Eltern eine biologische »Vorgabe« an Autorität haben, die sie nützen oder auch preisgeben können. Das Kleinkind wird sie aufgrund seines angeborenen Nachahmungstriebes zunächst als bestimmende Autorität anerkennen. Antiautoritäre Erziehung vermag solche Identifikationsprozesse nicht zu verhindern. Die Frage wird allerdings schon zu Beginn des sogenannten »Trotzalters« im zweiten oder dritten Lebensjahr erheblich komplizierter. Dieses Trotzalter ist nicht, wie man noch in vielen populären Erziehungsschriften lesen kann, ein biologisch notwendiger Teil der normalen seelischen Entwicklung, sondern es signalisiert an das Kind gestellte Anpassungsforderungen, die über ein zuträgliches Maß hinausgehen. Freilich werden diese Forderungen im Bereich unserer Kultur so häufig gestellt, daß eine Trotzphase fast regelmäßig eintritt[11]. Kulturanthropologische Beobachtungen haben aber gezeigt, daß Trotzanfälle keineswegs in allen Gesellschaften auftreten. Viele sogenannte Primitivkulturen kennen eine Trotzphase in der kindlichen Entwicklung überhaupt nicht.

Diese Beobachtungen sollten uns zu denken geben. Offensichtlich entstehen Trotzreaktionen des Kindes immer dort, wo die natürliche Autorität, das Wirken des Vorbilds der Eltern, durch »autoritäre« Anordnungen unterstrichen wird, wo also der Erwachsene ungeduldig auf ein bestimmtes Erziehungsziel hinarbeitet, das er selbst nicht oder noch nicht genügend vorgelebt hat. Offensichtlich kann sich die Gesell-

11 Weshalb sie in dem Standardwerk der deutschen Pädagogik, H. Rempleins »Die seelische Entwicklung des Menschen im Kindes- und Jugendalter«, als notwendige Entwicklungsphase beschrieben wird, welche der »Entdeckung des Ichs« und des eigenen Willens durch das Kind folge. Der Trotz wird auch von Ilse Pichottka (»Das Leben beginnt in der Kinderstube«) als unumgängliche Lebensstufe und »Willenstraining« hingestellt, eine Funktion, die man dem typischen Trotzanfall kaum zubilligen kann.

schaft nur unter jenen primitiven Lebensumständen, an die der Mensch biologisch angepaßt ist (siehe auch S. 154), damit begnügen, daß die Erziehung im Medium des Vor-Lebens stattfindet. In einer Hochkultur genügt diese biologisch fundierte Autorität nicht mehr, um eine wirksame Anpassung des Kindes an seine Umwelt zu sichern. Es muß »erzogen« werden, und damit gerät der Erzieher auch in Gefahr, autoritär zu werden, Zwang anzuwenden, wo das Vorbild nicht genügt, nicht rasch genug wirkt, ja unbequem wäre. Den letzten Fall hat Franz Kafka in einem Brief an seinen Vater geschildert, wo er beschreibt, wie die Kinder bei Tisch keinen Laut von sich geben durften, während der Vater geräuschvoll schmatzte.

Die natürliche Autorität führt dazu, daß das Kind von selbst so handelt wie seine Eltern, ohne daß diese Nachahmung in Worten ausgedrückt oder gar kritisch diskutiert wird. Wo diese natürliche Autorität nicht mehr ausreicht, um den Sozialisierungsvorgang zu steuern (und das scheint in allen Hochkulturen mit ihren komplizierten Normen und Techniken – Lesen, Schreiben, Rechnen usw. – der Fall), muß der Erzieher sie entweder durch Zwangsmaßnahmen oder durch Sachautorität ergänzen. Das erste ist autoritär, das zweite wird unter anderem in einer antiautoritären, repressionsarmen Erziehung angestrebt. Typisch für den autoritären Weg sind die Beispiele, die wir in Kapitel IV besprochen haben. Das Kind muß bestimmte Dinge tun, »weil ich es dir sage!« – wie der Erwachsene auf die kritische Frage »warum denn?« antwortet.

Die Sachautorität andrerseits ist eng mit der wichtigsten Form des pädagogischen Einflusses verbunden: dem Appell an die Einsicht. Dieser Appell kann naturgemäß nicht von einer Übung einsichtiger Selbstkontrolle getrennt werden. Nicht, weil es der Erwachsene befiehlt, sondern weil er Verbote und Gebote überzeugend begründen kann, soll das Kind bestimmte Handlungen ausführen oder unterlassen. Wenn im Zug einer unkritischen Übernahme antiautoritärer Konzeptionen auch dieser Appell an die Einsicht unter jene Maßnahmen gerechnet wird, die ein Kind manipulieren und es hindern, sich frei zu entwickeln, dann droht eine nicht zu unterschätzende Gefahr. Das so befreite, aber auch allein gelassene Kind kann möglicherweise nicht die Voraussetzungen gewinnen, welche nötig wären, um seine Freiheit zu nützen. Diese hängt ja in einer modernen Gesellschaft nicht nur vom Fehlen übertriebener Hemmungen (der »Verklemmtheit« des Kleinbürgers) ab, sondern wohl noch mehr von Intelligenz und Sensibilität. Denn die individuelle Freiheit kann ja nie größer sein als die Zahl der Möglichkeiten, die der Betreffende überblicken und (auch in ihren Folgen) beurteilen kann. Außerdem bleibt diese Freiheit immer sehr eng mit der Fähigkeit verbunden, die Gefühle anderer Menschen zu beurteilen, in ihnen zwischen echt und unecht zu unterscheiden. Das alles sind Dinge, die in früher Kindheit gelernt werden können – zum Teil nur in ihr.

Man wird einwenden, daß in der hier vertretenen Unterscheidung zwischen absoluter und sachbezogener Autorität manche Aspekte des Problems nicht genügend berücksichtigt worden sind. Das mag zutreffen. Aber widersprechen etwa Erwartungen des Erwachsenen, wegen seiner größeren Reife und Erfahrung als Vorbild akzeptiert zu werden, tatsächlich der Sachautorität? Wo sie es tun, wird man sie in den Bereich des Autoritären einordnen müssen – ob der Vater seine Kommandos jetzt mit »weil ich es sage« begründet oder mit »weil ich klüger und erfahrener bin als du!«, macht kaum einen Unterschied aus. Sobald aber diese Erfahrung dem Kind wirklich zugänglich gemacht wird, handelt es sich wiederum um sachlich begründete Autorität. Im Grunde entlarvt sich jede Autorität, die – nach ihrer sachlichen Berechtigung gefragt – einer Diskussion das Wort abschneidet und mit Zwangsmaßnahmen antwortet, als autoritär.

Zum Beispiel Trotz ...

Soweit die theoretische Analyse der Autorität im sozialen Leben und in der Erziehung. Wie sieht es in der Praxis damit aus? Wir haben festgestellt, daß jeder Erwachsene ein bestimmtes Grundkapital an Autorität gegenüber jedem kleinen Kind hat. Prüfstein für sinnvolle Verwertung oder Verwandlung in sinnentleerten Zwang ist hier oft die Trotzreaktion des Kindes. Sie tritt ein, sobald der Erwachsene sein Autoritäts-Konto gewissermaßen überzieht und nun autoritär Forderungen stellt (oft mit dem gesamten System kultureller Normen hinter sich), denen das Kind nicht gewachsen ist – auch im wörtlichen Sinn.

Wir haben schon bemerkt, daß solche Vorfälle in unserer Kultur wohl in jeder Familie gelegentlich eintreten. Jeder Erzieher muß manchmal autoritär werden, es sei denn, er ist unerschöpflich geduldig und innerlich völlig unabhängig von der Meinung seiner Mitmenschen. Die Gefahr allzu hochgespannter Forderungen von seiten des Fachpsychologen oder -pädagogen liegt hier darin, daß die Eltern sie für praxisfern und unrealistisch erklären. Weil man sie nicht ganz erfüllen kann, kümmert man sich nun überhaupt nicht mehr um sie. Im Grunde aber geht es ja nicht um eine »repressionsfreie«, sondern um eine repressionsarme Erziehung. Man kann in einer Hochkultur nicht ohne Zwang als letzte Maßnahme auskommen, aber man kann versuchen, ihn nur sehr sparsam zu verwenden. Gehäufte Trotzreaktionen sind immer ein typisches Signal dafür, daß sich die pädagogische Bilanz zu sehr auf die Seite autoritärer Maßnahmen verschoben hat.

Man sollte mit Charlotte Bühler ursprüngliche (primäre) und abgeleitete (sekundäre) Trotzreaktionen unterscheiden. Die erste Form entspricht den typischen »Anfällen« des kleinen Kindes mit heftigem Schreien, Toben, Strampeln, Um-sich-Schlagen. Die Realitätsorientierung bricht für einen kürzeren oder längeren Zeitraum zusammen. Das Kind spuckt aus, was es im Mund hat, auch wenn es gerne essen wollte; es wirft eben jenen Turm aus Bauklötzen um, den es vor dem Eingriff des Erwachsenen schützen will; es reagiert nicht mehr auf freundliche Worte und verstärkt selbst auf Schläge hin sein Toben und Brüllen. Solche Anfälle sind kaum ein Training für Ichstärke oder »Willenskraft«, sondern ein chaotischer Protest, ein Kurzschluß, freilich nicht ohne Signalfunktion. Erst wenn das Kind bewußt oder unbewußt erkennt, daß es mit diesen Anfällen seinen Eltern Angst einjagt und sonst verbotene Dinge tun darf, wenn also die Trotzreaktion durch Erziehungsfehler »verstärkt«, belohnt wird, kann es zum sekundären Trotz kommen, der zur wirksamen Waffe wird. Das Kind hat erkannt, daß die Eltern vor seinen Anfällen zurückweichen, daß sie ihre (womöglich übertriebenen) Forderungen wieder aufgeben.

Einem trotzigen Kind kann man nur mit Hilfe eben jener Geduld beikommen, die man vorher nicht mit ihm hatte. Denn genaue Beobachtung zeigt, daß Trotzanfälle vor allem dann eintreten, wenn der Erwachsene eine Absicht oder Erwartung des Kindes vereitelt. Ein sachliches Hindernis, die Störung durch einen Spielgefährten, hätten das Kind nicht trotzen lassen. Auch gegenüber einem Fremden wird es sich viel eher fügen. Es ist gerade die als störend erlebte, sonst anerkannte Autorität, die plötzlich den wütenden Protest auslöst, der weit über seinen Anlaß hinaus greift (denn das trotzende Kind wirft das Spielzeug, dessen Verweigerung den Trotzanfall auslöste, weit fort). In der Bereitschaft zu solchen Reaktionen gibt es angeborene (siehe S. 191) und in der jeweiligen Situation begründete Unterschiede. »Da die Kinder auch während des sogenannten Trotzalters viele solche Eingriffe sich ohne Aufregung gefallen lassen, müssen offenbar noch innere Bedingungen dazu kommen. Hungrige und müde Kinder, auch solche, die eine Krankheit ausbrüten, trotzen bei viel geringeren Anlässen. Außerdem vermehrt jeder Trotzanfall für die unmittelbar anschließende Zeit die Anfälligkeit, so daß es manchmal zu ganzen Ketten von Trotzanfällen kommt. Der bedeutungsvollste Sachverhalt scheint aber die Wichtigkeit zu sein, die die unterbrochene Tätigkeit, der weggenommene Gegenstand, die enttäuschte Erwartung in der Regel für das Kind besitzt. Da wir aber davon nur sehr wenig Ahnung haben – denn wem ist schon wichtig genug, was im Inneren eines Kindes vor sich geht –, ist es kein Wunder, wie häufig wir von kindlichen Trotzanfällen unvermutet überrascht werden.«[12]

Der Trotz ist ein sehr gutartiges, kurzdauerndes Beispiel für jene Kontrollstörungen, die auch bei Erwachsenen auftreten können, dann aber ungleich ernster genommen werden müssen. Der Tobsüchtige, welcher das Mobiliar seines Zimmers zertrümmert, gleicht in vieler Hinsicht dem trotzenden Kleinkind – nur richtet er ungleich mehr Schaden an und wird es erheblich schwerer haben, den plötzlichen Verlust der Selbstkontrolle mit seinem sonstigen Leben zu versöhnen. Man kann mit Metzger den Trotz des Kindes einen »Betriebsunfall« nennen, bei dem die Verhütung viel wichtiger ist als die Behandlung. Da offensichtlich der seelische Spannungszustand eine wichtige Rolle spielt, ist es notwendig, zu vermeiden, was ihn erhöht. Das heißt: je weniger die Erzieher kindliche Triebbedürfnisse dort versagen, wo es unnötig ist, desto eher werden sie beim Kind die Kraft finden, einen notwendigen Verzicht zu ertragen. Das gilt schon für die frühkindlichen, oralen Bedürfnisse – ausreichend gestillte Kinder werden weniger trotzen. Zu vermeiden ist auch die Reinlichkeitsdressur. Sauber wird ein gesundes Kind auch ohne unser Zutun, und zwanghaft sauber soll es ja gar nicht werden. Es gilt auch für die Ordnungszwänge, die zumindest dann sinnlos werden, wenn sie dem Kind jeden Freiraum versagen, in dem es schlampig sein darf (wie das eigene Zimmer oder die Spielecke). Tischsitten und »gutes Benehmen« sind ein weiteres Gebiet, auf dem viele Kinder viel zu früh überfordert werden. Es sollte nur ganz wenige Regeln geben, die von allen Familienmitgliedern verläßlich eingehalten werden. Alle Eltern sollten sich immer vor Augen halten, daß Lob ein viel wirksameres Mittel ist, erwünschtes Verhalten aufzubauen als Tadel. In Familien mit besonders »erziehungsschwierigen« Kindern beobachtet man nicht selten, daß die Erwachsenen von den Kindern gerade je-

12 Wolfgang Metzger in Reinfried Hörl (Hrsg.), Die Zukunft unserer Kinder, München 1972, S. 82.

ne guten Eigenschaften verlangen, die ihnen selber abgehen und umgekehrt besonders bissig kritisieren, was sich auch an ihnen selbst unangenehm bemerkbar macht. Wenn Verbote trotz alledem notwendig scheinen, sollte man sie sachlich begründen und vor allem dem Kind einen konstruktiven Ausweg zeigen: Es soll nicht die neue Kreide an der Wand ausprobieren, sondern auf einem Bogen Papier; es muß nicht mehr essen, als es möchte, kann aber auch nicht verlangen, daß seine Lieblingsspeisen öfter gekocht werden als die der Erwachsenen. Das ist es, was Neill unter Freiheit im Gegensatz zu Zügellosigkeit versteht: Kinder und Erwachsene haben gleiche Rechte; beide Seiten sollen gleichermaßen aus dem Zusammenleben Nutzen ziehen. In diesem Klima wird es gelingen, Trotzanfälle aus einer »Entwicklungsphase« zu dem zu machen, was sie in einer freiheitlichen Erziehung sind: Seltene, von allen Beteiligten als eigentlich überflüssig erlebte Zwischenfälle, die weder Schuldgefühle noch Sanktionen nach sich ziehen, sondern zu Überlegungen veranlassen, wie man sie künftig vermeidet.

VI. Autorität im Experiment

Mit einer Reihe typisch autoritärer Erziehungsmittel kann aus ethischen Gründen nicht experimentiert werden – etwa mit Prügeln oder ähnlichen Maßnahmen. Solche Mittel anzuwenden, liegt in der Macht der Eltern; ihre Folgen festzustellen, fällt nicht selten dem Nervenarzt oder dem Psychotherapeuten zu. Aber mit anderen autoritären Maßnahmen kann man in genau kontrollierten Situationen arbeiten. In größerem Maßstab hat das zuerst der amerikanische Psychologe Ronald Lippitt zusammen mit Ralph K. White[1] unternommen, die beide von dem nach den Vereinigten Staaten ausgewanderten deutschen Forscher Kurt Lewin angeregt wurden.

Lippitt und White organisierten eine Reihe von Gruppen Jugendlicher, die jeweils von einem Erwachsenen geführt wurden. Dieser Erwachsene war von den Psychologen genau instruiert worden, wie er sich verhalten solle. Dabei mußten die einzelnen Führer reihum drei verschiedene »Führungsstile« an die Gruppe herantragen:

1. »Autoritär« (autokratisch, dominant). Hier regelte der Führer alle Angelegenheiten, welche die Gruppe betrafen, durch direkte Befehle. Er gab jeweils nur das bekannt, was gleich erledigt werden mußte, so daß die Gruppe meist im unklaren blieb, welcher Schritt auf den gegenwärtigen folgen würde. Die gemeinsamen Aufgaben (etwa Masken formen und bemalen) wurden von dem Führer angeordnet; er

---

1 R. Lippitt und K. Lewin, Patterns of aggressive Behavior in Experimentally Created ›Social Climates‹. In: Journal of Social Psychology 1939, Bd. X, 271–299, sowie R. Lippitt und K. White, An Experimental Study of Leadership and Group Life. In: E. L. Hartley und Th. Newcomb (Hrsg.): Readings in Social Psychology, New York 1947, S. 315.

verteilte auch Lob und Tadel aufgrund von Kriterien, die er weder erläuterte noch einsichtig zu machen suchte.

2. »Demokratisch«. Hier sollte der Führer dafür sorgen, daß, wenn immer möglich, in Gruppendiskussionen und -entscheidungen festgelegt wurde, was die Mitglieder tun sollten. Der Führer mußte, soweit er konnte, immer verschiedene Informationen zur Auswahl geben und der Gruppe überlassen, welche sie wählen wollte. Er teilte, im Gegensatz zum autoritären Führer, nicht willkürlich ein, gab keine Befehle, beauftragte nicht bestimmte Gruppenmitglieder, nun zusammenzuarbeiten, sondern überließ das deren freier Entscheidung. Der Führer verzichtete nicht auf Lob oder Tadel, aber er begründete jedesmal ausführlich und sachlich, wenn er etwas gut oder weniger gut fand. Im Ganzen bemühte er sich, die Rolle eines aktiven Gruppenmitgliedes zu übernehmen, das an die Gruppeneinsicht appellierte.

3. »Laissez faire«. In diesen Gruppen spielte der Erwachsene eine rein passive Rolle und kümmerte sich wenig darum, was die Gruppe tat. Er sagte zwar am Anfang, daß jeder, der Lust habe, ihn um Rat fragen könne, bemühte sich aber nicht, die Gruppe irgendwie – und sei es auch nur zu eigenen Entscheidungen – anzuleiten. Er unternahm auch keinen Versuch, das Verhalten oder die Leistungen eines Gruppenmitglieds einzuschätzen, obschon er freundlich, nicht abweisend an den Gruppentreffen teilnahm.

Alle Gruppensitzungen wurden protokolliert, wobei man genau auszählte, wie weit sich die Führer an die Anweisungen hielten. Als man nun das Geschehen in den einzelnen Gruppen verfolgte, ließen sich typische Konsequenzen der einzelnen Führungsstile nachweisen:

a) In den autoritär geführten Gruppen hing die Tätigkeit der Mitglieder viel stärker von den Anweisungen der Führer ab als in den übrigen. Die Jungen erwiesen sich als unzufriedener als die Mitglieder der anderen Gruppen, sie waren weniger spontan und warben um das Lob des Führers.

b) Die Kinder in den »autoritären« Gruppen ordneten sich zwar dem Leiter unter. Doch von ihnen selbst wollte jeder mehr Macht haben und die anderen ausstechen, während in der demokratischen Gruppe ein weit freundlicherer Ton herrschte.

c) Ein unerfreulicher, vielen von uns wohl noch aus der eigenen Schulzeit erinnerlicher Vorgang spielte sich ausschließlich in den autoritär geführten Gruppen ab: Die Suche nach einem »Sündenbock«, einem besonders ungeschickten oder wehrlosen Gruppenmitglied, dem man die Verantwortung für alle Fehler in der Gruppe anlastete und an dem man jene Aggressionen ausließ, die sich offensichtlich in einer autoritär geführten Gruppe eher bilden als in einer demokratischen.

d) Die Unterschiede zwischen den Gruppen gingen bis in die Sprache: »Ich« und »mein« hörte man weit öfter in den autoritär geführten Gruppen, »wir«, »uns« und »unser« öfter in den demokratischen.

e) In späteren Versuchen fanden sich zwei unterscheidbare Typen der Reaktion auf ein autoritäres Regime: Abhängigkeit vom Führer, geringe bis ganz fehlende Frustration und völlige Unfähigkeit, ohne den Führer etwas zu unternehmen charakterisierten den einen Reaktionstyp; erhebliche Frustration und unterschwellig gegen den Führer gerichtete Aggressivität den anderen.

f) Sowohl in der autoritär als auch in der lax (»laissez faire«) geführten Gruppe waren die Kinder aggressiver gegeneinander als in der demokratischen. In dem autoritären Klima kümmerten sich die Kinder kaum darum, von ihren Kameraden beachtet und gelobt zu werden; sie blieben auf den Führer zentriert.

g) Wenn der Führer einmal zu spät in die Gruppenstunde kam, erwiesen sich die autoritär geführten Gruppen als unfähig, selbständig irgendetwas zu tun. Die demokratischen hingegen konnten auch ohne den Führer produktiv werden, während die lax geführten zwar nicht passiv herumsaßen (wie die autoritär geführten), aber sich auch auf keine produktive Aktivität einigen konnten.

Besonders wichtig an den Experimenten von Lippitt ist

für unser Anliegen nicht die Gegenüberstellung von autoritärem und demokratischem Führungsstil, sondern die Unterscheidung zwischen dem demokratischen und dem laxen. Beide miteinander zu verwechseln ist eine Gefahr, der man in der antiautoritären Bewegung nicht immer entgangen ist, vor allem nicht in den ersten Versuchen mit den Kinderläden[2]. Der ursprünglichen Wortbedeutung getreu, verstand man unter der antiautoritären Position die Aufgabe jeder Autorität, nicht den Wechsel von der autokratischen Befehlsgewalt zur demokratischen Selbstregierung, die auf rationaler Sachautorität und Einsicht basiert. Lippitts Experimente zeigen sehr deutlich, daß man es Kindern nicht überlassen darf, »sich zu regulieren«, wie die antiautoritäre Formel lautet. Diese Selbstregulation muß gelehrt werden, indem die Kinder Techniken kennenlernen – etwa die Abstimmung, die freie Diskussion –, durch die man zu einer tragbaren Gruppenentscheidung kommt.

Rudolf Walter Leonhardt hat nach einem Besuch in Summerhill festgestellt, daß die Schulversammlung[3] aus Mangel an Einsicht oft ungerecht urteilt. »Wo Kinder und junge Leute Vollmacht haben, Kinder und junge Leute zu bestrafen«, erläutert Leonhardt, »da strafen sie nicht etwa milder als Erwachsene, sondern meistens viel härter.« Weiter heißt es: »Die Schulversammlung von Summerhill ist als Idee großartig; in der Praxis könnte sie das, was sie verspricht, nur halten, wenn ein paar Fünfzehnjährige die Sache in die Hand nehmen, die lange genug in Summerhill waren, um kapiert zu haben, worum es geht.«[4]

2 Vergleiche Thesen zur antiautoritären Erziehung. Von Ernst und Erika Busche. In Vorgänge 5/1970, S. 186. Ein weiterer Beleg ist die in Berliner und Münchner Arbeitspapieren immer wieder gestellte Forderung, der Erwachsene müsse Strafen *und* Lob (da manipulierend) grundsätzlich unterlassen, während der demokratische Stil hier ja nur fordert, Lob und Tadel zu *begründen*.

3 Die in Neills Schule alle Angelegenheiten der Gemeinschaft regelt und einmal sogar Neill selbst für einige Tage »entließ«, um ihn freilich bald wieder »einzustellen«.

4 Die Zeit Nr. 2/1971, S. 10.

Neben autoritärem, demokratischem und laxem Führungsstil hat man auch Verhaltensweisen von Lehrern untersucht, die Aufschluß über die Folgen autoritärer Maßnahmen geben können. Verschiedene Forscher – zuerst Harald Anderson[5] und seine Mitarbeiter – gingen in Schulklassen, protokollierten die Tätigkeit des Erziehers und verfolgten ihre Konsequenzen. Dabei ließen sich zwei typische Formen des Erziehungsverhaltens unterscheiden: »dominant« (herrschend, autoritär) und »sozial-integrativ« (verständnisvoll, hilfreich). Autoritär verhielt sich etwa ein Lehrer, der die Kinder tadelte, sie vor seinen Strafen warnte, der ihre Wünsche zurückwies, Befehle gab, mahnte, bissig kritisierte. Sozial-integrativ verhielt er sich hingegen, wenn er einem Kind half, ein Problem zu formulieren, wenn er geleistete Arbeit lobte und gelegentlich auch zugab, selbst etwas nicht zu wissen oder zu können.

Reinhard und Anne-Marie Tausch[6] haben ähnliche Studien in Westdeutschland an Schulen und Kindergärten durchgeführt. Hier einige Beispiele für den autoritären Stil eines Lehrers:

Ein Schüler ist schlecht gekämmt. »Dahinten, der Ungekämmte! Ungewaschen und ungekämmt! Weißt du, daß du dich morgen bei mir meldest? Sauber gewaschen und gekämmt!« (Bewertung: Unhöflich und verständnislos).

Eine Schülerin gibt eine falsche Antwort. »Du schläfst. Schlaf weiter!« (Bewertung: Verständnislos, pessimistisch, falsches Erziehungsverhalten).

Ein Kind wird aufgerufen und schweigt. »Na, du hast dich doch gemeldet, Dussel!« (Ablehnung des Schülers, Behinderung seelischer Reifung).

5 H. H. Anderson und Mitarb., Studies of Teachers Classroom Personalities. In: Applied Psychology Monographs Nr. 11, Stanford 1946.
6 R. Tausch und A. Tausch, Erziehungspsychologie, Göttingen 1965.

Hier einige Beispiele sozial-integrativer, verständnisvoller Reaktionen von Lehrern (sie gelten ebenso für Eltern)!

Ein Schüler kommt zu spät. »Ich freue mich, daß du nicht fehlst. Wenn du dich beeilst, kannst du die Klasse noch einholen« (freundlich, optimistisch).

Die Schüler reden durcheinander. »Ja, aber Kinder, ich habe es gern, wenn ihr mir auch mal was erzählt. Aber einer nach dem anderen« (verständnisvoll, keine Strafandrohung).

Die Klasse ist unruhig, während der Lehrer an der Tafel einer Schülerin etwas erklärt. »Wollt ihr der Lotte nicht helfen? Wer von euch will der Lotte helfen?«

Man könnte einwenden, daß es »gute« und »schlechte« Klassen gebe, also ein Lehrer in manchen Klassen gar nicht ohne autoritäres dominantes Verhalten auskommen könne. Doch scheint dieser Einwand wenig stichhaltig. Wie Anderson nachgewiesen hat, sind es immer dieselben Lehrer, die in ganz verschiedenen Klassen autokratisch vorgehen. Der Prozentsatz solcher Lehrer ist erstaunlich hoch. Anderson fand, daß 85 Prozent aller beobachteten Pädagogen in 75 Prozent aller Situationen, die sich im realen Unterricht ergaben, mit autoritärem Verhalten reagierten. Diese Zahl ist nach den Studien von Tausch und Tausch bei deutschen Lehrern und Kindergärtnerinnen sogar noch höher (bis zu 97 Prozent aller Äußerungen sind autokratisch). Annemarie Tausch registrierte in deutschen Kindergärten etwa: »Macht doch mal euren Mund zu, das ist ja fürchterlich.« – »Nein, jetzt macht ihr das, was ich möchte!« – »Der Junge kann einen auf die Palme bringen!« – »Ihr haltet den Mund und räumt weiter auf!«

Interessant ist noch, daß fast alle Lehrer und Kindergärtnerinnen, die man danach fragt, wieviel in ihrem Verhalten autoritär sei und wieviele Befehle sie aussprächen, sich selbst ganz anders einschätzen, als es das Tonbandgerät wiedergibt. In der Untersuchung von Frau Tausch unterschätzten die Kindergartentanten die Zahl ihrer Befehle um das Vier- bis Fünffache.

Man muß also skeptisch sein, wenn man den Einfluß von

antiautoritären Überzeugungen auf das tatsächliche Verhalten einschätzt. Ein Lippenbekenntnis beweist garnichts. Wir werden bald auf psychologische Studien zu sprechen kommen, die zeigen, wie eine autoritäre Erzieherpersönlichkeit zustande kommt (naturgemäß gilt das für Lehrer Erwiesene auch für Eltern allgemein). Zuvor aber ist es nötig, sich zu fragen, was nun aus den autoritär erzogenen Kindern wird, welche Folgen eine solche Pädagogik auf lange Sicht hat.

Eine erste Antwort darauf geben wiederum die Arbeiten Harald Andersons. Er beobachtete, wie die Kinder auf Lehrer reagierten, die nur danach trachteten, sie zu beherrschen und verständnislos in das von ihnen geforderte Schema des »artigen Kindes« zu pressen. Es erwies sich, daß Kinder um so mehr »nervöse« Verhaltensweisen zeigen (etwa: Finger in den Mund stecken, an den Kleidern nesteln, unruhig herumrutschen), je autoritärer der Lehrer auftritt. Konflikte und Mißverständnisse wurden durch ihn (oder sie) nicht vermindert, sondern im Gegenteil vermehrt. Die Dominanz rief einen Widerstand der Kinder hervor, der seinerseits wieder den Versuch der Erzieher förderte, sich mit »hartem Durchgreifen« durchzusetzen. Auf diese Weise verstärkt sich ein autoritäres Erziehungsverhalten durch die eigenen Folgen und scheint am Schluß unentbehrlich. Die Kinder sind »wahre Teufel« geworden, die mit einem Maximum harter, disziplinärer Maßnahmen gebändigt werden müssen.

Tatsächlich haben auch Vertreter einer freieren Erziehung wie A. S. Neill, Hans Zulliger und August Aichhorn immer wieder beschrieben, wie von autoritären Eltern und Lehrern geprägte Kinder zunächst wochen- und monatelang bösartig, geradezu unerträglich frech und zerstörungswütig sind, ehe sie fähig werden, sich in ein freiheitliches Zusammenleben zu fügen. In diesem Fall würde ein kurzsichtiger Beobachter annehmen, daß die freiheitliche Erziehung versagt hat. Der Verhaltensforscher Konrad Lorenz hat einmal bemerkt, durch die auf autoritäre Maßnahmen verzichtende Erziehung seien »unzählige ganz unerträglich freche Kinder« entstanden, die »alles andere als un-aggressiv waren.«[7] Hier wird nicht genügend zwischen der freien Erziehung und ihrem »laxen« oder zügellosen Mißverständnis unterschieden. Andrerseits sind gerade angeblich nie frustrierte Kinder oft sehr schwer vernachlässigt worden, vor allem als Säuglinge. Später erfüllt man ihnen dann großzügig jeden materiellen Wunsch und läßt ihnen alles durchgehen, um »Ruhe zu haben«. Zuwendung und Zeit aber bekommen diese Kinder von ihren Eltern nicht; kein Wunder, wenn sie durch »unerträgliche Frechheit« darauf aufmerksam machen, was ihnen eigentlich fehlt.

Dominante Lehrer dämpfen Spontaneität und Initiative der Kinder, beobachtete Anderson weiter. Die sozialintegrativen, verständnisvollen Erzieher hingegen vermochten den Teufelskreis von »Unart«, autoritärem Eingreifen, verstärkter Unart und erneuten disziplinarischen Maßnahmen zu durchbrechen. Ihnen gelang es, auch mit Kindern in ein gutes Verhältnis zu kommen, mit denen es zunächst Konflikte gab. Sozial-integratives Verhalten fördert die Initiative der Kinder. Sie brachten mehr und originellere Vorschläge. Ebenso wie die demokratisch geführten Gruppen in Lippitts Experimenten leisteten sie ebensoviel, ja noch mehr als die autoritär angeleiteten Kinder, wobei Spannungen und Reibungen in der Klassengruppe erheblich geringer waren.

Soviel ist also über die kurzfristigen Folgen einer autoritären, sich auf Befehle beschränkenden Erziehung zu sagen. Sie tötet Spontaneität und Eigeninitiative, führt zu unerfreulichen Folgen im Gruppenleben der Kinder (der Suche nach Sündenböcken, dem Versuch, sich gegenseitig auszustechen oder anzuschwärzen) und begünstigt das Entstehen neurotischer Verhaltensweisen.

Wie aber wirken autoritäre einerseits, freiheitliche, verständnisvolle Erzieher andrerseits auf die Dauer? Welche Prägungen bleiben den Kindern, wie wird ihre Persönlichkeit geformt? Diese Frage führt zu einem Problem, das weit allgemeiner ist: wie bildet sich im Wechselspiel von Erbanla-

7 K. Lorenz, Das sogenannte Böse, Wien 1963, S, 78.

gen und Umwelt die menschliche Persönlichkeit? Wir werden noch darauf zurückkommen (siehe S. 189), und wollen hier nur ein Vorurteil aufgreifen, das in der Erziehung immer noch eine wichtige Rolle spielt. Es handelt sich um die Überzeugung, daß Charakterzüge, ähnlich, wie etwa die Haar- oder Augenfarbe, »angeboren« sind. Wenn ein Kind außergewöhnlich faul oder besonders temperamentvoll ist, wenn es lügt, stiehlt oder gescheit argumentiert – immer findet sich eine Großmutter oder Tante, die genau weiß, »von wem er (oder sie) das hat«.

Wenn kindliche Eigenschaften so unreflektiert für ererbt gehalten werden, ist dies oft nur ein harmloses Ratespiel. Gefährlich wird diese »Erblehre« aber, sobald bestimmte negative Eigenschaften bei den Kindern erwartet und damit möglicherweise nach dem Gesetz der Prophezeiung, die sich selbst erfüllt, auch hervorgerufen werden. Stellen wir uns etwa vor, die enttäuschte, geschiedene Frau eines Hochstaplers fürchtet, ihr Sohn werde »dem Vater nachschlagen«. Durch ständige Kontrolle, durch suggestive Angst vor einem Verhalten, das gerade dadurch immer »in der Luft liegt«, zwingt sie den Sohn zu dem, was sie so ängstigt – zur Flucht in die Lüge, in phantastische Geschichten, in Hochstapelei.

Ein anderes Beispiel für solche Prozesse verdanken wir den amerikanischen Psychologen Richard Rosenthal und Lenore Jacobsen[8]. Diese sagten in einem Experiment den Lehrern einer Schule, bestimmte, willkürlich ausgewählte Kinder seien besonders intelligent und würden sicher gute Fortschritte machen. Am Ende des Schuljahres zeigte ein erneuter Test, daß diese Schüler tatsächlich bessere Fortschritte gemacht hatten als die anderen, an sich ebenso intelligenten. Sie waren so geworden, wie man sie beurteilt hatte. Schlechtere Noten von Arbeiterkindern lassen sich also keineswegs allein durch die ungünstigeren Erbanlagen oder das häusliche Milieu er-

8 R. Rosenthal, L. Jacobsen, Teachers Expectancies: Determinats of Pupil IQ Gains. In: Psychol. Reports 1966, Bd. 19, 115–118, sowie W. Schmidbauer, Warum sind dumme Kinder dumm? Die Zeit Nr. 34/1968, S. 34.

klären, wie es meist geschieht. Tatsächlich werden diese Kinder nicht zuletzt durch eine sich selbst erfüllende Prophezeiung so, wie sie beurteilt werden: milieugeschädigt, primitiv, für eine höhere Schulbildung ungeeignet.

Rosenthal und Jacobsen haben noch einen verwandten Mechanismus aufgezeigt, der ähnlich wirkt: wenn ein Kind, von dem bestimmte (gute oder schlechte) Leistungen erwartet werden, diesen Erwartungen nicht gerecht wird, dann korrigiert der Erzieher meistens nicht seine Vorurteile, sondern urteilt eher noch ungünstiger über das Kind. In der Schule kann dieser Vorgang dazu führen, daß ein Lehrer, der einen bestimmten Schüler für dumm hält, weil sein Vater »nur« Arbeiter ist, diesen auch dann noch ungünstig beurteilt, wenn das Kind tatsächlich unerwartet intelligent auftritt. Er bestraft den Schüler gewissermaßen dafür, daß dieser »aus der Rolle fällt«.

Es kann also unheilvoll sein, mit der Vorstellung von »ererbten Persönlichkeitszügen« Kinder zu erziehen. Aber kommt jeder Mensch wirklich als unbeschriebenes Blatt auf die Welt? Haben denn die Erbanlagen gar keinen Einfluß? Dieser Einfluß besteht ohne allen Zweifel. Bisher hat er allerdings so oft dazu gedient, gesellschaftliches Versagen (etwa gegenüber den Geisteskranken, deren Leiden nur in einem relativ geringen Maß von Erbfaktoren abhängt) oder persönliche Bequemlichkeit von Eltern und Erziehern zu rechtfertigen, daß man skeptisch geworden ist. Der Einfluß von Erbanlagen wurde über Generationen hin (und vor allem im Nazireich) gewaltig überschätzt und alles, was man sich in der Persönlichkeitsentwicklung nicht erklären konnte, auf genetische Faktoren zurückgeführt.

Das wichtigste Werkzeug der modernen Erbforschung ist der Vergleich von Zwillingen, von denen die eineiigen gleiche Erbanlagen haben, während die zweieiigen Zwillinge einander nicht mehr gleichen als andere Geschwister auch. Von den eineiigen Zwillingen sind wiederum die besonders interessant, die in ihrer frühen Kindheit getrennt wurden und in jeweils verschiedenen Familien aufwuchsen. Wenn von zwei solchen Partnern, die doch mit (nahezu) identischen Erbanlagen ausgerüstet sind, der eine durch »autoritäre« Erziehung eine andere Persönlichkeitsstruktur erhält als der freiheitlicher erzogene Partner, dann wird nicht nur die Lehre von dem angeblich »angeborenen Charakter« eines Menschen hinfällig. Darüber hinaus lassen sich auch die Folgen einer autoritären Erziehung gegen die einer freiheitlichen, hauptsächlich von Sachautorität bestimmten abgrenzen.

So ein »natürliches Experiment« gibt es tatsächlich. Der amerikanische Forscher Horatio Newman[9] hat in Chicago insgesamt zwanzig getrennt aufgewachsene, eineiige Zwillingspaare untersucht. Darunter war auch ein Paar – Mildred und Ruth – die ihre Kindheit in einem völlig unterschiedlichen Milieu verlebt hatten.

Mildred war das Pflegekind eines Bankiers, der im öffentlichen Leben eine wichtige Rolle spielte, ein gastfreundliches Haus hatte und sich bemühte, Mildred soviel wie möglich mit einzubeziehen. Die Erziehung in diesem Haus war überwiegend freiheitlich geprägt, wobei man das Kind aber nicht sich selbst überließ, sondern für vielfältige soziale und intellektuelle Anregungen sorgte.

Anders erging es Ruth, der Zwillingsschwester Mildreds. Sie wuchs im Haushalt eines kleinbürgerlichen Werkmeisters heran, der sie sehr einengte und mit übertriebener Strenge behandelte. Sie erhielt also eine typisch »autoritäre« Erziehung. Wie Mildred besuchte auch Ruth eine höhere Schule. Aber sie durfte nicht ausgehen, um keinen »schlechten Einflüssen« ausgesetzt zu sein. Ihre einzigen Spielgefährten waren ihre Puppen.

An den Persönlichkeiten von Mildred und Ruth konnte man nun feststellen, wie stark eine autoritäre beziehungsweise freiheitliche Familienatmosphäre trotz gleicher Erbanlagen den Charakter prägen kann. Ruth war schüchtern, schweigsam, zaghaft. Sie lispelte und machte den Eindruck, nicht sehr glücklich zu sein. Offensichtlich war sie eher traurig

9 H. H. Newman, Multiple Human Births, New York 1940.

gestimmt. Ganz anders Mildred: Sie war selbstbewußt, benahm sich ungezwungen und machte einen frischen, vergnügten Eindruck. Auch die intellektuelle Begabung der erbgleichen Kinder war unterschiedlich: Mildred schnitt in den Intelligenztests deutlich besser ab. Es zeigte sich also, daß autoritäre Erziehung die allgemeine Entfaltung der geistigen und kreativen Kräfte des Kindes hemmt und damit verhindert, daß es seine Begabung voll verwirklichen kann.

In sehr viel größerem Maßstab als der Vergleich von Mildred und Ruth erweist eine Studie an insgesamt 14 328 deutschen Schulkindern ganz ähnliche Zusammenhänge. Danach waren 81 Prozent der weniger intelligenten Kinder ausgesprochen streng erzogen worden, während von den intelligenteren Kindern nur 14,7 Prozent in autoritärem Familienklima aufwuchsen. Autoritäre Erziehung führt also offensichtlich dazu, daß ein Kind »sich selbst nicht erreicht«, das heißt die in ihm angelegten Möglichkeiten nicht vollständig verwirklicht. Natürlich spielen auch andere Faktoren mit. Soziologisch gesehen, werden wohl jene Kinder öfter streng erzogen, die auch vom Milieu her benachteiligt sind, während in den Familien des Mittelstandes oder der Oberschicht die Intelligenzentwicklung mehr angeregt, gleichzeitig aber eine freiere Erziehung praktiziert wird.

Im Band IV der Gutachten und Studien der Bildungskommission »Begabung und Lernen«[10] haben Psychologen und Pädagogen reiches Beweismaterial zusammengetragen. Es zeigt eindeutig, daß Begabung keine feste, durch die Erbanlagen unweigerlich und eng bestimmte Größe ist. Gerade in dem Maß, das etwa den Unterschied zwischen Oberschulabschluß und Volksschulabschluß ausmacht, kann sie einerseits geweckt, andrerseits aber auch verschüttet werden.

10 H. Roth (Hrsg.), Begabung und Lernen. Gutachten und Studien der Bildungskommission Bd. IV, Stuttgart 1970.

VII. Der autoritäre Charakter

Die treibenden Kräfte einer autoritären Erziehung beruhen nicht nur auf ungenügender Information und dem kritiklosen Weitergeben dessen, was man selbst in seiner Kindheit erfahren hat. Sie wirken auch aus einem Persönlichkeitstypus, der das Produkt einer bestimmten sozialen Situation ist und eben diese Situation weiterträgt. Nicht gegen Autorität, sondern gegen die Erziehung zu einer autoritären Persönlichkeit ist die antiautoritäre Erziehung entworfen worden. Deshalb wollen wir hier untersuchen, wie die Konzeption eines »autoritären Charakters« zustandekam, welche Merkmale er aufweist und wie er sich heute, dem Zeitgeist folgend, verwandelt hat.

Ausgangspunkt der Forschung über den »autoritären Charakter« ist die Frage, warum manche Menschen für Vorurteile politischer, rassischer und religiöser Art erheblich anfälliger sind als andere; warum sie dazu neigen, diese Vorurteile aggressiv zu leben – bis zum Völkermord. Vergleicht man Menschen, die aggressive Vorurteile gegen Andersdenkende äußern, mit toleranteren Persönlichkeiten, so findet man eine Reihe typischer Eigenschaften, die eng mit autoritärem Verhalten und einer ausgesprochen strengen Erziehung zusammenhängen. Theodor W. Adorno, Else Frenkel-Brunswik, Daniel J. Levinson und Nevitt Sanford[1] haben kurz nach dem Zweiten Weltkrieg (als angesichts der Vernichtungslager Hitlers diese Frage besonders drängend wurde) versucht, einzelne Züge dieser autoritären (oder antidemokratischen) Persönlichkeit wissenschaftlich zu bestimmen. Sie verwende-

---

1 E. Frenkel-Brunswik et. al., The Antidemocratic Personality. In: Hartley & Newcomb a. a. O., S. 531–542. Siehe auch T. W. Adorno, Die autoritäre Persönlichkeit, Frankfurt.

ten dazu Fragebögen (die sie zum Teil aus Zitaten antisemitischer Literatur zusammenstellten) und klinische Interviews. Die Versuchspersonen mußten ihre Lebensgeschichte erzählen, über die Art und Weise berichten, in der sie von ihren Eltern erzogen worden waren, über ihre gegenwärtigen Wünsche und Ängste.

Als Befürworter der autoritären Erziehung (dieses Merkmal interessiert uns hier am meisten) erwiesen sich Menschen, die immer großen Wert darauf legten, mit der Mehrheit übereinzustimmen und fest überzeugt waren, daß die Mehrheit nicht nur mehr Rechte hat als Minderheiten, sondern auch wertvoller ist. Was die Majorität fordert, ist ihrer Ansicht nach immer auch richtig und gerecht. Wer soziale Konventionen mißachtet, muß hart bestraft werden (diese Strenge dient der Abwehr eigener, doch verdrängter asozialer Impulse). Feste, für alle verbindliche Normen sind diesen Menschen sehr wichtig. Sie wollen sie mit Macht durchgesetzt wissen; Ausnahmen können nicht geduldet werden, jedenfalls nicht für normale Menschen (allenfalls für bedeutende Künstler oder Staatsmänner).

Autoritäre Persönlichkeiten halten die Welt und das Leben für bedrohlich und von dunklen Mächten getrieben. Sie neigen dazu, in schematischen Gegensätzen zu denken – männlich – weiblich, Feind – Freund, stark – schwach. In Fragen der Moral sind sie selbstgerecht und durch eine Mischung aus »Prüderie und Lüsternheit« (wie bereits Freud bemerkte) gekennzeichnet. Ansätze zu eigenen, sexuell-perversen Wünschen unterstellen sie stets anderen – den »Feinden« – und bekämpfen sie an ihnen. Sie sehen mit überraschender Schärfe den Splitter im Auge des Nächsten, aber nicht den Balken im eigenen. Meist ist ihr Denken unproduktiv, phantasielos, und ebenso eingeengt wie ihre Wünsche und Moralvorstellungen. Die Kindheit der autoritären Persönlichkeit ist durch Eltern bestimmt, die wenig Gefühlswärme und echtes Eingehen auf die Bedürfnisse des Kindes zeigten, jedoch unbedingten Gehorsam forderten. Ein weiterer, wichtiger Zug der autoritären Persönlichkeit ist ihr unüberwindlicher Zweifel an der Möglichkeit einer rationalen Erklärung der menschlichen Motive und der Geschichte. Sie ist von der Macht dunkler Kräfte überzeugt, die niemals wissenschaftlich erklärt werden können. Dabei setzt sie wissenschaftlichen Beweisen abergläubische Überzeugungen entgegen (Schicksalsglaube, Astrologie), äußert zumindest den Einwand, daß man unmöglich alles wissenschaftlich erklären könne und der Mensch schlechthin eine nicht weiter erklärbare »Moral« brauche.

Einige typische Überzeugungen der autoritären Persönlichkeit:

»Männer sind von Natur den Frauen überlegen. Frauen haben nichts in der Politik und im Geistesleben zu suchen; sie gehören in die Küche und zu den Kindern. Dort ist ihr Platz; in diesen Aufgaben liegt ihre ganze Würde.«

»Die Todesstrafe ist unentbehrlich, um Verbrechen einzudämmen. Bei jugendlichen Tätern sollte man wieder Prügel einführen. Je härter die Verbrecher bestraft werden, desto besser ist es für die Gesellschaft; alles andere ist Humanitätsduselei.«

»Das Wichtigste in der Erziehung ist, daß die Kinder parieren lernen. Wer auf Prügel verzichtet, wird schon sehen, wie ihm die Jugend über den Kopf wächst. Eine Ohrfeige zur rechten Zeit hat noch niemand geschadet.«

»Regierungen müssen hart durchgreifen, sonst machen sie sich lächerlich.«

»Krieg hat es immer gegeben, und es wird ihn immer geben. Die Kriegsdienstverweigerer sind Verrückte oder Drückeberger, die man einsperren sollte – oder noch besser wäre Zwangsarbeit.«

»Jeder Mensch ist durch seine Anlagen bestimmt. Mit Erziehung kann man da wenig ändern, man kann höchstens einmal eine schlechte Anlage unterdrücken, wenn man früh genug energisch durchgreift!«

»Sexuelle Aufklärung ist Unsinn, wir haben das früher auch nicht gebraucht.«

»Die Wissenschaft weiß auch nicht alles, die haben sich ja

alle schon so oft geirrt. Letzten Endes wird der Mensch durch dunkle Mächte gelenkt.«[2]

Die von Adorno und anderen beschriebene »autoritäre Persönlichkeit« ist ein sehr suggestiver Typus; man wird sich ohne viel Mühe an Menschen erinnern, die in dieses Bild passen. Allerdings sollte man auch daran denken, daß sich einzelne Ansichten der autoritären Persönlichkeit heute gewandelt haben können, ohne daß sich ihre grundlegende Haltung einer aggressiven Intoleranz verändert. Im Grunde kann jede Weltanschauung, jedes Wertsystem autoritär gelebt werden[3] – das faschistische, mit dem sich Fromm und Adorno vorwiegend auseinandersetzen, ebenso wie ein kommunistisches oder – die Paradoxie ist nur scheinbar – ein demokratisches (die Aggressionen richten sich dann gegen angeblich antidemokratische Minderheiten, wie es die »Hexenjagd« auf kommunistischer Neigungen verdächtige US-Bürger deutlich gezeigt hat). Wie auch eine antiautoritäre Werthaltung autoritär gelebt werden kann, hat sich in manchen Gruppen der revolutionären Linken gezeigt. Wenn nur ein Bruchteil von dem tatsächlich geschehen ist, was etwa die Mitglieder der Berliner Kommune I in Interviews von sich aussagten, dann ist mitten in der antiautoritären Bewegung der larvierte autoritäre Charakter wieder auferstanden. Dieter Kunzelmann sagte über die Beziehung der Geschlechter in der Kommune:

»Es ist wie bei der Pferdedressur. Erst muß einer das Tier einreiten, dann steht es allen zur Verfügung. Erst ist es Liebe oder so etwas ähnliches, nachher nur noch Lust. Der Trick ist schrecklich einfach: Man macht ein Mädchen verliebt,

2 Nach J. Rattner, Tiefenpsychologie und Politik, Zürich 1962 und T. W. Adorno, Die autoritäre Persönlichkeit, Frankfurt 1959.

3 P. Matussek spricht hier von einer ideologischen im Gegensatz zur toleranten, gläubigen Haltung. Wer seine Weltanschauung ideologisch lebt, braucht sie als Abwehr-Hilfe gegen unbewußte Triebwünsche, neigt zu rigorosen Forderungen, wertet Andersgläubige ab und findet nur über die gemeinsame Ideologie Kontakt zu seinen Mitmenschen. Vgl. P. Matussek, Die Konzentrationslagerhaft und ihre Folgen, Berlin 1971.

schläft mit ihr und markiert nach einer Weile den Enttäuschten oder Desinteressierten. Dann überläßt man sie der Aufmerksamkeit der anderen und das Ding ist gelaufen. So ist sie vollwertiges Mitglied.«[4]

Hier sehen wir, wie leicht sich Wortmünzen wechseln lassen, wie austauschbar ideologische Formeln sind, und wie schwierig es ist, die tatsächlichen Motive hinter einer autoritären oder antiautoritären Fassade zu erkennen. Es ist deshalb nützlich, die von Adorno und Frenkel-Brunswik festgelegten Züge der autoritären Persönlichkeit durch eine Analyse der grundlegenden Tendenzen dieses Charakters zu ergänzen.

Die Entwicklung des modernen Denkens von Luther bis zu Kants Philosophie und der Französischen Revolution ist eindeutig von der ständig fortschreitenden Verinnerlichung jener (absoluten) Autoritäten geprägt, die vorher durch äußeren Druck herrschten. Mit dem Sieg des Bürgertums über die starre feudalistische Ordnung verlor die ständische, auf überkommenen Regeln und äußerem Zwang beruhende Autorität an Prestige. Das eigene Gewissen übernahm ihre Funktion, und viele Menschen glaubten, dieser Wandel sei ein Sieg der Freiheit über die Unfreiheit. Tatsächlich läßt sich dieser Vorgang eher mit der Transposition einer Melodie in eine andere Tonart vergleichen. Das Gewissen oder der angeblich »gesunde Menschenverstand«, auf den die Aufklärer des Bürgertums bauten, sind nicht weniger tyrannische Herren als äußerer Zwang. Ihre Herrschaft kann sogar grausamer sein als die früherer Machthaber.

Denn das Gewissen ist ein Teil unser selbst, seine Befehle sind unsere eigenen. Den unerbittlichen Forderungen (»wenn du nicht arbeitest, wenn du diese Prüfung nicht bestehst, wenn du diesen Posten nicht ausfüllst«) verinnerlichter sozialer Normen kann man weit weniger entrinnen als einem Kommando von außen.

4 Zit. n. R. Reiche, Sexualität und Klassenkampf, Frankfurt 1968, S. 156.

In den Fabriken, die gleichzeitig mit dem langsamen Übergang von der äußeren zur verinnerlichten Autorität entstanden, war ein Arbeiter oder Angestellter viel nützlicher, der nicht dauernd von außen überwacht und kontrolliert werden mußte, sondern dessen verinnerlichte bürgerliche Moral dem Fabrikbesitzer diese Aufgabe abnahm. Was scheinbar der Freiheit des Individuums diente – nämlich die bürgerliche Revolution, die konstitutionelle Monarchie, ja die ersten Republiken und Demokratien europäisch-amerikanischer Prägung –, diente auch, ja vor allem, den Interessen der herrschenden großbürgerlichen Klasse. Was kolonialistische Dichter wie Rudyard Kipling als »Bürde des weißen Mannes« in den Kolonien beschrieben, gehört ebenfalls hierher: In dem stolzen Bewußtsein, Freiheit und Kultur zu bringen, werden ganze Völker unterjocht und ausgebeutet; den Farbigen begegnet man in Übersee mit demselben erprobten Gemisch von Zuckerbrot und Peitsche wie den Arbeitern im eigenen Land.

Werkzeuge des Kolonialismus sind Menschen, die ihre Pflicht über jeden anderen Wert stellen und nicht fähig sind, über Ursachen und Konsequenzen dieser Pflichterfüllung nachzudenken. Wir verstehen jetzt auch, warum die bürgerlichen Moralvorschriften langsam in immer »tiefere« soziale Klassen absanken und sie durchtränkten. In der Frühzeit des Kapitalismus waren nur die Aufpasser – Vorarbeiter und mittlere Angestellte – hinreichend mit verinnerlichten Normen ausgerüstet, während im Spätkapitalismus die gesamte Klasse der Facharbeiter »verbürgerlicht« ist.

Man kann die autoritäre Persönlichkeit geradezu als Leitfossil der bürgerlichen Mittelklasse ansehen. Typisch für sie ist ein bestimmtes Maß an Unreife und Ich-Schwäche (das Ich ist jenes seelische System, das die äußere Realität erkennt und die Bedürfnisse des Individuums ihr einsichtig anpaßt). Ihre Liebesfähigkeit ist nicht gereift, ihr Urvertrauen in die »Güte« des menschlichen Lebens ist gestört.

Weil er Andersdenkenden intolerant begegnet und von ihnen nur Böses erwartet, kann sich der autoritäre Persönlichkeitstyp nie eigene Schwäche eingestehen. Selbstkritik und Humor gehen ihm ab. Zwanghaft neigt er dazu, seine Macht entweder bis zur sadistischen Übersteigerung zu demonstrieren, sie unüberhörbar laut hinauszuschreien, oder sich einem Menschen, einer Ideologie anzuschließen, die er für so mächtig hält, daß sie seine eigene Schwäche überwinden.

Der autoritäre Charakter ist im Grunde immer einsam; Kontakte kann er allenfalls über die gemeinsam verteidigte Überzeugung und auf der anderen Seite im gemeinsamen Kampf gegen jene Fremdgruppen finden, die er für minderwertig hält. Seine unbewußten Ängste vermag er nur zu beschwichtigen, indem er über andere Menschen herrscht (und wenn es nur Frau und Kinder sind) oder sich Mächtigeren unterwirft, oft durch beides zugleich (wie der SS-Mann, der Hitler verehrt und die Häftlinge foltert). Auch die Überlegenheit des autoritären Führers ist nur scheinbar. Er braucht unbedingt seine Gefolgsleute, um den Glauben zu behalten, daß er stark und mächtig ist, ebenso wie die Anhänger ihn brauchen, um ihre geheime Ich-Schwäche zu überwinden.

Wie Erich Fromm ausführlich beschrieben hat[5], war Adolf Hitler ein typisches Beispiel für diese Eigenschaften der autoritären Führerpersönlichkeit. Von der Leidenschaft getrieben, Deutschland zu beherrschen, blieb er zutiefst vom Applaus, vom Lob seiner Berater, vom Jubel der Massen abhängig. Und obschon er der Hauptschuldige an dem Inferno technisierter Materialschlachten im Zweiten Weltkrieg war, glaubte Hitler nie daran, daß der Mensch die Natur beherrschen kann. Er war überzeugt, selbst einer höheren Macht zu dienen – der Vorsehung, dem Schicksal, der »Macht der Natur«. »Der Himmel ist dem Volke überlegen, denn glücklicherweise kann man Menschen, aber nicht den Himmel betrügen.« Hitler hat das Programm des Humanismus gewissermaßen umgedreht. Er meinte, daß die Natur den Menschen beherrscht, und daß dieser, in die ewig feindlichen Parteien der Herren- und Untermenschen geteilt, immer nach

5 E. Fromm, Escape from Freedom, New York 1941.

Macht über seinen Nächsten streben muß. Die treuesten Anhänger des »Führers« spiegelten seine autoritäre Charakter-
struktur getreulich wider. Joseph Goebbels gesteht etwa:
»Oft quält mich eine tiefe Depression. Man kann sie nur
überwinden, wenn man wieder vor die Massen tritt; diese
sind die Quelle unserer Macht.«[6] Der autoritäre Charakter
ist also nicht aus (Ich)Stärke stark, sondern muß zwanghaft
aus seiner (Ich)Schwäche heraus stärker sein als andere.

Diese Zusammenhänge zeigen deutlich, warum autoritäre
Maßnahmen in der Erziehung so schwer auszurotten sind.
Das Kind, wehrlos und formbar, ist ein mächtiger Anreiz für
die Suche des autoritären Charakters nach einem Schwachen,
in dessen Beherrschung er seine eigene Schwäche verleugnen
kann. Unverbildet und triebhaft, gefährdet das Kind andererseits die mühsam aufrechterhaltene Selbstkontrolle des
ichschwachen Menschen, indem es ihm jene Wünsche vorlebt,
die er zwanghaft abwehrt. Er begegnet ihm deshalb mit eben
jener »harten Hand«, die er gegenüber den eigenen Trieben
zu verlieren fürchtet. So kommt es zu einem Teufelskreis,
der über Generationen hinwegreicht. Eltern, die durch eine
autoritäre Erziehung ihre Kinder daran hinderten, eine aus-
reichende, auf Einsicht und Sensibilität beruhende (und deshalb zur Toleranz fähige) Triebkontrolle zu erwerben, programmieren auf diese Weise neue autoritäre Erzieher, die
wiederum vor der Triebhaftigkeit ihrer eigenen Kinder Angst
haben müssen und diese deshalb autoritär unterdrücken.

Daß die seit über zwanzig Jahren bekannten Eigenschaften
des autoritären Charakters bis heute nachweisbar sind und
einen unheilvollen sozialen Einfluß ausüben, hat jüngst David Mark Mantell erwiesen[7]. Ein Vergleich zwischen Kriegs-
dienstverweigerern und amerikanischen Kriegsfreiwilligen,
die in einer Spezialeinheit in Vietnam dienten (den Green Ba-
rets) und meist mehrere Menschen – auch Frauen und Kinder –

6 J. Goebbels, Vom Kaiserhof zur Reichskanzlei, München 1934,
S. 120.
7 D. M. Mantell: Familie und Aggression. Frankfurt 1972.

getötet hatten, zeigte deutlich, daß der Zusammenhang zwischen autoritärer Erziehung und der Neigung zur Aggression gegen Fremdgruppen gültig geblieben ist. Die freiwilligen Vietnamkämpfer waren durchweg sehr streng erzogen worden; sie hatten Prügel bekommen, unbedingt gehorchen müssen und fast nie mit ihren Eltern über persönliche oder politisch-soziale Fragen sprechen können. Sie erwiesen sich als gefühlsarm (ihre typischen sexuellen Beziehungen waren die zu Prostituierten; Bindungslosigkeit und Egoismus herrschten auch in ihren Kontakten zu anderen Frauen vor), aber pflichtbewußt. Sie gaben kaum patriotische Gefühle als Motiv für ihren Einsatz an, sondern den Ehrgeiz, ein tüchtiger Dschungelkiller zu sein und die gestellten Aufgaben möglichst gut zu erfüllen. Die Erziehung der Kriegsdienstverweigerer hingegen war von Einsicht und Gesprächsbereitschaft der Eltern bestimmt, die oft schon ihrerseits sozial oder politisch engagiert waren. Man könnte Mantells Ergebnisse geradezu auf die Formel bringen, daß eine autoritär bestimmte Erziehung Gewalttätigkeit einübt, eine freiheitliche, von Einsicht geprägte hingegen Gewaltlosigkeit und emotionale Bindungsfähigkeit.

VIII. Psychoanalyse und antiautoritäre Erziehung

Die Gedanken Sigmund Freuds haben wohl mehr als jede andere geistige Bewegung Theorie und Praxis der Erziehung in der westlichen Welt beeinflußt. Freilich kann die Psychoanalyse keine verbindlichen Normen aufstellen; sie rekonstruiert ja immer nur den Weg, der einen bestimmten Menschen in eine neurotische oder psychotische Krankheit geführt hat.

Daß die Kindheit ein wichtiges Stadium der Persönlichkeitsentwicklung ist, wußten die Pädagogen schon seit längerer Zeit. Aber viel zu sehr sahen sie im Kind ein bildbares Material der Erziehung, das beliebig geformt werden kann, ohne Schäden davon zu tragen. Wo solche Schäden auftraten, legte man sie den Erbanlagen, der angeborenen Schwäche des Nervensystems zur Last – übertriebene Ängstlichkeit, Antriebsschwäche, Zwangssymptome, körperliche Leiden ohne nachweisbare organische Ursachen. Freud konnte nun zeigen, daß diese neurotischen Symptome umweltbedingt, oft erziehungsbedingt sind und meist in den ersten sechs Lebensjahren begründet werden. Damit wurde konkret faßbar, was etwa Rousseau schon hundertfünfzig Jahre vor Freud vermutet hatte: Daß gesellschaftliche Einflüsse und allzu aktive Erziehung ebensoviel Schaden anrichten können, wie sie in anderen Fällen nützen mögen.

Freud vermochte zuerst durch die Rekonstruktion der Kindheit seelisch kranker Menschen, diese abstrakten Theoreme mit Leben zu erfüllen und zu zeigen, daß unser Glück, unsere Zufriedenheit und mit ihnen unser Schicksal sehr stark von dem abhängt, was mit uns in unserer Kindheit geschehen ist. Vor Freuds Entwicklung der psychoanalytischen Methode, in der über Hunderte von Stunden hin ein Mensch geduldig und mit frei schwebender Aufmerksamkeit den freien

Einfällen eines anderen zuhört, wußte man einfach nicht, warum bestimmte Ereignisse der frühen Kindheit einschneidende seelische Folgen haben und den Charakter prägen. Man übersieht gerne, wenn man – gläubig oder kritisch – über die Psychoanalyse spricht, daß nie vorher und bis heute kaum jemals außerhalb einer psychoanalytischen Beziehung ein Mensch überhaupt Gelegenheit hatte, sich über seine seelische Entwicklung einigermaßen klar zu werden. Ihr reiches Erfahrungsmaterial ist gewiß das wertvollste Stück Wissen, das uns die Psychoanalyse vermittelt – nicht Begriffe wie »Ödipuskomplex«, »Kastrationsangst« oder »Todestrieb«. Sie können sich ändern und revidiert werden, wie es mit der Libidotheorie bereits teilweise geschehen ist. Aber die Methode der freien Einfälle bleibt bestehen und wird wohl noch für lange Zeit einer der wichtigsten Zugänge zum menschlichen Seelenleben sein.

Freud also hat gewiß nicht als erster erkannt, daß die Kindheit den Charakter prägt. Aber er hat zuerst gezeigt, wie man die Folgen prägender Erlebnisse in der Kindheit feststellen kann. Seine Tochter Anna hat sich besonders mit der pädagogischen Anwendung der Psychoanalyse befaßt. Eine logische Folgerung aus der Analyse erwachsener Kranker war die Frage, ob man durch geeignete Erziehung Neurosen verhüten kann. Hier zeichnete sich zuerst eine Periode des Optimismus ab. Man nahm bereits in den zwanziger Jahren an, daß man so etwas wie einen Katalog einzelner Erziehungsmaßnahmen angeben könne, die allein für die neurotische Entwicklung des Kindes verantwortliche Einflüsse ausschließen könnten. So glaubte man etwa, wer seinem Kind nicht die Kastration androhe, es nicht im Elternschlafzimmer nächtigen lasse, ihm seine sexuelle Neugier nicht verbiete, es nicht geschlechtlich verführe, übermäßig verwöhne oder prügele, würde einer neurotischen Entwicklung vorbeugen[1].

1 A. Freud, Erzieher und Neurose. In: Zeitschr. f. psychoanalytische Pädagogik Bd. VI, 1932, sowie Die Erziehung des Kleinkindes vom psychoanalytischen Standpunkt aus. In: Z. f. psychoanalytische Pädagogik Bd. VIII, 1934.

Diese Hoffnung ist enttäuscht worden, merkt Anna Freud an. Die Erfahrung zeigte, daß es nicht genügt, äußere Praktiken zu ändern. Als übersteigerte Hoffnungen fehlschlugen und gerade manche dezidiert »analytisch« erzogenen Kinder neurotisch erkrankten (darunter auch der »kleine Hans« aus Freuds berühmter, erster Kinderanalyse), schlug die optimistische Periode in eine pessimistische um, in der man die unvermeidlichen Faktoren in der Neurose-Entwicklung besonders betonte, etwa die angeborene Bisexualität, die unweigerlich, auch ganz ohne Erziehungsfehler von Seiten der Eltern, zu inneren Konflikten führe, oder ein angeborenes Übermaß an (sexueller) Triebstärke, das notwendig frustriert werden muß. Jedes Kind wird einmal abgestillt werden, die Liebe seiner Mutter mit Rivalen (Geschwistern, dem Vater) teilen und am Inzestverbot scheitern müssen. Die Erziehungsfehler der Eltern wurden nun kaum mehr beachtet; die grundlegende Konflikthaftigkeit des Menschen, der sich in der Kindheit vom Natur- zum Kulturwesen entwickeln müsse, galt als schicksalhaft. Diese Frage ist heute noch keineswegs ausdiskutiert.

Wahrscheinlich wird man diesen Problemen mit der Alternative Optimismus–Pessimismus nicht gerecht. Es ist nicht zu erwarten, daß man mit exakten Vorschriften allein Erziehungsfehler vermeiden kann, die ja oft nicht auf mangelhafter Information beruhen – das hat auch unsere Betrachtung des autoritären Charakters gezeigt –, sondern in teilweise oder ganz unbewußten Fehlhaltungen, Ängsten und Triebwünschen der Eltern wurzeln. Diese eher klimatischen Faktoren prägen ein Kind weit mehr als sorgfältig ausgeführte Rezepte – ganz abgesehen davon, daß die Analyse des Erziehungsverhaltens von Lehrern ja sehr deutlich gezeigt hat, wie wenig das tatsächliche Verhalten meist mit dem übereinstimmt, was der Erzieher zu tun glaubt.

Der beste Weg, auf dem man in der psychologischen Forschung wie in der praktischen Erziehungsarbeit hier weiterkommen kann, ist die Betrachtung der Familie als Gruppe, als organische Einheit, in der jeder Partner den anderen prägt und von diesem geprägt wird. Dabei richtet sich die Aufmerksamkeit nicht mehr nur auf das Verhalten der Eltern zu ihren Kindern, sondern auch auf die Kindheit der Eltern selbst. Man kann sagen, daß ein Mensch erst dann zu einer selbstkritischen, Sensibilität und Einsicht vermittelnden Erziehung imstande ist, wenn er gelernt hat, seine eigene Erziehung kritisch zu betrachten. Ein unerfüllbares Programm? Mir scheint, es ist besser, schwer Erfüllbares zu fordern, als Regeln aufzustellen die um so trügerischer sind, je leichter sie es ihren Anhängern zu machen scheinen.

Trauma und Mystifizierung

Ehe man Kinder so erziehen kann, daß sie seelisch gesund heranwachsen, muß man wissen, was sie möglicherweise krank macht. Darüber gab und gibt es viele verschiedene Ansichten, die wir zunächst in ihrer Entwicklung verfolgen wollen. Sigmund Freud selbst hat seine Lehren gerade in diesem Punkt öfters verändert. Bis heute schreibt man manchmal der Psychoanalyse die These zu, daß alle Neurosen durch »Traumen« in der Kindheit verursacht würden. Übersehen wird dabei, daß Freud bereits 1904[2] diese Ansicht revidiert hat. Während er anfänglich tatsächlich glaubte, daß seelische Verwundungen (das ist die ursprüngliche Bedeutung von Trauma) in der Kindheit, vor allem eine »wirkliche Irritation der Genitalien« in »koitusähnlichen Vorgängen« neurotische (vor allem hysterische) Leiden verursachen, hat er bald erkannt, daß nicht ein einzelner traumatischer Eindruck, sondern eine ganze, schwer zu überschauende Reihe die Störung bewirkt. Zu dieser Revision der alten Trauma-Lehre führte Freud vor allem die Einsicht, daß die sexuelle Verführung, über die ihm so viele seiner Patienten und Patientinnen berichteten, in ihrer Kindheit gar nicht tatsächlich stattgefunden hatte, sondern nur in der Phantasie der Kranken selbst vollzogen worden war. Zuerst erschüttert, sich ob seiner eige-

2 »Die Freudsche psychoanalytische Methode«, GW V, S. 4.

nen Leichtgläubigkeit anklagend und schier verzweifelnd, kam Freud später[3] zu der Einsicht, daß solche Phantasien eines Kranken kaum weniger seelische Wirklichkeit haben als der tatsächliche Vorgang, das reale Erleben des Inhaltes dieser Phantasien.

Wir sehen hier, daß es gar nicht so einfach ist, aus den Resultaten Freuds pädagogische Konsequenzen abzuleiten. Er zählt zwar gelegentlich traumatische Situationen auf, die er in der Vorgeschichte fast aller seelisch Kranken gefunden hat – etwa »die Beobachtung des elterlichen Verkehrs, die Verführung durch eine erwachsene Person und die Kastrationsdrohung« –, aber er leugnet, daß es sich dabei um echte, realistische Erfahrungen handeln muß. Phantasien können die äußerlichen Traumen (und damit auch die möglichen Erziehungsfehler) vollkommen ersetzen; »sind sie (die Traumen) in der Realität enthalten, dann ist es gut; hat sie die Realität verweigert, so werden sie aus Andeutungen hergestellt und durch die Phantasie ergänzt. Das Ergebnis ist das gleiche ...«[4] Ein Knabe wird also, allein indem er etwa ein Mädchen nackt sieht, Angst bekommen, das Glied zu verlieren (Kastrationsangst). Im umgekehrten Fall wird das Mädchen den Knaben um dieses Organ beneiden (Penisneid), auch wenn die Eltern es nicht entsprechend ängstigen oder beschämen.

Offensichtlich hat Freud hier das Klima der Sozietät, in der er lebte, verabsolutiert. Die Kulturanthropologie kennt nämlich zahlreiche Beispiele dafür, daß in vielen Kulturen beispielsweise die »Urszene« – das Miterleben des elterlichen Geschlechtsaktes durch die Kinder – zu den alltäglichen Dingen gehört und die Kinder keineswegs dadurch geschädigt werden. Also gibt es kein Trauma, sei es reales Ereignis, sei es Phantasie, das in jedem Fall »verwundet«. Ein bestimmter sozialer Kontext muß die Voraussetzungen schaf-

3 1917, »Vorlesungen zur Einführung in die Psychoanalyse«.

4 S. Freud, GW XI (Vorlesungen zur Einführung in die Psychoanalyse), S. 381 ff.

fen. In einer sexualfreundlichen Kultur wird kein Kind den Koitus als aggressiven Akt mißdeuten, wie es Freud so oft bei seinen Patienten beobachtet hat.

Es ist oft erstaunlich, wie gleichgültig Freud gravierende Erziehungsfehler der Eltern seiner Patienten abtut und mit welchem Nachdruck er sich auf die Folgen dieser Fehler für den Patienten selbst konzentriert. Diese scheinbare Nachlässigkeit hat aber ihre solide, therapeutische Rechtfertigung. Wer einmal familientherapeutisch gearbeitet hat, der weiß, wie gefährlich es ist, wenn man in der Familiengruppe einen »Schuldigen« gefunden hat, dem dann ein oder mehrere Mitglieder alle Verantwortung für die Entstehung der eigenen, neurotischen Problematik anlasten. Ein Sündenbock ist gewonnen und die Chance gefährdet, die innere Situation derer zu ändern, die sich unter diesem Vorwand jeder Verantwortung für sich selbst und die Arbeit an sich selbst zu entziehen suchen. Es mag, wissenschaftlich gesehen, einseitig gewesen sein, wenn sich Freud nur auf die scheinbar unausweichlichen Konflikte des Menschenlebens konzentrierte und Erziehungsfehler als Neurosenursachen so zurückhaltend einschätzte. Aber es war durch therapeutische Gesichtspunkte teilweise gerechtfertigt, weil es verhinderte, daß voreilige und kurzsichtige Suche nach Sündenböcken die Chancen einer Psychotherapie beeinträchtigte.

Nicht zu leugnen ist freilich auch, daß Freuds Interesse an den unvermeidlichen Konflikten der Menschennatur, seine pessimistische Sicht der Kultur, in der es dem Menschen grundsätzlich nie ganz behaglich sei, sein Akzent auf den unausweichlichen Widersprüchen zwischen individuellen Wünschen und der Gesellschaft jene »pessimistische« Position der Psychoanalyse gegenüber der Erziehung begründete, von der Anna Freud spricht. Wir erkennen hier auch, warum zwei Lehren in der tiefenpsychologisch ausgerichteten Erziehung immer eng verschwistert auftreten: die Annahme einer angeborenen Bereitschaft zur Zerstörung, zur Aggressivität, und die Skepsis hinsichtlich einer wirksamen Vorbeugung von Neurosen durch erzieherischen Einsatz. Wilhelm Reich, der

an diese Möglichkeit glaubt, lehnt die Lehre Freuds vom Todestrieb ebenso ab wie etwa A. S. Neill oder Günter Ammon, der zusammen mit Gisela Ammon in Berlin einen
psychoanalytischen Kindergarten einrichtete.

Daß die psychoanalytische Theorie auch zu recht befremd-
lichen Vorschlägen für die Erziehung führte, zeigen einige Äußerungen in der seit 1926 erscheinenden »Zeitschrift
für psychoanalytische Pädagogik«. Man war sich zwar bereits damals einig, daß Prügeln ein schlechtes, möglicherweise neurotisierendes Erziehungsmittel ist, klagte eine strenge
Sauberkeitserziehung und »übertriebene Einschüchterung«
(nicht die Einschüchterung schlechthin) sexueller Regungen
des Kindes an. Aber während sich die Mitglieder der Kommune II auf die Psychoanalyse (Wilhelm Reichs) berufen,
wenn sie Kinder auffordern, sich gegenseitig ganz lieb die
Genitalien zu streicheln, findet Oskar Pfister, nicht weniger
ein Schüler Freuds und überzeugter Anhänger der Psychoanalyse, daß »unvorsichtige Reizungen der Sinnlichkeit« gefährlich seien, wenn man etwa »Streicheln, Tätscheln des Ge-
säßes, Reiben der Genitalien bei der körperlichen Reinigung«
allzuweit treibe. Auch vom Küssen hält Pfister nichts, falls
im Übermaß betrieben, und findet das Kitzeln, das man so
oft beim Spiel beobachte, »ganz verwerflich«. Selbst »unvoll-
ständige Bekleidung der Mutter, z. B. bei der Toilette, kann
Schaden stiften . . .«[5] Noch einen Schritt weiter ist der nam-
hafte ungarische Psychoanalytiker Sandor Ferenczi gegangen, der selbst vor der heute so geläufigen Koedukation
warnte, von der er gehäufte Neurosen durch ihre verführen-
de, Verdrängungen begünstigende Wirkung erwartete[6]. Offensichtlich ist heute die bürgerliche Erziehung in vielen
Punkten freizügiger als das, was vor vierzig Jahren der Bür-
gerschreck Psychoanalyse guthieß. Von den sehr heterogenen

5 O. Pfister, Elternfehler in der Erziehung der Sexualität und
Liebe. In: Zeitschrift f. psychoanalytische Pädagogik Bd. II, S.
239, 1928.
6 S. Ferenczi, Die Anpassung der Familie an das Kind. In: Zeitschrift für psychoanalytische Pädagoik II, S. 189, 1928.

Strömungen dieser Zeit, die von diesen heute puritanisch anmutenden Forderungen Pfisters und Ferenczis bis zu den sexualrevolutionären Gedanken Wilhelm Reichs gingen, findet bis heute die gemäßigte Richtung von Freud selbst die meisten Anhänger. Kritischer und differenzierter als jene, die von der Änderung äußerer Praktiken entscheidende Reformen erwarteten, weist man hier auf die Bedeutung elterlicher Motive hin, auf die affektive Einstellung, das »Familienklima«.

Nur wenn dieser Bereich der Motive und Gefühlshaltungen berücksichtigt wird, läßt sich feststellen, ob bestimmte Handlungen des Erziehers zum Trauma werden oder nicht. Indem man den Spruch des Paracelsus[7] abwandelt, könnte man sagen: Keine Tat ist ohne Trauma; der soziale Zusammenhang macht, ob sie zum Trauma wird oder nicht. Die Gefühle, welche bestimmte Maßnahmen des Erziehers begleiten, machen sich für das Kind »metakommunikativ« bemerkbar, in Gesten, dem Gesichtsausdruck, dem Ton der Stimme. Wenn nun der Erzieher, um sich an eine bestimmte pädagogische Regel zu halten, etwas tut, was seinem inneren Gefühl radikal widerspricht, dann kommt es zu einem sozialen Geschehen, das man als Mystifizierung oder double bind[8] (doppelt gebundene Kommunikation) kennzeichnen kann. Der Keim zu einer solchen Mystifizierung liegt schon in dem Spruch der Prügelpädagogen: »Glaub mir, es tut mir weher als dir!« Auf verschiedenen Kommunikationsebenen werden Botschaften ausgesandt, die einander widersprechen, wobei das Opfer mit viel emotionalem Aufwand gehindert wird, diese Widersprüche zu erkennen und zu durchschauen. (Laing entlehnt seinen Begriff dem Vokabular von Marx, der darunter etwa die Verwandlung des ausbeuterischen Kapitalisten in den wohltätigen »Arbeitgeber« verstand. Wer an des-

7 »Kein Ding ist ohne Gift; die Dosis macht, ob's zum Gift wird oder nicht.«

8 G. Bateson et al. (darunter auch Laing). Schizophrenie und Familie, Frankfurt 1969. Vgl. auch W. Schmidbauer, Seele als Patient, München 1971, Kap. 9.

sen Wohltätigkeit zweifelt, ist nicht etwa nur »schlecht«, sondern auch »verrückt«. Tatsächlich werden manche mystifizierten Kinder später verrückt, weil sie nie ein stabiles Verhältnis zur Wirklichkeit erwerben konnten.)

Um Mystifizierung handelt es sich, wenn eine Mutter sich auf der Ebene des Bewußtseins für ihr Kind aufopfert, aber unbewußt vom Kind absoluten Gehorsam verlangt. Die bewußte Kommunikation ist in diesem Fall: »Ich tue alles für dich!«, während die unbewußte (etwa aus dem Stimmklang oder der Mimik deutlich werdende) lautet: »Wenn du mir nicht gehorchst, werde ich dich zerstören!« Angesichts der heute oft überstürzten »Befreiung« der Erziehung droht die Mystifizierung zu einer sozialen Geißel zu werden. Ein Kind wird kaum ein harmonisches Verhältnis zur eigenen Geschlechtlichkeit entwickeln, wenn es merkt, über welche emotionalen Widerstände hinweg ihm seine Eltern zeigen wollen, daß der Sexus doch etwas »ganz Natürliches« sei. Hier mystifizieren die Eltern sich selbst ebenso wie ihre Kinder; sie behaupten, freizügig und natürlich zu sein, während ihr verkrampftes Lachen und ihre gehemmten Bewegungen das Gegenteil aussagen.

Unter diesem Gesichtspunkt ist es auch interessant, die Thesen der Berliner Kommune II (Christel Bookhagen, Eike Hemmer, Jan Raspe, Eberhard Schultz) zur Kindererziehung zu betrachten. Bemerkenswert ist zunächst die Selbst-Mystifizierung der Kommunarden, die man in ihrer energischen Absage an die Zweierbeziehung der traditionellen Ehe und Kleinfamilie sehen darf: »Haßliebe, Brutalität, die Unterdrückung von Frau und Kind bleiben nicht mehr tragische Einzelfälle, sondern sind offensichtlich historisches Schicksal der Kleinfamilie in unserer Gesellschaft.« Um die Brücken hinter sich zu zerstören (denn tatsächlich sind ja die meisten promiskuös orientierten Kommunen durch neu entstehende Zweierbindungen aufgelöst worden[9], während »Großfami-

9 Vgl. R. Reiche, Sexualität und Klassenkampf, Frankfurt 1968, S. 150 f.

lien«, die sich aus mehreren Ehepaaren zusammensetzen, deutlich bessere Überlebenschancen haben), wird die Kleinfamilie schwarz in schwarz gezeichnet. Man lastet ihr sämtliche Mängel der bestehenden Sozietät (und wohl auch der eigenen Persönlichkeit) an. In der Mehrzahl der Ehen machen sich die Partner »das Leben gegenseitig zur Hölle. Der Druck wirkt sich vor allem auf die Kinder aus. Die durchschnittliche Kleinfamilie produziert anlehnungsbedürftige, labile, an infantile Bedürfnisse und irrationale Autoritäten fixierte Individuen. Diese Tatsache ist unabhängig vom guten Willen oder den Erziehungsmethoden der Eltern.«[10]

Dazu wird dann später, in dem Bericht über den Aufbau des Kinderladens, mitgeteilt: »Ausnahmslos in allen am Kinderladen beteiligten Kleinfamilien gab es von Anfang an starke Spannungen zwischen den Ehepartnern. Im Laufe der Zusammenarbeit im Kinderladen ist eigentlich allen klargeworden, daß diese Ehen nicht mehr aufrechtzuerhalten sind . . .«

Weil der eigene Versuch, eine stabile Partnerbindung aufzubauen, gescheitert ist, darf er niemandem mehr glücken! Das sagt naturgemäß nichts gegen den Wert von Großfamilien aus, der in vieler Hinsicht (Überwindung sozialer Isolierung, gemeinsame Kindererziehung, verbilligter Haushalt, emotionaler Halt in der Gruppe) nicht unterschätzt werden darf. Doch ist es gefährlich, neue Formen des Zusammenlebens den Gesetzen eines Abwehrmechanismus zu unterstellen und sie von Anfang an als Gegensatz zur Kleinfamilie, Ehe, und zur angeblich stets neurotisierenden Situation »Vater-Mutter-Kind« zu orientieren.

Toleranz oder Förderung der kindlichen Sexualität?

Während es immer noch richtig ist, daß die Mehrzahl der Eltern ihre Kinder ungenügend, fehlerhaft und häufig gar nicht über sexuelle Vorgänge informiert, scheint es an der Zeit,

10 Kursbuch 17/1969, S. 147 f.

auch auf die Gefahren des entgegengesetzten Extrems zu verweisen: Die Kinder werden zu früh, zu energisch und mit zuvielen Details aufgeklärt. Begründet wird dieses Verhalten meist damit, es sei nötig, den Kindern zu zeigen, daß man ihr Sexualleben nicht nur dulde, sondern es auch voll und ganz bejahe.

Zweifellos ist es schädlicher, ein Kind gar nicht aufzuklären, als es mit sexologischen Informationen regelrecht zu überschwemmen, auch wenn es etwas ganz anderes gefragt hat. Bedenken richten sich hier allenfalls dagegen, daß ein »überaufgeklärtes Kind« bei nicht ebenso gut unterrichteten, von mehr oder weniger kleinbürgerlich geprägten Eltern erzogenen Kameraden aneckt und in soziale Isolierung gerät (was in einer Großstadt mit der Möglichkeit des Kinderladens weniger droht als in kleineren Städten oder auf dem Land). Man tut einem Kind keinen Gefallen, wenn man es allzu »revolutionär« prägt, da ihm die soziale Widerstandskraft des Erwachsenen ebenso fehlt wie dessen Möglichkeiten, Gleichgesinnte zu finden und sich zu solidarisieren. Die psychotherapeutischen Erfahrungen zeigen, daß Kinder unter jeder Außenseiterposition leiden, – auch wenn sie »positiv« ist und etwa auf einem Mehr an Wissen beruht.

Die Forderung, kindliche Sexualität nicht nur zu dulden, sondern sie zu bejahen und zu fördern, ist ein Vermächtnis Wilhelms Reichs. Er hat diese Bejahung des kindlichen Geschlechtslebens als »für die psychische Strukturbildung im Zögling ... entscheidend« erklärt. Die von anderen Psychoanalytikern vertretene Duldung, (geschweige die Warnungen Pfisters und Ferenczis, das Kind zu früh sexuell zu stimulieren, vgl. S. 115) stellte er als das »Nichtbestrafen von etwas im Grunde Verbotenen« hin. Hier verrät Reich eine Neigung, die es schon immer erschwert hat, seine Lehre wissenschaftlich zu diskutieren, nämlich das Denken in schablonenhaften Alternativen. Es mag eine Auffassung von Toleranz geben, die nicht weit von dem bloßen Nicht-Bestrafen entfernt ist. (Sie dürfte vor allem von Menschen vertreten werden, die ihre Weltanschauung autoritär oder ideologisch leben, vgl. S. 103).

Das ist aber gewiß nicht Toleranz, sondern ihr Zerrbild. Sollte Toleranz es etwa ausschließen, das Tolerierte zu bejahen?

Deutlicher, aber zugleich historisch begrenzt wird Reichs These, wenn er sagt: »Die ausdrückliche und unmißverständliche Bejahung des kindlichen Geschlechtslebens vermag auch dann die Grundlage sexualbejahender Ichstruktur-Bestandteile zu werden, wenn sie die gesellschaftlichen Einflüsse nicht zu entkräften vermag.«[11] Hier sagt Reich halblaut selbst, daß man seine Vorschriften nur vor dem Hintergrund einer ungebrochenen viktorianischen Moral verstehen kann, der sie als Antithese entgegenarbeiten. Nun enthält die gegenwärtige »Sexwelle« sicherlich noch zahlreiche Elemente einer latenten Unterdrückung und eines kaum verhehlten Normenzwangs (die Athleten der Sex-Arena zählen ihre Orgasmen wie der viktorianische Kapitalist seine Aktienpakete). Aber man kann nicht mehr davon ausgehen, daß die Sexualität einfach unterdrückt und verneint wird; sie wird im Gegenteil so lange bejaht, wie sie sich vor den Karren des Konsums spannen läßt.

In »rechtgläubigen« Analytikerkreisen gilt Reich als typisches Beispiel für einen Therapeuten, dessen eigene Analyse scheiterte. Man macht es sich zu leicht, wenn man das gesamte wissenschaftliche Werk des Begründers der Charakteranalyse an seinen »Orgon«-Spekulationen mißt, an den absurden Versuchen, die beim Orgasmus freiwerdende Energie in Holzkästen (in denen nackte Paare sich lieben) aufzufangen und in der Therapie aller möglichen Krankheiten (darunter auch Krebs) einzusetzen.[12]

Man sollte Reich nicht nur für einen Wissenschaftler halten, sondern mit Siegfried Bernfeld auch für einen »anarchistischen Sexualethiker«, der marxistisch oder psychoanaly-

11 Wilhelm Reich, Der Einbruch der Sexualmoral, Kopenhagen 1935. Siehe auch Kursbuch 17/1969, S. 166.

12 Diese Spekulationen haben Reich in Widerspuch zu der amerikanischen Arzneimittelbehörde (FDA) gebracht und schließlich, da er nicht aufgeben wollte, ins Gefängnis. Unter diesen Belastungen brach eine (bisher latente) Geisteskrankheit aus.

tisch argumentiert, dem aber nicht selten mehr an Agitation als an wissenschaftlichen Beweisen gelegen ist. Die Rezeption Reichs in der antiautoritären Bewegung zeigt, wie es auch dort mehr um Agitation als um rationale Kritik ging. Nun ist es falsch, Agitation für verwerflich zu erklären, doch ist es unerläßlich, Agitation nicht mit wissenschaftlichen Beweisen zu verwechseln. Reich ging, das hat Bernfeld gezeigt, einen für unmittelbare Erfolge gut geeigneten Weg. »Er zeichnet ein sehr vages Ideal von sexueller Gesundheit: volle Genitalität, orgastische Potenz. Es ist nicht verwirklicht in der heutigen Menschheit; daran ist der Kapitalismus schuld; ist durch keinerlei Reformen in ihm zu verwirklichen, also weg mit ihm. In der sozialistischen Gesellschaft fallen die notwendigen Hemmungen weg. Also wird dieses Ideal in ihr erfüllt werden – dies sagt er nicht, doch muß es der Leser folgern; kein Wort fällt, das vor dieser Konsequenz warnt. All dies ist nicht richtig, aber es ist auch nicht alles falsch. Reich hält jene Mischung von Richtigem und Falschem, diese Unmenge unentschiedener und zum Teil unentscheidbarer Fragen für wissenschaftliche Nachweise. Weil er den Kapitalismus als Schuldigen sieht, vermeint er, eine Kausalerklärung gegeben zu haben. Weil ihm ein Zusammenhang geeignet erscheint für agitatorische Wirkung, hält er ihn für erwiesen.«[13]

Die hier von Bernfeld geforderte Trennung zwischen dem agitatorisch Brauchbaren und dem wissenschaftlich Erwiesenen gilt auch für die Rezeption Reichs in der antiautoritären Bewegung. Man gefährdet zwangsläufig die eigene Basis, wenn man eine irrational begründete Ideologie mit wissenschaftlichem Nachweis verwechselt. Ist es richtig, einem Autor, dessen ideologische Richtung einem eher paßt (etwa Reich im Gegensatz zu Freud), auch eo ipso die besseren wissenschaftlichen Beweise zuzutrauen? Verwechselt man Agitationsmaterial mit wissenschaftlichem Nachweis, kom-

13 S. Bernfeld, Antiautoritäre Erziehung und Psychoanalyse. Bd. II, 1970, S. 536.

mentiert Bernfeld, so erhält man »stumpfe Waffen, billige Schundwerkzeuge ... Reich beginnt diese Verschundung und Verwilderung wissenschaftlicher Arbeit in die Psychoanalyse einzuführen ...«[14]

Dieses Urteil ist hart und, was die ausgezeichneten klinischen Beiträge Reichs angeht, wohl zu hart. Aber sicher muß Reich mehr als andere Autoren kritisch aufgenommen werden. Wenn man aus seinen Schriften erneut Agitationsmaterial oder Erziehungsrezepte gewinnt, entstehen Gebilde wie die Kommune I – nach außen stets bereit, Hintertreppengeschichtchen an Illustrierte zu verkaufen, nach innen terroristisch und vielfach neurotisierend für ihre Mitglieder, und dies alles im Zeichen einer sexualökonomischen Utopie, die alles verspricht und diese Zusagen auch einhalten will[15].

Man muß also feststellen: Wo Bejahung der kindlichen Sexualität gegen Prägungen ankämpft, welche diese Sexualität verneinen, schlecht machen und unterdrücken, mag sie (etwa innerhalb einer Kinderpsychotherapie) gerechtfertigt sein. Wo diese Bejahung über eine die Sexualität wirklich duldende familiäre Haltung hinausgeht, wird sie zum Mittel, Eltern und Kinder zu sexualisieren: Die Eltern, weil sie ihre eigenen Hemmungen überkompensieren, die Kinder, weil sie naturgemäß dem vorgezeichneten Weg folgen. Fragt ein Kind nie, woher die Babies kommen, ist sicher diese tolerante Atmosphäre nicht gegeben; wenn das Kind aber, ohne überhaupt zu fragen, über sexuelle Details informiert und zu sexueller Betätigung angehalten wird, schlägt die Toleranz in Manipulation um, die sich selbst als Bejahung mißversteht. Ein Beispiel bieten manche Protokolle aus der Berliner Kommune II:

»... ›die Babies wachsen im Bauch von der Frau.‹ «
Nessim (der vierjährige Junge): ›Ich hatte auch ein Baby.‹

14 Bernfeld II, S. 537.
15 »Wir werden also als Verführer an die Rampe treten; wir versprechen das Blaue vom Himmel herunter, und – wir werden es halten!« – Unverbindliche Richtlinien, hrsg. v. Ch. Baldeney, R. Gasché und D. Kunzelmann, Nr. 1, 1962 und Nr. 2, 1963.

(Damit gibt das Kind zu erkennen, daß es keine sexologischen Informationen mehr wünscht, sondern die Phantasie ausspinnt, selbst Kinder zu haben – W. S.). Christel: ›Nur Frauen können Babies bekommen. Du weißt doch, daß Grischa eine Vagina hat und du einen Penis (es ist interessant, daß die Kommunarden die lateinischen Vokabeln benutzen; indirekt drückt sich darin aus, wie sehr sexologisches Wissen eine Angelegenheit bestimmter Bildungs- und damit Sozialschichten ist – W. S.) Wenn sich ein Junge und ein Mädchen lieb haben, dann tut der Junge seinen Penis in die Vagina vom Mädchen. Wenn ihr größer seid, könnt ihr das auch machen. Dann fließen lauter Samenkörner aus dem Penis in die Vagina rein und dann wird da ein Baby draus. Das dauert aber eine ganze Weile, bis das Baby so groß ist, daß es da raus kommt‹.«

An diesem Dialog könnte man aussetzen, daß einerseits das Entscheidende verschwiegen wird – nämlich die Lustempfindung beim Verkehr – und andrerseits die Kinder dezidiert zu sexuellen Spielen aufgefordert werden, die ihnen sonst vielleicht gar nicht in den Sinn kämen. Dieses Risiko durch eine volle sexuelle Aufklärung ist schon öfter beschrieben worden; Dorothy Burlingham[16] weist darauf hin. »Ich denke hier an den Fall eines etwa fünfjährigen Knaben, zur Zeit, als er sich in der Analyse intensiv mit den Fragen nach dem Geschlechtsverkehr beschäftigt. Die Auskünfte des Analytikers befriedigen seine Wißbegier offenbar nicht genügend; er macht einer kleinen Freundin den Vorschlag, mit ihm heiraten zu spielen. Sie meint, das könnte sehr lustig sein, und die beiden machen ihren ersten Versuch eines Geschlechtsverkehrs.«[17]

16 D. Burlingham, Kinderanalyse und Mutter. Psychoanalytische Pädagogik Bd. VI, 1932.

17 Ist es wirklich erfreulicher, wenn – den Fall erzählte eine Mutter – nach der Aufklärung ein Junge zu seiner Schwester sagt: »Das könnten wir doch mal probieren«, und das Mädchen, sehr zur Erleichterung der im Nebenzimmer horchenden Eltern, antwortete: »I gitt..«?

Es genügt nun freilich nicht, die reflektorische Entrüstung des Kleinbürgers in Worte zu fassen, wie es etwa Willy Rehm[18] nach dem Burlingham-Zitat getan hat: »Die Bedenklichkeit dieser durch Wissen verursachten Provokation unkindlicher Verhaltensweisen braucht im Grunde nicht unterstrichen zu werden.«

Damit wird für selbstverständlich erklärt, was tatsächlich eine völlig offene Frage ist, und eine Antwort vorgetäuscht, indem man überhaupt die Notwendigkeit einer Frage ausschließt. »Unkindlich« sind nämlich sexuelle Spiele an sich nicht; sie entsprechen nur nicht dem Geist unserer eigenen Kultur. Viele Ethnologen beschreiben, wie Eltern in den sogenannten primitiven Kulturen lächelnd die sexuellen Spiele ihrer Kinder dulden und deren Versuche, den Koitus der Erwachsenen nachzuahmen, als ausgesprochen komisch bewerten. Bronislaw Malinowski hat diese offenkundige Toleranz der kindlichen Sexualität sogar mit der weitgehenden Neurose-Freiheit bestimmter Südsee-Insulaner (Trobriander) in Beziehung gesetzt. Hier spielen wohl noch andere Faktoren mit; jedenfalls aber muß man feststellen, daß es Kindern keineswegs schaden muß, wenn man sie nicht nur sexuell aufklärt, sondern ihre sexuellen Spiele auch bejaht.

Diese Frage ist also stets nur im Kontext einer bestimmten Kultur zu beantworten; man kann (heute noch) keine sexuelle Erziehung beschreiben, die für alle Kulturen gleich gut geeignet ist. Zu fragen wäre also, ob eine solche sexualisierende Aufklärung hierzulande den Kindern nützt. Auch hier ist kaum eine pauschale Antwort möglich, da die Motive und der emotionale Ton hinter und in dieser Aufklärung wichtiger sind als das, was gesagt wird. Wollen die Eltern möglicherweise nur die Kinder zu einem Sex-Ideal aufbauen, das sie selber nicht mehr erreichen können? Oder stammt ihre Aufklärung wirklich aus einer leibfreundlichen, unkomplizierten Zärtlichkeit?

18 W. Rehm: Die psychoanalytische Erziehungslehre, München 1968, S. 161.

Selbst wer den Europäern von Herzen eine weniger verklemmte, weniger moralinsauere oder auf Leistungsehrgeiz ausgerichtete Sexualmoral wünscht, wird zugestehen, daß man solche tief in unseren kulturellen Normen verankerten Haltungen nicht von heute auf morgen umkrempeln kann. Kinder müssen, wenn sie fragen und solange sie fragen, über sexuelle Vorgänge informiert werden. Man sollte aber auch sehr sorgfältig darauf achten, daß sie selbst jene Vorurteile, die ihre Familie nicht (mehr) teilt, kennenlernen – etwa die weit verbreitete Auffassung, Selbstbefriedigung sei »sündhaft«. Sonst nämlich läuft man Gefahr, daß ein Kind die eigenen, freien Normen für allgemeingültig hält, aneckt und, um nicht ausgestoßen zu werden, zwanghaft gerade jene Sexualmoral übernimmt, vor der es die Eltern schützen wollten. Gegenwärtig und wohl noch für lange Zeit wird sich ein Kind nur dann in der Welt seiner Altersgenossen zurechtfinden, wenn es weiß, was »man« tun darf und nicht tun darf, wobei eine ganz andere Frage ist, ob es selbst auf diese Normen geprägt wurde.

Noch eine andere Gefahr droht, sobald man die Toleranz der kindlichen Sexualität in eine manipulierende Bejahung ummünzt: Erzieher können zu Verführten werden. Damit stößt die sexualisierende Erziehung an die Inzestschranke, die in unserer Gesellschaft noch immer zu den kaum bestrittenen Tabus gehört. Vielleicht handelt es sich auch hier nur um irrationale Konventionen; sicher aber kennen alle menschlichen Gesellschaften diese Inzestschranke, so daß sie wohl eine biologisch-psychologische Funktion hat. Es kann uns nicht gleichgültig lassen, daß sich massive Überschreitungen dieser Inzestschranke vorwiegend in »schizophrenen Familien«, also in Gruppen mit einem geisteskranken Partner finden.

Es ist nicht leicht, in einer Kritik an dem in den Berichten der Kommune II skizzierten »Bejahen« der kindlichen Sexualität den richtigen Weg zu finden. Zu leicht wird man als Exponent einer irrationalen, möglicherweise gar von Verzichtzwang geprägten Moral mißverstanden, als einer, der dem Ewiggestrigen wieder das Wort redet, der Auswüchse kräftig verdammt und sich mit jenen unklaren Emotionen verbündet, die schon immer einer wirklich freien und toleranten Sexualerziehung im Wege standen. Sicher werden auch heute noch viel mehr Kinder durch eine repressive, leibfeindliche Erziehung geschädigt als durch eine Bejahung ihrer Sexualität, die unvermerkt zur Sexualisierung wird. In einer freien Erziehung ist die dezidierte, an das Kind herangetragene Sexualaufklärung überflüssig. Das hier nicht gehemmte Kind wird Fragen stellen und selbst sagen, ob es die Antworten befriedigen oder nicht. Jedenfalls ist es auch in der Sexualerziehung besser, die eigenen Hemmungen nicht dem Kind gegenüber übers Knie zu brechen und es schon mit drei Jahren erschöpfend aufzuklären, weil man selber mit dreißig noch Schwierigkeiten hat, Sexuelles nicht unanständig zu finden.

Hier noch ein Protokoll aus der Kommune II: »Grischa sagt, sie braucht keine Decke zum Einschlafen. Außerdem soll ich nicht die Augen zumachen. Dann will sie mich streicheln, Hände und Gesicht. Ich darf sie erst streicheln, wenn sie gestreichelt hat, dann auch nur kurz. Zum Bauchstreicheln muß ich mein Hemd hochziehen ... Dann will sie meinen ›Popo‹ streicheln. Ich muß mich umdrehen. Sie zieht mir die Unterhose runter und streichelt meinen Popo. Als ich mich wieder umdrehe, um den ihren wie gewünscht zu streicheln, konzentriert sich ihr Interesse sofort auf ›Penis‹. Sie streichelt ihn und will ihn ›zumachen‹ (Vorhaut über die Eichel ziehen), bis ich ganz erregt bin und mein Pimmel steif wird. Sie strahlt und streichelt ein paar Minuten lang mit Kommentaren wie ›Streicheln! Guck ma Penis! Groß! Ma ssumachen! Mach ma klein!‹ Dabei kniet sie neben mir, lacht und bewegt vom ganzen Körper nur die Hände. Ich versuche ein paarmal, sie zaghaft auf ihre Vagina anzusprechen, sage, daß ich sie auch ganz gern streicheln würde, wodurch sie sich aber nicht unterbrechen läßt. Dann kommt doch eine ›Reaktion‹: Sie packt meinen Pimmel mit der ganzen linken Hand, will sich die Strumpfhose runterziehen und sagt: ›Ma reinstek-

ken‹. Ich hatte zwar sowas erwartet..., war aber doch so
gehemmt, daß ich schnell sagte, er sei doch wohl zu groß.
Darauf gibt Grischa sofort ihre Idee auf, läßt sich aber die
Vagina sehr zurückhaltend streicheln. Dann holt sie einen
Spiegel, in dem sie sich meinen Pimmel und ihre Vagina im-
mer wieder besieht. Nach erneutem Streicheln und Zumach-
Versuchen kommt wieder der Wunsch ›reinstecken‹, diesmal
energischer als zuvor. Ich: ›Versuch's mal!‹ Sie hält meinen
Pimmel an ihre Vagina und stellt dann resigniert fest: ›Zu
groß‹.«[19]

Kaum ein Dokument innerhalb der Literatur über antiautoritäre Erziehung hat soviel Aufsehen erregt wie diese
Szene zwischen dem Kommunarden Eberhard Schultz und
der dreieinhalbjährigen Grischa. Der deutsche Kinderschutz-
bund protestierte, und es fehlte nicht an Hinweisen darauf,
daß viele Männer für weit weniger intime Kontakte mit
Kindern für Jahre ins Gefängnis wandern.

Das spricht aber keineswegs für die Verwerflichkeit dessen, was in der Kommune II geschehen ist, sondern nur gegen die entsprechenden Strafgesetze, die eine geradezu ab-
surde Einstellung widerspiegeln. Der Vater, der sein Kind
mit einem Holzprügel schlägt, ihm mehrere Knochen bricht
und möglicherweise eine lebenslange geistige Behinderung
verursacht, wird für diesen Mißbrauch seines (ihm gesetzlich
zustehenden) Züchtigungsrechtes allenfalls zu einer dreimo-
natigen Gefängnisstrafe mit Bewährung verurteilt. Der »Sit-
tenstrolch« aber, der die Genitalien desselben Kindes einige
Minuten lang zart berührt und ihm nichts weiter zuleide tut,
muß mit einer mehrjährigen Freiheitsstrafe rechnen.

Dennoch ist es auch notwendig, sich der potentiellen Gefahren bewußt zu bleiben, wenn der Erwachsene die Kinder
mit seinen Genitalien spielen läßt und von den Kindern erwartet, endlich selbst zu realisieren, daß Vater oder Mutter
nicht die geeigneten Geschlechtspartner sind. Labile Menschen werden der scheinbaren »Verführung« durch das Kind

19 Kursbuch 17/1969, S. 169.

nicht widerstehen können und massiv sexuell reagieren; die »bejahte« Sexualität wird zum Schlüssel eines Traumas, das möglicherweise seine weitere Entwicklung überschattet. Freud hat eine Zeitlang sogar erwogen, systematische Neurosen-Vorbeugung dadurch zu betreiben, daß man alle Erlebnisse fernhalte, welche »ein vorzeitiges Aufflammen der kindlichen Sexualität hervorrufen könnten«. Er ließ diesen Gedanken allerdings im Hinblick darauf fallen, daß bereits das Kind angesichts seiner sexuellen Strebungen (wir wissen, daß Freud diesen Begriff sehr weit gefaßt hat)[20] eines üben muß, wovon in der antiautoritären Erziehung sehr wenig die Rede ist: den Verzicht. Sonst, so fürchtete Freud, würde der in der »Pubertät zu erwartende Ansturm der Sexualforderungen« das Kind widerstandslos treffen.

Ein weiteres Risiko, das eine manipulierende Bejahung der kindlichen Sexualität mit sich bringt, liegt endlich darin, daß wir gar nicht genau wissen, was eigentlich kindliche Sexualität ist. Man hat mit Recht darauf hingewiesen, daß Freud sehr heterogene Beobachtungen unter diesem Begriff zusammenfaßte: Die »orale Phase« mit ihrer Sauglust und der Neigung des Kindes, alle erreichbaren Dinge in den Mund zu stecken, gehört wahrscheinlich nicht in den Triebkreis des Sexus, sondern in den der Nahrungsaufnahme. Viele Säugetiere machen eine durchaus vergleichbare orale Phase durch, die für einen (angeborenen) Sauginstinkt spricht.

Was Freud die »anale Phase« nennt, die Lust des Kindes am eigenen Kot, am Kotschmieren, sein Verweigern des Töpfchengehens – sind wohl kulturelle Artefakte, die mit der Menschennatur nichts zu tun haben, sondern erst dann entstehen, wenn man in der Kinderstube auf eine gründliche, frühe »Sauberkeitserziehung« großen Wert legt. Kin-

20 Freud definierte die kindliche Sexualität als »polymorphpervers«: Das Kind gewinnt sexuelle Lust zuerst aus der Mundzone (orale Phase), dann aus der Betätigung der Schließmuskeln (urethrale und anale Phase). An sie schließt sich die »Frühblüte der kindlichen Sexualität« in der »phallischen Phase«, in der sich die Lustempfindungen im Genitale konzentrieren.

der, denen man es selbst überläßt, den Zeitpunkt ihres Sau-
berwerdens (in der Regel zwischen zwei und drei Jahren)
zu bestimmen, schmieren meines Wissens niemals mit Kot.
Auch müssen wir bedenken, daß das natürliche Milieu des
Menschen die Tropen sind, in denen Kinder ruhig nackt her-
umlaufen können, ohne sich zu erkälten; in einer solchen Umwelt ist die Sauberkeitserziehung kein Problem, eine »anale
Phase« existiert nicht. Was manche psychoanalytisch informierten Erzieher für naturgemäße Ereignisse einer »analen
Phase« halten, sind also lediglich (deshalb aber nicht unbedingt weniger wichtige) Kunstprodukte kultureller Einflüsse. Wenn die Reinlichkeitsplage wegfällt, ist es auch überflüssig, Kindern den angeblich psychohygienischen Wert des
Spiels mit Schmutz und des Fingermalens nahezubringen.

Wenn wir nicht wissen, was kindliche Sexualität eigentlich ist, welche Bereiche sie umfaßt und wie groß ihr Stellen-
wert im Leben des einzelnen Kindes ist (und das wissen wir
tatsächlich nicht!), dann ergibt sich die Folgerung, daß
wir »die kindliche Sexualität« nicht »fördern«, sondern
ihr nur mit Toleranz begegnen können (wobei diese Toleranz
ein – nicht manipulierendes – Bejahen einschließt). Man
darf nicht übersehen, daß das, was Freud als sexuelle Entwicklung des Kindes beschreibt, die – richtig und genau beobachtete – psychosexuelle Entwicklung des Kindes in einer
einzigen Kultur während einer Epoche maximaler Sexualverdrängung war. Die Kinder der viktorianischen Zeit, zur
rigorosen, fassadenhaften Moral der Erwachsenen noch unfähig, spiegelten den Widerspruch dieser Moral kraß wider.
Je mehr ihre Umwelt forderte, daß sie gar keine sexuellen
Impulse haben dürften, desto nachdrücklicher und unabweis-
licher traten diese ans Licht, desto weitere Bereiche der kindlichen Phantasie beschäftigte das von den Erwachsenen mit
soviel Emphase abgewehrte Gebiet. Man hat einmal ein ein-
faches Experiment angestellt und einem gesunden, aktiven
Kleinkind ausdrücklich und wiederholt verboten, sich mit
einem kleinen, dunklen Fleck an der Wand zu beschäftigen.
Nach wenigen Tagen war dort, wo früher dieser Fleck war,

ein Loch im Putz. Im vergangenen Jahrhundert hat eine ganze Kultur es unternommen, Kindern und Jugendlichen zu verbieten, sich mit ihren Geschlechtsorganen zu beschäftigen. Die Lehren von Sigmund Freud und Wilhelm Reich zeigen sehr deutlich die Folgen dieser Verbote[21]. Doch geht es nicht

21 Bürgerliche Prüderie ist viel gründlicher und verhängnisvoller gewesen als kirchliche Vorschriften. Ignatius von Loyola, der sonst kaum eine Sünde ausläßt, erwähnt etwa die Selbstbefriedigung (Masturbation, Onanie) überhaupt nicht, der man im 19. Jahrhundert ganze Traktate widmete, in der man dieses angebliche Laster für alle Krankheiten von der Tuberkulose bis zum Irrsinn verantwortlich machte. Sinnreiche Apparate wurden konstruiert, die den Penis stachen, sobald er sich aufrichtete; es gab Anti-Onanie-Gürtel und kleine Käfige, die ein Glockensignal im Zimmer der Eltern tätigten, sobald sich der Sohn eine Erektion zuschulden kommen ließ.

Im Jahre 1827 empfahl der preußische Arzt und Staatsrat Weinhold seinem Innenministerium, alle Soldaten und alle Männer mit einem Einkommen unter einem bestimmten Minimum zu »infibulieren«, das heißt, durch ein oder zwei Schnitte in der Vorhaut einen Metallring zu ziehen, der Erektionen nurmehr schmerzhaft sein läßt. Die Kastrationsdrohung wurde in dieser Zeit nicht nur von erzürnten Eltern ausgestoßen, sondern von Ärzten sogar teilweise verwirklicht: Man ätzte die Eichel des bei der Masturbation Ertappten mit Höllenstein, brannte sie mit dem Glüheisen oder schmierte das (stark krebserregende) Krotonöl auf das Glied, so daß es eiterte. Bei Mädchen vernähte man die Schamlippen über der Klitoris oder ätzte Teile der großen und kleinen Labien weg, denn – wie ein Werk von 1883, zur Zeit des Paris-Aufenthaltes von Sigmund Freud sagt – »große Leiden erfordern große Heilmittel«. Der revolutionäre Charakter von Freuds Lehre wird erst vor dem Hintergrund solcher sadistisch ausagierter Prüderie deutlich.

Übrigens: Die gegenwärtige »Sexwelle« bestätigt nur, daß mehr Freiheit nötig wäre; sie befreit nicht etwa selber. Kunden für aufklärerisch vermummte oder offene Pornographie sind beileibe keine sexuell freien Menschen, sondern sie suchen ihre sexuellen Hemmungen und ihre verborgene Leibfeindlichkeit nachträglich zu überspielen. Wirklich frei erzogene Menschen (darauf hat bereits A. S. Neill hingewiesen) sprechen auf Pornographie nicht an.

Zur Geschichte der Sexualfeindschaft siehe auch Jan van Ussel, Sexualunterdrückung – Geschichte der Sexualfeindschaft, Hamburg 1970.

an, ein Kunstprodukt, das nicht ohne eine zeitgebundene, massive Unterdrückung der kindlichen Sexualität zu verstehen ist, als »kindliche Sexualität« schlechthin zu bejahen und das als natürlich zu fördern, was im Grunde durch die Reaktion auf höchst unnatürliche, ja naturfeindliche gesellschaftliche Norm geprägt wurde. Man darf erwarten, daß für das frei erzogene, zu Einsicht und Sensibilität geführte Kind die Sexualität vor der Geschlechtsreife nicht bedeutungsvoller (aber auch nicht bedeutungsloser) ist als Essen oder Trinken. Daß es sich hier nicht um utopische Erwartungen handelt, verdeutlichen kulturanthropologische Studien (Malinowski, Mead).

IX. Frustration und Verwöhnung

Jede neue Erziehungsrichtung greift seit langem bestehende Fragen wieder auf und formuliert neue Antworten. Heute ist es vor allem die Spannung zwischen Verwöhnung und Frustration, zwischen Gewähren und Versagen, die neu angesprochen wird. Schrankenloses Gewähren scheint auf den ersten, flüchtigen Blick hin die Maxime der antiautoritären Erziehung, angesichts derer sich schon viele abwenden und feststellen, daß man Kinder doch nicht so verwöhnen dürfe. Deshalb ist es nötig, den Begriff der Verwöhnung genauer zu analysieren, um herauszufinden, ob hier wirklich ein Zusammenhang mit der antiautoritären Auffassung besteht. Vor allem soll Klarheit über die Alternative von Frustration (darunter versteht man jede Versagung eines Wunsches oder Bedürfnisses) auf der einen, Verwöhnung auf der anderen Seite gewonnen werden. Beide Begriffe drohen zu Schlagworten zu werden, die den Eltern eher Angst machen als ihnen richtige Entscheidungen zu ermöglichen. An welchem Punkt geht das Vermeiden von Frustrationen in Verwöhnung über? Lassen sich Frustrationen überhaupt vermeiden?

Schlagworte werden in der Erziehung vor allem dann gefährlich, wenn sie dazu führen, daß nur noch in Alternativen gedacht wird. Auf diese Weise engt sich der Blick auf die Reaktionen des Kindes, auf seine Wünsche und Ansprüche immer mehr ein. Die wißbegierige Mutter, die alles recht machen möchte, gerät in einen Engpaß; da nützen ebenso einprägsame wie vage Maximen vom goldenen Mittelweg, dem gesunden Menschenverstand, dem rechten Maß nur noch wenig. Nun sind gewiß die Psychologen selber (und von ihnen oft gerade die populärsten) nicht von der Verantwortung für solche Hohl- und Holzwege freizusprechen. Sie haben manche dieser Schlagworte nicht genügend kritisch durchleuchtet, ja sie einfach übernommen.

Das gilt auch für die einengende Alternative zwischen Frustration und Verwöhnung in der Erziehung. Unser kulturhistorischer Rückblick hat gezeigt, daß man lange Zeit die Ansicht vertrat, zu wenig Härte sei notwendig schädlich; »wer seinen Sohn liebt, züchtigt ihn«, heißt es im Alten Testament. Während wohl noch drei von vier deutschen Kindern gelegentlich geschlagen werden, ist heute doch das Problem der Verwöhnung weit mehr in den Blickpunkt der Aufmerksamkeit gerückt.

Verwöhnen wir unser Kind nicht zu sehr? fragen sich besorgte Mütter, wenn sie etwa ihr Töchterchen nicht zwingen, unerwünschte Speisen aufzuessen oder unerwünschte Besucher mit einem freundlichen Lächeln zu begrüßen. »Verwöhnte« Kinder – sind sie nicht zimperlich und übermäßig anspruchsvoll, egozentrische Stars oder klägliche Heimchen, die von ihren Mitmenschen schrankenlose Hingabe erwarten, aber selbst nicht bereit sind, zu verzichten? Wie war der Zeitungsartikel noch neulich über den verwöhnten Sohn des reichen Rechtsanwalts, der als Autodieb ertappt wurde, weil ihm der Vater einmal den Schlüssel zum Familienwagen verweigerte? Hat nicht irgendein Arzt neulich behauptet, alle Rauschgiftsüchtigen seien maßlos verwöhnt worden? So bleibt den Eltern nur die oft bange Wahl zwischen Härte und Verwöhnung. Härte, Lieblosigkeit, mangelnde Bestätigung schüchtern den Entfaltungsdrang des Kindes ein, sie lähmen seine Selbständigkeit, prägen einen schüchternen oder jäh-aggressiven Menschen, sagt etwa Harald Schultz-Hencke[1]. Verwöhnung andrerseits kann nicht minder schädlich sein; verwöhnte Kinder – so Alfred Adler[2] – neigen dazu, ihre Umgebung zu erpressen, sich stets in den Mittelpunkt zu rücken, sich alles herauszunehmen. Später, wenn die Eltern es nicht mehr verwöhnen können, leidet das Kind unter der rauhen Atmo-

1 H. Schultz-Hencke, Der gehemmte Mensch, Stuttgart 1967.
2 A. Adler, Menschenkenntnis, Zürich 1947.

sphäre außerhalb des »tropischen Klimas« im eigenen Elternhaus. Fordert man aber zuviel, sagt Adler – zwingt man das Kind, sich durchzusetzen, seine Gefühle zu kontrollieren, dann kann es eine betonte Gefühlsscheu entwickeln und später Schwierigkeiten in mitmenschlichen (vor allem erotischen) Kontakten haben.

Was ist Verwöhnung denn eigentlich? Was bedeutet dieser Begriff, der wie eine Potemkinsche Fassade ganz verschiedene Erziehungslandschaften eher verdeckt als beschreibt und heute auch sehr oft die Eltern von einer kritischen Prüfung der antiautoritären Erziehung abhält, da ja in ihr die Kinder angeblich »nur verwöhnt« werden? Die meisten Mütter oder Väter werden wohl sagen: Verwöhnung – ja, das ist wenn man dem Kind keinen Wunsch abschlägt, wenn man alles macht, was es will. Ist es mit dieser Antwort aber wirklich schon getan? Muß man nicht auch fragen, *warum* die Eltern ihrem Kind nichts abschlagen, und ob sie ihm wirklich *keinen* Wunsch versagen?

Fragt man so, dann spaltet sich die angebliche Verwöhnung in mindestens zwei ganz verschiedene Erziehungsformen auf: Die *Überbeschützung* und die *emotionale Vernachlässigung,* welche durch materielle Erfüllung der kindlichen Wünsche ausgeglichen wird, meist mehr schlecht als recht. In beiden Fällen werden keineswegs alle Wünsche des Kindes erfüllt, sondern man versagt ihm entweder die freie Entfaltung (Überbeschützung) oder die emotionale Zuwendung. In der Regel hat man ganz einfach keine Zeit für das Kind.

Kinder aus Familien, in denen die Eltern alles hergeben, was ein Kind haben will, außer ihrer kostbaren Zeit – das sind die angeblich »verwöhnten«, im Grunde aber unter schweren Versagungen leidenden Kinder. Und wenn die Eltern dann sagen, sobald es schiefgeht, »ich habe den Jungen einfach zu sehr verwöhnt« – dann entschuldigen sie, daß sie ihn vernachlässigt haben, daß sie die wirklichen Bedürfnisse des Kindes nicht zur Kenntnis nahmen, sondern nur seine materiellen Wünsche befriedigten.

Ob es einem Kind schadet, wenn man geduldig alle seine

Wünsche erfüllt, die es äußert, solange das möglich ist (denn wenn die Realität diese Wünsche verweigert, muß der Erzieher dieses Verweigern dem Kind begreiflich machen) – das ist noch keineswegs erwiesen. Sicher aber entschuldigen sich viele Eltern vor sich selbst, wenn sie ihrem Kind einen Wunsch versagen (und anfänglich wünscht das Kind ja meist nur eines, nämlich die Zeit der Eltern beanspruchen zu dürfen, und mit dieser Zeit ihre ungeteilte Zuwendung), daß man »Kinder ja nicht verwöhnen dürfe«.

Wichtig ist allerdings, daß man in der Erfüllung dieser Wünsche die beiden wichtigsten Erziehungsziele – Einsicht und Sensibilität – nicht außer Acht läßt. Das geschieht oft in der überbeschützenden Erziehung, in der eine Mutter oder ein Vater (aus in der Regel unbewußten Motiven, über die wir noch sprechen werden) ihrem Kind *die Realität ersparen* wollen und ihm keine Einsicht in die Grenzen ermöglichen, an die das eigene Verhalten notwendig stößt.

Versteht man unter Verwöhnung aber wirklich nur das angemessene Erfüllen kindlicher Bedürfnisse und nicht ein reiches Angebot materieller Ersatzbefriedigungen – dann kann man Kinder eigentlich gar nicht genug verwöhnen. Freilich wird dieses Verwöhnen fragwürdig und unglaubwürdig, wenn der Erwachsene seine eigene Freiheit der Freiheit des Kindes opfert. Hier liegt eine Gefahr, auf die wir schon öfter hingewiesen haben: Der Versuch, eine bestimmte Erziehung nur unter dauernder Selbstüberwindung, Selbstverkrampfung oder Selbst-Mystifizierung durchzuhalten. Früher oder später bricht dann an einer unbeachteten Stelle durch, was man unterdrückte.

Es genügt, wenn der Erzieher notwendige Versagungen (Frustrationen) in nützliche Bausteine des kindlichen Ich verwandelt. Nur ein allmächtiger Erzieher könnte einem Kind jede Frustration ersparen. (Der Überbeschützende lügt es über die unausweichlichen Versagungen hinweg.) Wenn der Erzieher erwartet, das Kind werde später schon mit den harten Tatsachen zusammenstoßen, er selber wolle sich da nicht einmischen, dann folgt er nur der eigenen Bequemlichkeit, die sich gewiß leicht durch antiautoritäre Floskeln entschuldigen läßt.

Man muß sich hier noch einmal klarmachen, wie gefährlich das Denken in schablonenhaften Alternativen (»gewähren« – »versagen«) ist. Dann nämlich klammert man die naturnotwendigen Frustrationen aus, tut so, als ob es in der Macht der Eltern läge, ein Kind zu frustrieren oder es gewähren zu lassen. Tatsächlich können sie sich nur bemühen, die notwendigen Frustrationen besonders günstig zu gestalten, ihren Zeitpunkt so zu wählen, daß das Kind nicht überfordert wird, darauf zu achten, daß belastende Mittel seelischer Kontrolle (Angst, Verdrängung) durch weniger belastende und entwicklungsgeschichtlich hochwertigere (Einsicht, Sensibilität) ersetzt werden. *Was als nicht-frustrierende Erziehung beschrieben wird, das angeblich schrankenlose Gewährenlassen, ist tatsächlich nur eine Erziehung durch besonders harte, ungemilderte Frustrationen.* Da diese Kinder ohne jede Hilfe bleiben und deshalb nur mühsam lernen, mit Frustrationen fertig zu werden, reagieren sie oft ungehemmt aggressiv. Ihr Ich, ihre seelische Kontrolle der Triebwünsche ist unentwickelt geblieben, weil man sie nicht durch eine allmähliche, liebevolle und den Sinn der Grenzen einsichtig machende Erziehung lehrte, Frustrationen zu ertragen[3].

Zu den populären Mißverständnissen der Psychoanalyse gehört die Ansicht, Freud selbst hätte dem uneingeschränkten Ausleben von Triebimpulsen das Wort geredet, während er tatsächlich nie einen Zweifel daran ließ, daß sich ein Mensch in unserer Kultur nur dann gesund entwickeln kann, wenn er lernt, Triebwünsche zu kontrollieren. Allerdings gibt es eine Reihe von Gründen, die dafür sprechen, daß diese Kontrolle ebenso wie die Antriebe in der biologischen Natur des Menschen verwurzelt ist, daß es also nicht darum geht, jedes Stück Selbstkontrolle dem Kind aufzuzwingen,

3 Mit Recht hat Gisela Ammon die Übung der »Frustrationsregulation« zum Leitprinzip des Psychoanalytischen Kindergartens in Berlin erhoben. S. G. Ammon, Der Psychoanalytische Kindergarten. Pinel-Publikationen, Berlin 1970.

sondern nur darum, eine möglichst günstige Umwelt zu bieten, in der sich die natürlichen Ich-Anlagen entwickeln können.

Sind Versagungen notwendig, dann heißt das freilich noch nicht, daß man nun aus rein pädagogischen Gründen ein Kind hie und da frustrieren muß. Dieses Mißverständnis führt die autoritäre Pädagogik durch ein Hintertürchen wieder ein, nachdem sie doch eben vorne geräuschvoll hinausgeworfen wurde. Kernelement dieser autoritären Tendenz sind die Erziehungsmaßnahmen »aus Prinzip«. Indem sie die Frustration als *willkürlich* erscheinen lassen, lehren sie das Kind nicht, Frustrationen zu ertragen, sondern nur, sich angesichts eines übermächtigen Erziehers (später: Vorgesetzten) zeitweilig zusammenzunehmen. Frustrationen sind nur dann sinnvoll, wenn man aus ihnen etwas lernen kann, wenn also durch sie das Realitätsprinzip durchschimmert. Es ist beispielsweise fast immer ungünstig, auch im Erwachsenenleben, wenn man anderen Menschen Eigentum wegnimmt oder sie körperlich angreift. Versagt man einem Kind, das zu tun, und begründet man dieses Verbot (›du darfst Maria nicht vom Stuhl schubsen, sie kann hinfallen und sich weh tun; stell dir vor, sie macht das mit dir!‹), dann erfährt es eine Grenze, die für sein ganzes Leben gültig ist.

Versagt man hingegen dem Kind »aus Prinzip«, daß es sich etwa bei Tisch selbst aussuchen darf, was es essen will, daß es – wie es für den Erwachsenen selbstverständlich ist – sich die Kleider selber aussucht (ein realistisches Gebot wären warme Kleider im Winter!) – dann erhöht man nicht die Ichstärke (das heißt die Fähigkeit, später Frustrationen zu ertragen, ohne neurotisch zu erkranken oder aggressiv zu reagieren), sondern mindert die Spontaneität.

Verbote, die nur für Kinder gelten, sind also eher schädlich als nützlich, sobald sie nicht mehr dazu dienen, das Kind vor unmittelbarem Schaden zu bewahren. Solche Verbote machen einen großen Teil jener Maßnahmen aus, die man mit Recht als autoritär brandmarkt. Man könnte sie auch schlicht unhöflich nennen. Im Kind wird kein selbständiges Individuum anerkannt, das ein Recht auf eigene Ansichten hat und nicht öfter nachgeben muß, als auch sein Gesprächspartner nachzugeben bereit ist. Der Erwachsene darf sagen »halt den Mund«; wehe, wenn es das Kind sagt. Der Erwachsene darf fluchen; das Kind wird dafür bestraft. Der Erwachsene darf schlagen; wehe, wenn das Kind zurückschlägt. Diese Erziehung ist es, die eine ungenügende Verhaltenskontrolle aufbaut, weil das Kind ja nicht lernt, mit der Wirklichkeit fertigzuwerden, sondern nur sich an die mehr oder weniger neurotischen Vorurteile seiner Eltern anzupassen.

Der Begriff der Verwöhnung enthüllt sich also, näher betrachtet, als Schablone, welche die wesentlichen Fragen im Umgang mit dem Kind eher verdeckt als erläutert. Sicherlich ist es oft notwendig, kindliche Triebimpulse zu versagen (worauf sogar Wilhelm Reich immer wieder hingewiesen hat). Doch darf diese Frustration nicht als Absage an die kindlichen Bedürfnisse verstanden werden; es handelt sich vielmehr um Grenzen, welche die Realität und nicht elterliche Willkür dem Kind setzt. Diese Grenzen müssen so dargestellt und begründet werden, daß das Kind ihren Sinn versteht. Nur dann kann es später Frustrationen verarbeiten. Scharf zu trennen von dieser Befriedigung der kindlichen Bedürfnisse ist die Gleichgültigkeit und das *laissez faire*, das auf Vernachlässigung des Kindes hinausläuft, aber gerne als Verwöhnung (oder, zeitgemäßer, antiautoritäre Erziehung) gerechtfertigt wird. Hier eine Fallschilderung[4], in der dieser Gegensatz von freier und gleichgültiger Erziehung deutlich wird. Ein 16jähriger Rauschgiftsüchtiger:

»Eigentlich wäre ich nie hierhergekommen, aber ich hab bald ne' Verhandlung und da macht es sich gut, wenn ich vorher beim Psychologen war. Sonst, sage ich ihnen ganz ehrlich, scheiß ich auf so Leute wie Sie. Sie helfen doch nur dem Spätkapitalismus, Sie wollen aus mir doch nur einen leistungsfähigen Typen machen, damit ich für meinen Chef die

4 R. Grigat, R. Kemmler, Autoritäre oder antiautoritäre Erziehung, München 1970.

Kohlen anschaffe ... Meine Eltern waren nicht schlecht. Ich durfte alles. Geraucht habe ich mit 13, meine erste Frau hatte ich mit 14. Wenn ich etwas wollte, habe ich es bekommen. Sie wollten unbedingt modern sein. Es war stinklangweilig, pausenlos hat mich das angeödet, bis es mir zu dumm wurde. Alles was ich an Bargeld zu Hause gefunden habe, habe ich mitgehen lassen. Ich bin quer durch Europa getrampt. Jeden Tag mal high, 'ne Frau und so. Das ist ein Gefühl, so ange-turned, so richtig stoned ... Was aus mir wird, weiß ich nicht. Ich glaube, die würden mich sogar wieder aufnehmen, weil sie großzügig und liberal sein wollen. Ein bißchen links macht sich gut.«

Diese Eltern sagen: »Wir haben antiautoritär erzogen und wir sind gescheitert«. Sie haben aber nicht freiheitlich erzo-gen, sondern gleichgültig. Was diesem Süchtigen fehlt, ist eben die Fähigkeit, Versagungen zu ertragen, ohne auszurei-ßen oder in den Drogenrausch zu flüchten. Die Eltern sind in diesem (wie in vielen anderen ähnlichen Fällen) angese-hene Bürger mit hohem Einkommen, einem komfortablen Heim und sehr wenig Zeit. Ihre Jugend war nicht sehr schön, ihre Kriegsschicksale oft recht hart. Dem Idealismus, der von den Propagandisten des Dritten Reichs schamlos ausgenützt wurde, haben sie aufgekündigt. Jetzt wollen sie nachholen, wollen ihr Leben genießen, wobei Arbeit der wichtigste Weg zum »rechtmäßigen« Lebensgenuß scheint. Für die Kinder hat-ten sie nie Zeit; nie gaben sie sich Mühe, ihre Probleme zu verstehen und den Jugendlichen zu helfen, sich selber besser zu verstehen. Eine der wichtigsten Gefahren, die – unab-sichtlich – von den Vertretern der antiautoritären Erziehung provoziert wurde, liegt eben darin, daß Eltern, die ihre Kin-der vernachlässigen, sich glänzend gerechtfertigt sehen. Sie haben ja schon immer »antiautoritär« oder »repressionsfrei« erzogen. Es geht ihnen wie jenem Bauern, der den Kompo-nisten Haydn besuchte und, als er im Musikzimmer warten mußte, auf dem offen stehenden Flügel einige Töne anschlug. »Sie können Klavier spielen?« fragte der eintretende Kom-ponist. »Ja, grad hab ich's gemerkt«, erwiderte der Bauer.

Wieviel der inzwischen in Millionenauflagen verkauften Bücher über antiautoritäre Erziehung werden wohl nur deshalb so eifrig gelesen, weil Eltern ihr schlechtes Gewissen entlasten wollen? Zu einer Zeit, in der Mütter ebenso wie Väter in den Produktionsprozeß eingespannt werden, kommt das (mißverstandene) Konzept der Antiautoritären nicht nur den revolutionär Gesinnten zupaß, sondern auch jenen Industriezweigen, die von der Arbeit der Mütter ebenso profitieren wie von den materiellen Wünschen frustrierter Kinder, die sich – ob sie nun wollen oder nicht – in ihrem mit Spielzeug vollgestopften Kinderzimmer alle Freiheiten nehmen *müssen*.

Die Kehrseite der Medaille wird übersehen. Freie Erziehung kostet weit mehr Zeit, Anstrengung und Geld als die traditionell-autoritäre, während die pseudo-antiautoritären Eltern glauben, sie nähme ihnen auch noch jenen Aufwand an Zeit und Mühe ab, den sie für disziplinarische Maßnahmen und angestrengte Wachsamkeit in einer autoritären Erziehung aufbringen müßten.

Überbeschützende Fürsorge

Der Unterschied zwischen einem frei erzogenen und einem »verwöhnten« (tatsächlich emotional vernachlässigten) Kind ist deutlich geworden. Das vernachlässigte Kind lernt nur unvollkommen, Triebimpulse zu kontrollieren, da ihm jener Raum nicht gegeben wird, in dem die Versagungen einsichtig gemacht werden und die Realität als begrenzend, aber nicht grausam erlebt wird. Da das »verwöhnte Kind« die Wirklichkeit, deren Härte es endlich unvorbereitet und unvermittelt trifft, nicht als tragend, sondern als gefährlich erlebt, neigt es dazu, aus ihr in den Rauschgiftkonsum, in neurotische und psychotische Scheinlösungen zu fliehen, oder mißachtet die Spielregeln der Gesellschaft, deren Sinn es nie erleben konnte (die Folgen sind etwa »Luxusverwahrlosung« oder Wohlstandskriminalität).

Nun gibt es aber auch Kinder, die gewiß mit viel Zuwendung, mit einem hohen Maß an Opfern von seiten der Eltern erzogen wurden und trotzdem entweder seelisch krank werden oder gestörtes Verhalten zeigen. Auch diese Kinder galten oft als »verwöhnt«. Dieses Wort macht ja keinen Unterschied, ob nun ein Kind materiell üppig versorgt wurde, während die Eltern nie Zeit für es hatten, oder ob es allzu intensiv beschützt worden ist, wobei die Eltern ihm den freien Spielraum seiner Entwicklung beschnitten. Statt das Kind zu lehren, die Realität zu erkennen und den Sinn sozialer Spielregeln zu verstehen, suchten sie es vor der Wirklichkeit zu bewahren, indem sie die Familiengruppe vor der Realität durch einen Gummizaun (Wynne)[5] abtrennten.

Die Überbeschützung richtet, rein mengenmäßig gesehen, wohl weniger Schaden an als übermäßige Härte. Sie fällt aber deshalb besonders ins Gewicht, weil sie es viel leichter hat, sich vor Kritikern zu rechtfertigen, sich als vollkommene Mutterliebe zu tarnen und dem Betroffenen das Gefühl einzugeben, er sei dem überbeschützenden Erzieher, gegen den er häufig unbewußte Aggressionen verspürt, zu lebenslangem, tiefem Dank verpflichtet. Der amerikanische Arzt und Psychologe D. M. Levy[6] hat die »Overprotection« zuerst ausführlich beschrieben. Hier ihre wichtigsten Aspekte:

1. Die Mutter (hier stellvertretend für »Erziehungsperson«) bietet dem Kind exzessiven Kontakt. Das geschieht oft als Abwehrreaktion gegen unbewußte Haßgefühle. Eine Mutter von drei Töchtern konzentriert sich etwa gerade auf jenes (außerehelich geborene) Kind, das sie zunächst abtreiben lassen wollte. Motto: »Ich hasse dich bestimmt nicht, sondern liebe dich im Gegenteil ganz besonders; sieh doch, wie ich mich für dich aufopfere!« Allerdings ist anzumerken, daß die Abwehr verdrängter Aggressionen gegen das Kind (die etwa auch oft in der Überbeschützung behinderter Kinder deutlich wird) nicht bei allen Müttern vorliegt, die ihre Kin-

---

5 Siehe G. Bateson et al., Schizophrenie und Familie, Frankfurt 1969.
6 D. M. Levy, Maternal Overprotection, New York 1957.

der übermäßig behüten. Die Ursachen können auch in den familiären Prägungen der Mutter selbst zu suchen sein.

2. Die Mutter hält das Kind übermäßig lange in kleinkindlicher Obhut und infantilisiert es geradezu. Es handelt sich hier um Mütter, die noch ihre dreißigjährigen Kinder zum Arzt bringen, sie mit Wärmflaschen versorgen oder Gänge zu Behörden für sie erledigen. Zugrunde liegt ein Rückkoppelungsprozeß: Die Mutter geht, weil sich das Kind »ja doch so ungeschickt anstellt«, »immer das Wichtigste vergißt« oder »Angst hat«, während das Kind ja gar nicht lernen *kann*, sich geschickt anzustellen, keine Angst zu haben und nichts zu vergessen, weil ihm die Mutter immer alles abnimmt und mit düsteren Prognosen nicht zurückhält, wenn das Kind sich selbständig machen will.

3. Die Erziehungsperson verhindert unabhängiges und selbständiges Verhalten. Sie hat natürlich die besten Gründe: die Welt ist schlecht, die Menschen – Männer oder Frauen – sind unzuverlässig und nur bedacht, einen auszunützen. Verlassen kann man sich im Grunde nur auf einen – auf die Mutter.

Als im letzten Weltkrieg fast zwei Millionen junger Amerikaner wegen psychischer Störungen vom Kriegsdienst zurückgestellt wurden und 600 000 aus dem gleichen Grund aus der Army entlassen werden mußten, haben manche Psychiater vermutet, schuld sei hier einzig und allein die mütterliche Overprotection. Überfürsorgliche amerikanische Mütter würden ihre Söhne mit silbernen Ketten fesseln und ihnen die Entwicklung zu selbständigen und belastungsfähigen Persönlichkeiten versperren, behauptete etwa E. A. Strecker[7].

Hier kann man sehen, wie ein ursprünglich fruchtbarer Gedanke vereinfacht, übertrieben und dadurch weitgehend entwertet wird. Wenn eine Zeitlang die Überbeschützung für nahezu alle kindlichen Neurosen und Verhaltensstörungen verantwortlich gemacht wurde, so liegt das wohl daran,

7 E. A. Strecker, Their Mother's Sons. Philadelphia–New York 1951.

daß die überfürsorglichen Mütter in der festen Überzeugung, immer alles ganz besonders gut gemacht zu haben, psychologischen Fragen stets ein offenes Ohr schenkten. Die lieblosen, harten oder überfordernden Mütter haben sich den Wissenschaftlern bei weitem nicht so zugänglich gezeigt.

Viel detailliertere Forschungen ermöglichten die Familienstudien, bei denen – vor allem in den USA – ganze Familien über lange Zeit hin beobachtet und in ihrem wechselseitigen Verhalten (vor allem auch in ihrem Verhalten gegen ein schizophren erkranktes Mitglied der Familie) beobachtet wurden. Es zeigte sich, daß solche Familien stets deutlich krankhafte Formen des Gesprächs, der gegenseitigen Kommunikation haben: Man weiß Bescheid, was der andere denkt oder fühlt, ehe er es sagte. Man erwartet, daß der andere eine Botschaft ganz anders versteht, als sie formuliert ist (wenn die Mutter etwa sagt: »selbstverständlich mußt du nicht zu Hause bleiben«, dann weiß die Tochter genau, daß die Mutter das Gegenteil meint). Man grenzt die eigene Familie mit einem irrationalen Wertesystem von der Umwelt ab, gibt sich eigene »Mythen« (etwa Erzählungen von besonderen Familiengeschichten). Man verteidigt mit enormem Energieaufwand krankmachende Rollenbeziehungen, die keinem der Partner Gelegenheit geben, den Schritt zur Selbständigkeit zu wagen.

Hier handelt es sich freilich um einen Extremfall krankhafter Familienbeziehungen, durch die ein Familienmitglied (und zwar in der Regel der schwächste, am wenigsten widerstandsfähige Partner, meist ein Kind) seelisch so schwer geschädigt wird, daß es schizophren reagiert. Man begreift hier übrigens, warum man früher Geisteskrankheiten für »erblich« gehalten hat. Sie entstehen tatsächlich gehäuft innerhalb bestimmter Familien, freilich weitgehend durch soziale, nicht allein durch genetische Einflüsse (die ebenfalls eine Rolle spielen).

> ›Übertragung‹ nennt man die auffällige
> Eigentümlichkeit . . ., Gefühlsbeziehungen
> zärtlicher wie feindseliger Natur . . . zu
> entwickeln, die nicht in der realen
> Situation begründet sind, sondern aus
> der Elternbeziehung . . . stammen
>
> Sigmund Freud

Eine Frau, die seit jeher unter ihrem – wie sie glaubt – unscheinbaren Äußeren litt, hat ihre Jugend in schwerer Eifersucht gegen ihre bildhübsche und allseits bewunderte Schwester verbracht. Jetzt, selbst glücklich verheiratet, ist sie ziemlich sicher, diese Gefühle überwunden zu haben. Doch als sich ihre eigene Tochter aus einem schreienden Baby zu einem reizenden, schelmischen Kleinkind entwickelt, muß die Mutter erleben, wie sich ihr Mann bald an dem Töchterchen kaum noch sattsehen kann und in jeder freien Minute mit ihm spielt. Die anfangs so positiven Gefühle gegenüber der Tochter verwandeln sich allmählich. Sie nehmen, ganz ohne Wissen und Wollen der Mutter, eine eifersüchtige Tonart an. Obschon sie den Gedanken bewußt als absurd bekämpft, glaubt sich die Mutter von ihrem Kind ebenso bedroht, wie sie sich früher von der jüngeren, schönen Schwester bedroht fühlte. Ängstlich und argwöhnisch, sieht sie in dem Kleinkind bald nurmehr eine heimtückische Diebin, die ihr die Liebe ihres Mannes rauben möchte.

Die Mutter wird schwermütig; in Phantasien nimmt sie bereits ein Verhängnis vorweg, zu dem keinerlei realer Anlaß gegeben ist. Was sie als Kind erlebte, hat ihre Gefühle geprägt, ohne daß sie es weiß. Sie ist Opfer jenes Vorgangs geworden, den Freud zuerst in der Beziehung des seelisch Kranken zu seinem Psychotherapeuten beschrieben hat: Der Übertragung ursprünglich kindlicher Gefühlsprägungen auf spätere soziale Situationen. Diese Übertragung kann negativ sein, wie in dem eben geschilderten Fall (den wir von

Horst Eberhard Richter[8] übernahmen), sie kann aber auch positiv sein: Vater oder Mutter wollen, daß das Kind verwirklicht, was ihnen nicht gelungen ist.

Eine andere Mutter, die früher unter ihrer Unansehnlichkeit litt, könnte – statt zu befürchten, daß ihre Tochter sie bei ihrem Mann aussticht, wie früher die hübsche Schwester beim Vater – die Tochter quasi als eigenes Ich heranziehen, als hübsches, jüngeres Selbst. Die Erfolge der Tochter bei Männern sind ihre eigenen.

Dieser Tochter wird nicht die Angst der Mutter, sondern ihre imaginäre Hoffnung schaden, der Wunsch, in ihrem Kind gutzumachen, was sie an Beachtung und Anerkennung von seiten der Umwelt früher vermißte. Auch hier kann die Tochter nicht ihr eigenes Leben leben, sondern soll leben, was die Mutter nicht konnte. Viele Karrieren von Kinder-»Stars« spiegeln diese Projektion des »besseren Ich« der Mutter oder des Vaters wieder, in der menschliches Talent freigesetzt, aber auch menschliches Lebensglück zerstört werden kann. Wie oft, findet sich dieser soziale Vorgang in Familien mit einem geisteskranken Mitglied besonders deutlich. Als die Mutter einer schizophrenen Patientin wehklagend zusehen mußte, wie sich die Tochter ihre von der Mutter heiß geliebten Locken abschnitt, zeigte die Mutter später dem Arzt ein Jugendbild *von sich selber,* um ihm zu demonstrieren, wie schön die langhaarige Tochter gewesen sei.

Man kann eine ganze Reihe von Formen unterscheiden, in denen Eltern ihre Gefühle auf Kinder übertragen, die ursprünglich ihren eigenen Eltern, Geschwistern oder anderen Bezugspersonen galten. Eine andere, grundlegende Erziehungshaltung liegt darin, daß man im Kind entweder das eigene Ich-Ideal – also das Wunschbild dessen, was man gerne gewesen wäre – verwirklicht sehen möchte, oder aber im Kind jene Züge des eigenen Ichs bekämpft, die man sich selbst nicht eingestehen will, etwa die eigene Triebhaftigkeit, Faulheit oder sexuelle Perversion.

8 H. E. Richter, Eltern, Kind und Neurose, Stuttgart 1963.

Nach den bisherigen Erfahrungen spielen übertriebene Leistungsvorstellungen die wichtigste Rolle unter den elterlichen Ich-Idealen, die Kinder verwirren, ängstigen und seelisch verletzen. Das muß zwar nicht so extrem zugehen, wie in jenem von M. Porot[9] geschilderten Fall, wo eine Mutter allen Ernstes glaubte, ihr fünf Monate alter Sohn könne bereits die Zeitung lesen, weil er mit dem Finger den Zeilen folgte. Aber jeder Erziehungsberater kennt jene energischen Mütter, die im Brustton der Überzeugung versichern, ihr Sohn sei ja sehr begabt, ein hochintelligentes Kind, aber leider zu faul, und komme deshalb in der Schule nicht weiter. Wenn man nun die Begabung zu prüfen versucht, findet man, daß sie für die von den Eltern erwartete Laufbahn keineswegs ausreicht. Aber in vielen Familien gilt es eben als erstrebenswerter, einen gescheiterten und neurotisierten Akademiker zu produzieren als einen glücklichen und erfolgreichen Handwerker – um nur ein Beispiel zu nennen. In extremen Fällen werden sonderschulreife Kinder für genial begabt gehalten (und entsprechend bissig kritisiert, wenn sie nicht alles leisten, was man erwartet), oder sportliche Väter sehen in ängstlichen und schwächlichen Kindern künftige Champions und drangsalieren sie mit Boxunterricht.

Wie Richter gezeigt hat, kann die dem Kind aufgezwungene Rolle des Ideal-Ich in ihr Gegenteil umschlagen. Aus dem erhofften Wunderkind wird dann mit einem Mal der Sündenbock, das negative Selbst. Früher haben es die Eltern gegen jeden Zweifel verteidigt; jetzt greifen sie das Kind selbst an, mit einer zerstörerischen Abneigung, die ebenso heftig ist wie vordem die Erwartungen überspannt. Ein ehrgeiziger, 44jähriger Arbeiter, der mit Mühe die Volksschule hinter sich gebracht hat, erwartet von seinem schwächlichen und unterdurchschnittlich begabten Jungen größte Erfolge und fördert ihn durch Nachhilfe und Stärkungspillen, welche die Mittel der Familie nahezu erschöpfen. Schließlich bringt er ihn zum Psychologen, weil er eine Art Rezept erwartet, um

9 M. Porot, L'enfant et les relations familiales. Paris 1954.

den angeblichen »Hemmungen« des Kindes abzuhelfen. Er wird nur behutsam darüber informiert, daß er sich doch wohl zuviel erwarte. Doch diese Aufklärung, verbunden mit wiederholten Fehlschlägen in der Schule, beunruhigt den Mann und führt schließlich dazu, daß er seinen Sohn, den er bisher für über jeden Zweifel erhaben hielt, in Grund und Boden verdammt: »Aus dir wird doch nichts. Du bist eine völlige Niete. Wenn du Ostern wieder sitzenbleibst, dann wäre es besser für dich, du würdest krepieren ... Bei den Tieren sterben ja auch die lebensuntüchtigen ...« Plötzlich entdeckt der Vater auch, daß der Junge masturbiert, was ihm früher nie aufgefallen war. Er bestraft ihn brutal und erzählt ungeniert, den Burschen könnte er totschlagen[10].

Eine andere Krankengeschichte[11] zeigt vielleicht noch deutlicher, wie sich seelische Leiden in einer Familie von Generation zu Generation »vererben« können, weil die Eltern auf ihre Kinder jene Ängste und krankhaften Erwartungen übertragen, unter denen sie selber in ihrer Kindheit zu leiden hatten. Ein Mädchen, sehr fromm erzogen, wird in einem konfessionellen Heim beim Masturbieren ertappt. Sie erhält Schläge und wird zur Strafe in ein Zimmer eingesperrt, wo man hinter ihr die Stühle so zusammenschiebt, daß sie sich nicht vom Fleck rühren kann. Erst wenn sie erschöpft schreit, erlöst man sie aus dieser Lage. Wieder nach Hause gekommen, wird das Kind von der Mutter immer wieder vor sexuellen Manipulationen gewarnt. Als sie mit zwölf Jahren ihre Periode bekommt, weint sie und glaubt, sterben zu müssen (die Mutter hat sie nicht aufgeklärt und beurlaubt sie auch gerade an dem Tag aus der Schule, an dem die Lehrerin von Fortpflanzung spricht).

Wenn die Mutter Mädchen auf der Straße mit Jungen sieht, ist das in ihren Augen ein unverzeihlicher Frevel. Sie brüstet sich offen, das sie »das« mit ihrem Mann schon seit Jahren nicht mehr mache. Das Mädchen kämpft in der Pu-

---

10 Richter, a. a. O, S. 241.
11 Richter, a. a. O., S. 247 ff.

bertät erneut mit dem Wunsch, sich selbst zu befriedigen. Sie entwickelt einen regelrechten Waschzwang. Als sie 16 ist, verliebt sich ein junger Architekt in sie. Nun beginnt ein regelrechtes Martyrium: Die Mutter verhört ihr Kind stundenlang, nach jedem Treffen. Obschon der Mann ausgesprochen zurückhaltend und korrekt ist, will sich die Mutter den Verdacht nicht ausreden lassen, daß beide ganz schmutzige Dinge miteinander treiben. Sie läßt sich alles haarklein beschreiben und lauert geradezu darauf, daß endlich ein Hinweis fällt, der ihr Grund gibt, sich zu entrüsten.

Schließlich gibt das Mädchen, völlig zermürbt, die Beziehung auf. Ihre Verlobung mit einem Bauernsohn, zwei Jahre später, scheitert an einer Intrige. Verzweifelt und verwirrt gibt sie sich einem Kellner hin, weil ihr »alles gleich ist«. Sofort nachher gerät sie in schwere Angstzustände, beichtet alles ihrer Mutter, die sie nun mit Vorwürfen überhäuft und verlangt, sie müsse sofort den ungeliebten Mann heiraten.

Erst später, während einer Psychotherapie wird der Frau klar, daß die Mutter geradezu zwanghaft nach einem Anlaß suchte, die Tochter für ihre eigenen verdrängten sexuellen Impulse büßen zu lassen. Jetzt hatte sie eine Handhabe, sie mit moralischen Vorwürfen zu überschütten und ihr auch noch die Schuld am Tod des Vaters aufzuladen, der angeblich aus Kummer über die mißratene Tochter gestorben sei. Die Ehe mit dem Kellner, einem Alkoholiker, der seine Frau öfter prügelt, wird zu einer Hölle. Nach sechs Jahren ist sie so krank, daß er jedes Interesse verliert und sich scheiden läßt.

In der Klinik lernt sie nun ihren neuen Mann und ihre künftige Adoptivtochter kennen. Diese Tochter nimmt die Frau vor allem deshalb zu sich, weil sie sich mit der Mutter des unehelich geborenen Kindes identifiziert. Aber als die Scheidung endlich perfekt ist, zeigt sich, daß die lange Periode der Entwertung und Verteufelung der Sexualität nicht ohne Folgen geblieben ist. Obschon sie ihren Mann leidenschaftlich liebt, reagiert sie auf jeden Verkehr mit krampfartigen Schmerzen im Unterleib. Nur wenn sie Alkohol

trinkt, kann sie sich etwas über diese Hemmungen hinweg-
setzen.

Vollends verstört die Patientin, die jetzt endlich – äußer-
lich gesehen – ihr Glück gefunden hat, daß ihre kleine Adoptivtochter onaniert. Offenbar durch den Heimaufenthalt geschädigt, blieb die Dreijährige an den Lustgewinn durch die
Selbstbefriedigung gebunden. Die Mutter, die selbst als Kind
unter den harten Strafen für ihre Onanie litt, bekämpft nun
erneut – wie ihre eigene Mutter an ihr – an dem Kind die
eigene Sexualität. Dadurch richtet sie andererseits geradezu
zwanghaft die Aufmerksamkeit des Kindes auf das Onanieren und zwingt es, die einzige verbliebene Lustquelle immer
wieder auszuschöpfen. Jeden Tag wird die Kleine geprügelt,
ihre Hände werden mit Binden umwickelt, immer wieder
schleicht die Mutter auch nachts zum Kinderzimmer, um die
Kleine zu überwachen und »Dummheiten« zu verhindern.
Zwanghaft muß sie an den Händen des Mädchens riechen,
um festzustellen ob sich dieses wieder unten angefaßt habe.
Bitten des Ehemanns, doch geduldiger zu sein, sind wirkungs-
los.

Es ist leicht vorzustellen, daß sich dieses Kind ohne Hilfe
von außen genau so unglücklich entwickelt hätte wie
seine Mutter. Auch es hätte schließlich gelernt, die eigene
Geschlechtlichkeit zu verdrängen, sie in andere hineinzuse-
hen und in ihnen erbittert zu bekämpfen. Das kleine Mädchen war auf dem besten Wege, eben jener sexuell triebhafte
Sündenbock zu werden, zu dem ihre Pflegemutter von der
eigenen Mutter gemacht worden war. Glücklicherweise suchte
die junge Frau schließlich eine Erziehungsberatungsstelle
auf und unterzog sich einer psychoanalytischen Therapie, in
der sie die unbewußten Zwänge in ihrem Verhalten erkannte
und durcharbeitete.

Die Idee, daß der neue Mann zu gut für sie sei, der geschiedene, der trank und sie schlug, aber für einen so »ver-
dorbenen« Menschen der richtige gewesen sei, wurde ihr wieder bewußt. Erst allmählich verschwand die Phantasie, sie sei
tatsächlich jene »Dirne«, deren Rollenbild ihr die eigene Mut-

ter aufgezwungen hatte. Je mehr die Therapie fortschritt, desto seltener verspürte sie den Zwang, ihr Adoptivkind zu überwachen und für seine ›Dummheit‹ – das Onanieren – zu bestrafen. Und mit der Angst und Straflust der Mutter verminderte sich auch die Häufigkeit, mit der das Kind sich selbst befriedigen mußte, da es jetzt ja in der Lage war, eine tiefere Gefühlsbeziehung zur Mutter aufzubauen, die es nicht mehr beständig quälte (und sich eben dadurch den Anlaß verschaffte – nämlich das Onanieren – um das Kind weiter zu quälen). Eines Tages, als die Mutter dem Psychotherapeuten strahlend berichtet hatte, sie habe jetzt schon vier Wochen das Mädchen nicht mehr kontrolliert oder geschlagen, kam das Kind spontan zu ihr und erklärte: ›Mutti, jetzt fasse ich auch nicht mehr da unten hin!‹ Dem Kind war es jetzt leichter, die Rolle des »lieben Kindes« zu spielen, da man es nicht mehr in die Rolle des Sündenbocks zwang.

X. Erziehung und Evolution

Wir haben gesehen, daß ein Denken in Gegensätzen die tatsächlichen Probleme der Erziehung eher verdeckt als klärt. Solche ebenso einprägsame wie verfehlte Schemata sind etwa die Alternative zwischen »autoritärer« und »antiautoritärer« Erziehung, jene zwischen »harter« und »verwöhnender« Erziehung, und endlich auch jene von »negativer« (durch Unterlassen) und »positiver« Erziehung (durch Tun). In jedem Fall wird ein Idealtypus konstruiert, der denkbar sein mag, aber gar nicht praktiziert werden kann, werden die Eltern aufgefordert, ihr Verhalten schematisch zu beurteilen (»Was ich jetzt getan habe, war autoritär und deshalb schlecht«), werden letzten Endes Ausflüchte und Rationalisationen gefördert. Einsicht und Sensibilität kann nur der Erzieher ein Kind lehren, der selbst bereit ist, dem Kind mit diesen Eigenschaften entgegenzutreten. Er muß sehen, daß es nicht darauf ankommt, die richtigen Regeln zu finden und anzuwenden, sondern zu erkennen, welche eigenen Ängste und Erwartungen man auf die Kinder überträgt.

Diese Aufgabe mag unlösbar scheinen. Soll denn jedermann leisten, was in einigen hundert Stunden gemeinsamer Arbeit mit einem Psychologen oder Psychoanalytiker nur mühsam gelingt? Dennoch darf uns das Wissen um die Schwierigkeiten eines solchen Vorgehens nicht entmutigen. Es ist immer schlecht um eine Erziehung bestellt, in der ein Teil glaubt, der andere müsse alles von ihm lernen und er könne seinerseits nichts profitieren. Der Umgang mit den eigenen Kindern lehrt wahrscheinlich mehr als jede Psychotherapie, versteht man ihn als Informationsquelle zu nützen. Wir haben im letzten Kapitel zwei Krankengeschichten kennengelernt, in denen deutlich wurde, wie sich eine Familienneurose durch Erziehungsvorgänge von Generation zu Generation

»vererben« kann. Aber solche Symptomtradition kann auch durchbrochen werden. Die Pflicht, eigene Kinder zu versorgen, führt bei vielen Menschen dazu, daß sie zum ersten Mal ein ausgewogenes Verhältnis zu ihren eigenen Eltern finden. Wer von seinen Kindern keine lebenslange Dankbarkeit für die liebe Mutti erwartet, wird eher in der Lage sein, den Gefühlsansprüchen der eigenen Mutter zu widerstehen.

Zuchtmeister, die von der bunten Verhaltensvielfalt des gesunden, freiheitlich erzogenen Kindes nur jenen winzigen Ausschnitt übrig lassen, den sie als »gesittet«, »artig« oder »brav« kennzeichnen, schaden nicht nur ihren Kindern, sondern auch sich selbst. Sie verpassen die Chance, selbst weiterzukommen, im Miterleben des Werdens der kindlichen Persönlichkeit kritische Distanz zu den Prägungen zu gewinnen, denen sie selbst ausgesetzt waren. Und sie versagen sich auch eines der reizvollsten Schauspiele im menschlichen Leben: den Anblick eines gesunden, einigermaßen undressierten Kindes. Dieses Erlebnis sollte wirklich genügen, um in den Eltern jeden Anspruch auf bleibende Dankbarkeit auszulöschen: Wenn wir von unseren Kindern nicht soviel gehabt haben, daß sie unseren Einsatz an Geld und Zeit hundertfach vergalten, – dann ist das unsere Schuld, nicht die der Kinder. Mehr als die klügsten Psychologen und die belesensten Pädagogen können uns unsere eigenen Kinder über Erziehung lehren. Was ein Kind mit uns macht, wie es uns verwandelt, welche Gefühle es in uns wachruft, diese Fragen sind mindestens ebenso wichtig wie die nach den richtigen Maßnahmen, die wir da zu treffen haben. Es handelt sich hier nicht darum, Kinder zu »vergöttlichen«, wie manche Pädagogen meinen, welche unbedingt die »Strafe als Erziehungshilfe« beibehalten wollen[1]. Sondern es geht darum, das Kind als gleichberechtigt anzuerkennen, als einen Menschen, dem man Gebote und Verbote vernünftig begründen muß, wie man es doch auch selbst erwartet. Dem Mangel

1 B. Stoeckle, Strafe als Erziehungshilfe, München, 1969.

des Kindes an sachlichem Wissen um die Realität steht dabei ein großer Vorzug gegenüber (der auch eben dazu beiträgt, daß man sehr viel von Kindern lernen kann): Das Kind ist ein weitgehend unbeschriebenes Blatt. Es zeigt uns die menschliche Natur weit unverfälschter, als ein Erwachsener, weit unverfälschter auch als das kulturell geprägte Ideal, auf das hin wir es erziehen sollen. Und wenn sich dieses kulturelle Ideal und das tatsächliche Verhalten des Kindes widersprechen – muß es dann immer das Kind sein, das sich »falsch« benimmt, kann es nicht auch an dem kulturellen Ideal (»Kinder haben keine sexuellen Regungen«, »Ein Kind muß gehorchen, sonst wird es später zum Verbrecher«) liegen?

Zur Stammesgeschichte der Erziehung

Für jedes Erziehungsprogramm werden Argumente ins Feld geführt. Sie sind nicht immer gleich überzeugend, aber dennoch geeignet, viel Verwirrung zu stiften. Wer für die autoritäre Pädagogik plädiert, der sieht aus der antiautoritären nur »vorzeitig verbrauchte, altkluge und vorlaute« Kinder hervorgehen (übrigens, gerade weil alle drei Ausdrücke höchst negativ gemeint sind, eine für die pädagogischen Ideale dieses Autors bezeichnende Zusammenstellung) und macht für Folgen, die tatsächlich emotionaler Vernachlässigung zuzuschreiben sind, gerade die freie Erziehung verantwortlich. Sie sei es, welche die Sitten verwildern, die kriminellen Delikte ansteigen lasse. Wer für die antiautoritäre Pädagogik plädiert, der glaubt, jede andere Erziehung könne nur unglückliche und neurotische Menschen produzieren. Dabei werden Einzelfälle benützt, um Gesetzmäßigkeiten zu »beweisen«, Theorien, die vorläufigen Charakter haben, für absolute Wahrheit genommen, kurz, das gesamte Instrumentarium der in Agitation umfunktionierten Wissenschaft eingesetzt.

Angesichts dieser Situation scheint es schwer möglich, feste Anhaltspunkte zu finden. Andrerseits möchte man gerade in der Erziehung nicht darauf warten, bis sich die Wissenschaftler zu einer einheitlichen Auffassung durchdiskutiert haben, falls es überhaupt dazu kommen sollte. Man kann nicht sagen: Autoritär oder antiautoritär – die Sache ist mir noch zu sehr im Fluß. Vorerst erziehe ich meine Kinder mal gar nicht.

In dieser Lage ist es vielleicht nützlich, sich auf die Stammesgeschichte der Erziehung zu besinnen. Man geht dabei davon aus, daß auch der Mensch selbst von der Evolution des Lebens auf der Erde geprägt wurde. Es kann auch für die Erziehung nicht gleichgültig sein, wie die Evolution unsere Kinder »programmiert« hat, welches Maß an Erziehbarkeit sie anlegte. Es geht nun hier nicht darum, aus dem Verhalten von Buntbarschen, Graugänsen oder Pavianen mehr oder weniger überzeugende Schlüsse auf menschliches Verhalten und spezifisch menschliche Probleme zu ziehen. Vielmehr könnte ein kulturanthropologischer Vergleich die gewünschten »festen Punkte« der Erziehung liefern. Man müßte eine Stufe der Kulturentwicklung finden, eine menschliche Lebensform und in ihr eine Erziehung, die für den Menschen »biologisch richtig« ist.

Wir gehen dabei davon aus, daß auch der Mensch durch Mutation – also zufällige Veränderungen des Erbgutes – und Selektion – also die Auslese für das Überleben günstiger Mutationen – entstanden ist. Diese Hypothese legt uns nahe, einem kulturellen Stadium besondere Aufmerksamkeit zu schenken, das man meist als »altsteinzeitlich« kennzeichnet: dem Leben von Jägern und Sammlern. Im Zug des Lebens als Jäger und Sammler ist der heutige Mensch entstanden. Die Einflüsse, die er damals empfing und die ihn dieses kritische Stadium seiner Evolution überleben ließen, wirken bis heute.

Vorstufen menschlicher Kultur reichen zurück bis in das Ende des Tertiär, zwei Millionen Jahre vor unserer Zeit. Erst vor knapp zehntausend Jahren begann der Mensch Pflanzen und Tiere systematisch seinen Ansprüchen anzupassen, erst seit zweihundert Jahren verfügt er über Energiequellen, die seine Körperkräfte weit übersteigen. Von den rund achtzig Milliarden Menschen, die jemals auf diesem

Planeten lebten, waren über neunzig Prozent Jäger und Sammler. Und was noch wichtiger ist: Ihre Lebensform, die 99 von 100 Teilen der menschlichen Evolution erfaßte, war eine Zeit weit intensiverer genetischer Veränderungen als die Zeitspanne seit dem Neolithikum, als der Mensch die Landwirtschaft entdeckte und erste Städte gründete. Biologisch, in seiner körperlich-seelischen Grundstruktur, kann der Mensch also nur an ein Leben als Jäger und Sammler angepaßt sein[2]. In diesem Zeitraum erwarb er die Grundlagen seiner Kultur und jene Anpassungsfähigkeit, die ihm heute helfen muß, sich im Dickicht der Großstädte zurechtzufinden.

Wir müssen uns auch bewußt bleiben, daß diese Lebensform der Jäger und Sammler biologisch erfolgreicher war als jede andere. Sie hat mehr Menschen unter geringeren Gefahren überleben lassen als die Stadtkulturen (die Kriege führten) oder die Industriestaaten, die unter dem Damoklesschwert der Atomwaffen leben und von ökologischen Krisen bedroht sind (z. B. der weltweiten Umweltverschmutzung), die über keine wirksamen Methoden der Bevölkerungskontrolle verfügen und von sozialen Konflikten bedrängt werden. Die Frage ist noch offen, ob der Mensch in dieser von ihm selbst so einschneidend veränderten Welt überleben kann. Daß die Jäger und Sammler überlebt haben, wissen wir. Vielleicht wird einmal ein Archäologe von Alpha centaurus seinem Raumschiff entsteigen und nach langwierigen Ausgrabungen zu dem Ergebnis kommen, daß auf der Erde eine sehr primitive Kulturstufe lange Zeit bestand. Ihr folgte eine plötzliche technologische Blüte, die rasch von einer Schicht radioaktiver Asche bedeckt wurde. Nach den Gesetzen der archäologischen Stratigraphie (Analyse von Sedimentschichten) fallen der Beginn der Industriegesellschaft und ihr (potentielles) thermonukleares Ende fast zusammen.

2 In einem kurzen Buch »Jäger und Sammler« habe ich dieses wichtige Stadium ausführlich geschildert (Selecta-Verlag, Planegg 1972).

Ist es möglich, unser Wissen um die stammesgeschichtliche Entwicklung des Menschen und die Lebensform der Jäger und Sammler für eine naturwissenschaftlich begründete Pädagogik fruchtbar zu machen? Teilweise ja; wir wollen das an einem Erziehungsziel zeigen, von dem schon öfter die Rede war: der Einsicht in die Folgen des eigenen Tuns. Wenn man davon ausgeht, daß auch der Mensch durch die Auslese überlebensgünstiger Mutationen entstand, dann ist nach der Art möglicher Anpassungen an die natürliche Umwelt zu fragen. Sie können (wenn wir uns auf Verhaltensweisen konzentrieren) phylogenetisch sein, also durch die Erbanlagen übermittelt werden (man spricht dann entweder von Erbkoordinationen oder von Instinkten), oder ontogenetisch, also durch individuelles Lernen erworben. Ein Beispiel für stammesgeschichtlich erworbene, »angeborene« Fähigkeiten ist etwa der Flug vieler Vögel. Mauersegler wachsen in engen Nisthöhlen auf, in denen sie niemals die Flügel spreizen können. Sobald sie jedoch ausgewachsen sind und sich in die Luft schwingen, beherrschen sie mit einem Schlag die komplizierten Muskelkoordinationen und Steuerbewegungen, die ihr arteigenes Flugverhalten ausmachen[3].

Man hat lange darüber diskutiert, ob auch der Mensch solche stammesgeschichtlichen Anpassungen aufweist. Legt man die strenge Definition des Instinkts zugrunde, wie sie etwa Niko Tinbergen gibt[4], dann wird man sagen müssen, daß es eigentlich nicht gerechtfertigt ist, von menschlichen Instinkten zu sprechen. Allenfalls lassen sich Bruchstücke angeborenen Verhaltens nachweisen, sogenannte Erbkoordinationen, wie etwa das Saugverhalten des Neugeborenen oder

3 Viele weitere Beispiele bei K. Lorenz, Über tierisches und menschliches Verhalten. Gesammelte Abhandlungen Bd. I u. II, München 1964.

4 »Ein hierarchisch organisierter, nervöser Mechanismus, der auf bestimmte vorwarnende, auslösende und richtende Impulse, sowohl äußere wie innere, anspricht und sie mit wohlkoordinierten, lebens- und arterhaltenden Bewegungen beantwortet.« S. N. Tinbergen, The Study of Instinct. London 1951, Dtsch. Ausgabe Berlin 1956.

das Säuglingslächeln, das man mit Attrappen auslösen kann[5]. Ist nun aber das menschliche Verhalten nahezu ausschließlich erlernt, wie die amerikanische Psychologen-Schule des Behaviorismus annimmt? Ja und nein. Beim Menschen hebt sich nämlich der Gegensatz zwischen stammesgeschichtlicher und individuell-erlernter Anpassung auf. Er verfügt über eine besondere Form der Anpassung, die Züge beider Grundtypen aufweist und sie zu etwas grundsätzlich Neuem integriert: der Aufnahme einer bestimmten Kultur. In ihr werden Traditionen weitergereicht, wie in der Stammesgeschichte (also der Entwicklung der menschlichen Art) durch die Erbanlagen. Doch diese Traditionen sind keineswegs »angeboren«, sondern sie werden von jedem Menschen – vorwiegend während seiner Kindheit – durch Lernen erworben. Bei Tieren finden sich vergleichbare Traditionen nie. Bruchstücke hat man allenfalls in Affen-Sozietäten gefunden, welche etwa eine Tradition entwickeln können, Getreide von Sand durch eine Waschprozedur zu reinigen.[6]

Zu einem sehr frühen Zeitpunkt der menschlichen Entwicklungsgeschichte muß die kulturelle Evolution die individuell-biologische abgelöst haben. Es erwies sich, daß bestimmte, dem Überleben günstige Verhaltensweisen durch eine sozial-kulturelle Auslese rascher erworben werden konnten als durch die blinde biologische Auslese. Von den zahlreichen, kleinen Folk-Gesellschaften überlebten jene mit einer sozialen Struktur und kulturellen Leistungen, die sie – vielleicht nur um einen winzigen Schritt – effektiver machten als andere Gesellschaften. Dieser Schritt von der biologischen zur sozial-kulturellen Evolution ist für die Entwicklungsgeschichte des Menschen höchst bedeutsam und ein typisches

5 Ausführlicher diskutiert in: W. Schmidbauer, Methodenprobleme der Human-Ethologie, Studium Generale 24, S. 522–562, 1971, wo auch Konrad Lorenz zu meiner Kritik an humanethologischen Behauptungen Stellung nimmt.

6 S. Kawamura, The Process of Sub-Cultural Propagation among Japanese Macaques. In: Ch. H. Southwick (ed.) Primate Social Behavior, New York, S. 82–90.

Beispiel dafür, wie quantitative Unterschiede in qualitative umschlagen können. Denn er bezeichnet einen Zeitpunkt, an dem die rein genetische Auslese durch eine kulturelle ergänzt wurde, von dem an nicht das schlecht angepaßte Individuum, sondern die in bestimmten Details weniger funktionsfähige Gruppe (oder Kultur) »ausstarb« und andrerseits eine besser funktionierende Kultur sich langsam ausbreitete.

Da diese kulturelle Anpassung erheblich feiner und auch rascher arbeitet als die biologisch-stammesgeschichtliche, die ja auf zufällige Schwankungen des Erbgutes angewiesen ist, hatte dieser Vorgang vor allem eine biologische Konsequenz. Er lockerte die Starrheit der möglicherweise noch vorhandenen Instinkte und öffnete den Weg zu einem weiteren Spielraum der sozio-kulturellen Adaptation. Der Mensch mußte sich bald nur noch an eine Umwelt anpassen: an seine Kultur. Dieselben evolutiven Vorgänge, die in anderen Fällen Instinkte heranbilden, mußten ihn dazu führen, die seinen teils zu verlieren, teils umzugestalten. Der Mensch ist fähig geworden, die Folgen seiner Reaktionstendenzen, mögen sie nun angeboren oder erworben sein, vorwegzunehmen. Damit hat der Erwachsene keine Instinkte mehr, die man neben tierische Instinkte stellen könnte. In seinem Denken steht ihm ein »Probehandeln« (Sigmund Freud) zur Verfügung, das instinktive Adaptation weitgehend überflüssig macht. Die Einsicht in die Konsequenz des eigenen Tuns ermöglicht einerseits, daß sich eine Kultur entwickelt und wird andrerseits durch den Zwang zu kultureller Adaptation gefördert.

Wenn einmal im Verlauf der Evolution das einsichtige Denken entwickelt wurde, dann bildete sich folgerichtig ein Selektionsdruck aus, um diese Fähigkeit dauernd zu verbessern, die alle instinktiven Mechanismen an möglicher Präzision und vor allem an Geschwindigkeit der Informationsaufnahme und Wandlungsfähigkeit übertraf. Dieser Selektionsdruck mußte notwendig darauf gerichtet sein, die meisten »starren« Komponenten der Verhaltenssteuerung auszumerzen, da sie dem neuen, ungleich wirkungsvolleren Instrument der Verhaltenskontrolle im Wege standen. Andeutungsweise wird übrigens auch hier die Phylogenese (die Entwicklung der Art) durch die Ontogenese (die Entwicklung des Individuums) wiederholt: Im frühen Säuglingsalter haben sich die meisten Reste starrer, instinktiver Steuerungen des Verhaltens beim Menschen erhalten, zu einer Zeit also, in der die Fähigkeit zur Einsicht noch nicht entwickelt ist.

Zurück zur Erziehung: Wenn wir immer wieder den hohen Wert der Einsicht betont haben und uns gerade aus diesem Grund gegen autoritären Zwang, aber auch gegen jene antiautoritäre Pädagogik wandten, die es dem Kind völlig überlassen will, »sich selbst zu regulieren«, ohne daß jemand versucht, ihm seine Umwelt und den Sinn kultureller Spielregeln zu erklären, dann waren es nicht zuletzt unsere Ansichten über die menschliche Stammesgeschichte, die uns dazu veranlaßten, in der Erziehung zur Einsicht eine biologische Notwendigkeit zu sehen.

Das Problem der kindlichen Aggressivität

Noch eine weitere, für die Erziehung grundlegende wichtige Frage kann uns die Stammesgeschichte beantworten: Ist der Mensch wirklich ein Wesen mit einem angeborenen Aggressions-Instinkt? Trägt er tatsächlich eine Tendenz in sich, andere zu schädigen und zu verletzen, ja schließlich sich selbst zu zerstören, wie es Sigmund Freuds Behauptung eines »Todestriebs« aussagt? Mit Recht haben Verhaltensforscher wie Konrad Lorenz die Hypothese vom Todestrieb abgelehnt: Im Wechselspiel von Mutation und Selektion hätte sich nie eine biologisch derart widersinnige Tendenz herausbilden können. Doch hat Lorenz selbst eine Hypothese aufgestellt, die der Freuds weitgehend entspricht, aber auf die biologisch positiven Seiten eines Aggressionsinstinktes hinweist. Aggressivität hat ihren guten biologischen Sinn. Sie dient der Auslese des tüchtigsten Partners in der Fortpflanzung, dem Schutz der Nachkommen, dem Abgrenzen von Revieren.

Fragwürdig an dem Aggressions-Konzept von Lorenz und seinen Schülern ist aber, daß vielfach die Überzeugung geäußert wird, auch der Mensch werde instinktiv periodisch zu aggressiven Akten getrieben[7]. Man kann sich die Konsequenzen einer solchen Sicht für die Erziehung nicht einschneidend genug vorstellen. Irgendwo im Hirnstamm jedes Menschen arbeitet von Kindheit an ein Impulsgeber, der aggressive Wünsche aussendet, glaubt Lorenz. Man kann diesen Sender nicht unterdrücken, sondern sich nur bemühen, die entstehende Angriffslust in unschädliche Bahnen zu lenken – etwa in die Kampfspiele beim Sport, in verbale Auseinandersetzungen. Das wird aber oft mehr schlecht als recht geschehen.

Manchmal erscheint die von Lorenz vertretene Lehre vom Aggressionsinstinkt wie ein moderner Mythos, der viel Beunruhigendes auf eine einfache, leicht verständliche Formel bringt: Man muß sich nicht mehr fragen, welche geschichtlichen Faktoren, sozialen Mißstände, welches eigene Versagen mitspielt, wenn sich Aggressionen bemerkbar machen. Der Mensch ist nun einmal so – eine Bestie, mehr schlecht als recht gezähmt, unbedingt auf die führende Hand mächtiger Autoritäten angewiesen. Nicht ohne Grund gehört Lorenz zu den Gegnern der antiautoritären Erziehung, die er ohne Einschränkung mit ihrem Mißverständnis als *laissez faire* und emotionale Vernachlässigung identifiziert. Aber auch Freud, der an einen Todestrieb glaubte, hat jedem sozialen Optimismus abgesagt: »Unsere Seele«, sagt er, »ist ... einem modernen Staat vergleichbar, in dem eine genuß- und zerstörungssüchtige Masse durch die Gewalt einer besonnenen Oberschicht niedergehalten werden muß.«

Solche Lehren tragen die Gefahr in sich, jene Zustände, die sie pessimistisch beklagen, durch ihre eigenen Konsequenzen aufrechtzuerhalten, ganz ähnlich, wie die Lehre von der Erbsünde und der ursprünglichen Schlechtigkeit des Menschen.

---

7 Lorenz spricht in »Das sogenannte Böse« von einem »von Anthropoiden-Ahnen ererbten Aggressionstrieb«, der »ein echter, primär arterhaltender Instinkt ist«, den seine »Spontaneität ... so gefährlich macht« (S. 77).

Die Lehre vom angeborenen Zerstörungstrieb kann leicht mißverstanden werden und, ebenso wie die von einer angeborenen Neigung zur Sünde, in der Erziehung dazu führen, daß man das Kind für »schlecht«, für »bösartig« oder aggressiv von Geburt an hält. Der Erzieher wird annehmen, daß er das Kind mit allen Mitteln bändigen müsse, um es zu zähmen, seine natürliche Schlechtigkeit einzudämmen. Und gerade dadurch ruft er möglicherweise erst diese »Schlechtigkeit« hervor. Wer sein Kind nach der biblischen Regel erzieht: »Zerschlage seine Rippen, solange er noch klein ist, damit er nicht störrisch geworden dir den Gehorsam verweigere und dir deshalb deine Seele schmerze« (Jesus Sirach 30,12) – der soll sich nicht wundern, wenn sein Kind ein Träger jener Erbsünde wird, die man besser im Verhalten seiner Erzieher suchen müßte: der zerstörerischen Aggression. Kinderpsychologische Studien an einem der ersten psychoanalytischen Kindergärten Deutschlands, den Gisela Ammon in Berlin leitet, bestätigen das[8]: Kinder sind nie von Geburt an zerstörerisch aggressiv. Sie sind aktiv, suchen sich neugierig ihrer Umwelt zu bemächtigen. Erst wenn sie von Erziehern eingeengt werden, wenn man ihre Triebwünsche (meist wegen eigener Neurosen) ablehnt, die Kinder vernachlässigt, oder sie nicht als eigenständige Menschen akzeptiert, reagieren sie aggressiv-destruktiv. Gelingt es nun aber, im Verlauf einer Psychotherapie die Erzieher zu ändern, sie dazu zu führen, ihre eigenen unbewußten Triebwünsche zu akzeptieren und kritische Distanz zu den eigenen familiären Prägungen zu gewinnen, dann verliert sich auch die kindliche Zerstörungslust und verwandelt sich zurück in die ursprüngliche, positiv-aktive Auseinandersetzung mit der Umwelt.

Mit der Lehre von einem allen Menschen angeborenen Aggressionstrieb verträgt es sich zunächst einmal nicht, daß Aggressivität zu den menschlichen Eigenschaften gehört, die in verschiedenen Kulturen höchst unterschiedlich stark ausgeprägt sind. Ein sehr bezeichnendes und lehrreiches Beispiel

8 G. Ammon, Gruppendynamik der Aggression, Berlin 1970.

sind etwa die Eskimos: Stämme im Polargebiet kennen buchstäblich keinen Krieg. Südlichere Stämme, Nachbarn kriegerischer Indianer, unternehmen hingegen organisierte Raubüberfälle. Vor dem Kontakt mit der Zivilisation kannte die Sprache der grönländischen Eskimos keine Schimpfworte und kein Wort für Krieg. Von weißen Matrosen, die sich zankten und prügelten, sagten die Eskimos: ›Die halten einander nicht für Menschen!‹

Es gibt kaum ein Resultat vergleichend-völkerkundlicher Forschung, welches so zweifelsfrei feststeht wie die Tatsache, daß aggressives Verhalten durch gesellschaftliche Einflüsse außerordentlich stark beeinflußt wird. Besonders wichtig ist hier, daß gerade die Kulturen, die den Menschen stammesgeschichtlich formten – nämlich die der Jäger und Sammler – besonders wenig aggressiv sind. Das legt den Schluß nahe, daß nicht die biologische, sondern allenfalls die kulturelle Entwicklung für ein Überhandnehmen der menschlichen Aggressivität verantwortlich ist; wir werden später noch auf diese Frage zurückkommen.

Zunächst müssen wir ein Element der ethologischen Aggressionslehre kritisch überprüfen, wonach der Mensch über einen »territorialen Imperativ« verfügt, also durch eine angeborene, unauslöschliche Triebtendenz dazu gezwungen wird, sein Gebiet gegen Übergriffe Fremder zu verteidigen. Desmond Morris, dessen Buch über den »Nackten Affen« bekannt geworden ist, wertet sogar das Blumen-Abgeben beim Besuch einer fremden Wohnung als Versuch, die instinktive Territorial-Verteidigung des Gastgebers zu beschwichtigen. Nervöse Spannungen in Großstädten werden dadurch erklärt, daß dort jeder (ob er nun in einem Slum lebt oder im Villenviertel!) dauernd andere Menschen in seinem unbewußt-instinktiv verteidigten Territorium dulden müsse.

Solche Thesen sind in jüngster Zeit bereits durch die Feldforschung an Primaten fragwürdig geworden. Georg Schaller[9], der monatelang Gruppen von Berggorillas im unzu-

9 G. Schaller, The Mountain Gorilla, Chicago 1963.

gänglichen Regenwald des Kongo begleitete, konnte keinerlei territorialen Ansprüche bei diesen mächtigen Tieren beobachten, deren Angriffslust bisher durch phantasievolle Geschichten von Großwildjägern weit überschätzt wurde. Auch Jane van Lawick-Goodall[10], die jahrelang Schimpansen in freier Wildbahn beobachtete, hat keinen Hinweis auf territoriales Verhalten gefunden. Die einzelnen Schimpansengruppen lebten friedlich miteinander im selben Gebiet, ihre Angehörigen wechselten oft von Gruppe zu Gruppe.

Wenn der Mensch jemals Territorialverhalten in sein »angeborenes« Verhaltensrepertoir aufgenommen hat, dann müßte er es jedenfalls im Zuge seiner Entwicklung vom Pflanzenfresser zum »Raubaffen« getan haben. Beobachtungen über die Territorialität von Ackerbauern sagen ja über die biologisch bedingten Verhaltensweisen nichts aus, da sich die instinktiv verankerte Territorialität nur bei Jägern und Sammlern entwickeln konnte, während sie bei Ackerbauern nur die kulturelle Kopie eines Instinkts darstellen kann, sein Gebiet zu verteidigen.

Die meisten bis heute erhaltenen Gruppen von Jägern und Sammlern kennen nun keine Territorialität. Sie durchstreifen ihr Gebiet in Gruppen, deren Zusammensetzung dauernd wechselt, so daß es gar nicht möglich ist, daß eine Gruppe ein bestimmtes Gebiet immer für sich beansprucht. Die Feldforscher[11] sind sich weitgehend einig, daß das Teilen der Jagdbeute oder des Sammelertrags, der gegenseitige Austausch von Geschenken, Essen und manchmal auch der Geschlechtspartner im Leben der Jäger und Sammler eine viel wichtigere Rolle spielen als Wettbewerb oder gar destruktive Aggression. Gerade vom biologischen Standpunkt aus wäre demnach die Nächstenliebe des Menschen ein weit ursprünglicherer Zug als seine Aggressivität. Großwildjagd, die seit einer halben Million Jahre eine wichtige Rolle in der

10 J. v. Lawick-Goodall, My Life among the Wild Chimpanzees, In: Nat. Geographic Mag., Bd. 124, S. 272, 1963.

11 R. Lee, J., De Vore (Hsg.), Man the Hunter, Chicago 1968.

menschlichen Evolution spielt, kann nur in Gruppen erfolgreich durchgeführt werden. Zum Zusammenhalt dieser Gruppen tragen aber gegenseitiger Austausch und das Teilen der Nahrung mit Kindern, Kranken, schwangeren Frauen und alten Leuten so sehr bei, daß der Mensch ohne eine biologische Disposition zu solchen Verhaltensweisen wohl nicht überlebt hätte.

Die Aggressivität andrerseits mußte von Anfang an völlig kontrollierbar sein, wenn sie das Überleben und die Zusammenarbeit in den Gruppen nicht gefährden sollte. Der Mensch mußte aggressiv sein können; aber er mußte diese Aggressivität (im Sinne zerstörerischer Aktivität) auch völlig kontrollieren können, ohne jene Schäden davonzutragen, wie sie aus der Verdrängung sexueller Impulse entstehen. Von einem angeborenen Instinkt zu zerstörerischer Aggression kann bei ihm keine Rede sein.

Die kürzlich von Eibl-Eibesfeldt[12] gegen diese Konzeption der Lebensform von Jägern und Sammlern vorgebrachten Einwände (am Beispiel der Buschmänner) sind aus verschiedenen Gründen nicht stichhaltig, was ich an anderer Stelle ausführlich begründet habe[13]. Eibl stellt sich zunächst in einen Gegensatz zu den meisten anerkannten Primatenforschern (z. B. Georg Schaller, Hans Kummer, Irven DeVore, Jane van Lawick-Goodall), wenn er behauptet, daß auch die dem Menschen am nächsten stehenden Affen – Gorillas und Schimpansen – territorial sind. Er geht hier offensichtlich von einem ungebräuchlich weit gefaßten Begriff der Territorialität aus und kann nur durch eine solche logische Unschärfe die »Territorialität« der Buschmänner erweisen, die ja keinen Krieg kennen und auch nie anderen Gruppen deren Reviere wegnehmen, sich aber auf der anderen Seite gegen die Landnahme durch weiße Kolonisatoren zur Wehr setzen. Jüngere amerikanische Studien an Buschmännern (vor allem

12 I. Eibl-Eibesfeldt, Die !Ko-Buschmanngesellschaft. München 1972.
13 W. Schmidbauer, Die sogenannte Aggression. Hamburg (im Druck).

an den !Kung) streiten eindeutig territoriales Verhalten ab (Richard B. Lee, Irven DeVore, Lorna Marshall u. a.).

Ein ähnlicher Einwand läßt sich gegen die von Eibl angeführten Beweise für zahlreiche Aggressionen im Zusammenleben der Buschmänner selbst machen. Eibl versteht nämlich unter Aggression etwas ganz anderes als die von ihm kritisierten Autoren, vor allem Drohgesten, Necken, Auslachen, Spotten oder das Anspucken, Treten und Prügeln in Kindergruppen. Während etwa Schaller in dem schon zitierten Werk über den Berggorilla diese Tiere, die er sehr lange beobachtet hat, für bemerkenswert unaggressiv erklärt, interpretiert Eibl eben jenes Drohverhalten, das tatsächlich gewalttätige Auseinandersetzungen mit Sicherheit verhindert, als »aggressives Verhalten«.

Wenn man von einem so weit gefaßten Aggressionsbegriff ausgeht, wird es natürlich unmöglich, eine »aggressionsfreie« Gesellschaft zu entdecken. Deren Existenz ist übrigens, obschon Eibl gegen ein solches Konzept polemisiert, meines Wissens noch von keinem Wissenschaftler behauptet worden (auch von mir selbst nicht). In dem von Eibl angegriffenen Buch[14] sprach ich ausdrücklich von »aggressionsarmen« Gesellschaften. Zu eben diesem Resultat kommt Eibl auf einigen Umwegen, wenn er seine Beobachtungen an den !Ko so zusammenfaßt: »Was auffällt, wenn man in einer Buschmanngruppe lebt, ist nicht ein Mangel an Aggressionen, sondern die Tatsache, daß diese Menschen ihre Aggressionen gut zu kontrollieren wissen und daß bei den Erwachsenen die freundlich bindenden Verhaltensweisen dominieren« (Eibl 1972, S. 188). Hier nennt also ein Verhaltensforscher (!) einen Menschen dann aggressiv, wenn dieser seine Aggressionen gut zu kontrollieren weiß. Sollte man aber nicht nur Menschen (und Sozietäten) aggressiv nennen, die ihre Aggressionen eben *nicht* gut zu kontrollieren wissen?

Wenig überzeugend sind auch die Belege Eibls für frühere,

14 W. Schmidbauer, Jäger und Sammler. Als sich die Evolution zum Menschen entschied. München-Planegg 1972.

bewaffnete Aggressionen der Buschmänner. Sie stützen sich auf Quellen aus der Zeit der Landnahme durch weiße Kolonisatoren. Die Tatsache, daß sich die Buschmänner mit ihren Giftpfeilen zur Wehr setzten, wenn weiße Farmer die Wasserstellen der Eingeborenen einzäunten und diese dann wie wilde Tiere abknallten, kann kaum als Beleg für eine aggressive Territorialität gelten, die in der Buschmannkultur wurzelt. Sie erweist nur die territoriale Aggressivität der Weißen. Daß wohl jeder Mensch zu *reaktiver* Aggression fähig ist, habe ich nie bestritten, sondern in zwei von Eibl zitierten Arbeiten ausdrücklich gesagt[15]. Die entscheidende Frage in diesem Zusammenhang ist aber, ob alle Menschen durch einen (von Lorenz und Eibl postulierten) zentralnervösen Instinktmechanismus dauernd zu aggressiven Handlungen gedrängt werden, ob also, wie es Wolfgang Wickler formulierte (und mit überzeugenden Beispielen selbst für den zoologischen Bereich verneinte) »Aggression ein spontan anwachsendes Bedürfnis« ist[16].

Wenn also biologische und kulturanthropologische Erkenntnisse deutlich dagegen sprechen, daß der Mensch in frühen Stadien seiner Evolution (und zugleich während der weit überwiegenden Zeitspanne dieser Evolution) territoriale oder aggressiv-destruktive Instinkte aufwies, dann wird die Frage doppelt interessant, warum zerstörerisches Verhalten gegenwärtig zu den größten sozialen Problemen gehört. Wenn Jäger und Sammler – also jene altsteinzeitliche Lebensform, an die sich der Mensch im Lauf seiner Evolution optimal angepaßt hat – offenbar diese Probleme nicht haben, dann lohnt es sich wohl, ihre Lebensweise genauer zu betrachten.

15 W. Schmidbauer, Methodenprobleme der Human-Ethologie. In: Studium Generale 24, 462–522, 1971. Mit einer Antwort von K. Lorenz, Der Mensch, biologisch gesehen. In: Stud. Gen. 24, 495–515, 1971 und der Diskussion. In: Stud. Gen. 24, 516–522, 1971. W. Schmidbauer, Zur Anthropologie der Aggression. In: Dynamische Psychiatrie 4, S. 36–50, 1971.

16 W. Wickler: Die Biologie der Zehn Gebote. München 1971, S. 118 f.

Vielleicht finden sich in ihrem Zusammenleben ein oder mehrere Züge, die wir dafür verantwortlich machen können[17].

1. Da Jäger und Sammler örtliche Nahrungsquellen ziemlich rasch erschöpfen, sind sie zu ständigem Umherschweifen gezwungen. Unter diesen Lebensumständen ist Besitz nur eines: eine Last. Das persönliche Eigentum muß auf ein Minimum beschränkt geblieben sein, und zwar während der weit überwiegenden Zeitspanne der menschlichen Evolution. Deshalb fallen alle Ursachen für destruktive Aggressivität fort, die in den Besitzunterschieden zu suchen sind, und die bei uns schon im Kindergarten der häufigste Anlaß zu Raufereien sind (»gib mir den Ball . . .«). Die Jäger und Sammler sind die einzigen wirklich klassenlosen Gesellschaften, die wir kennen. Die Ausbeutung des Menschen durch den Menschen, in der Marx einen wichtigen (aber wohl nicht den einzigen) Grund sozialer Gegensätze erkannt hat, ist auf dieser Stufe der Kulturentwicklung nicht möglich. Jäger und Sammler kennen keine Sklaverei, die ja erst im Zuge der sogenannten neolithischen Revolution, nach den ersten Städtegründungen, möglich wurde. Es sollte uns sehr zu denken geben, daß – ganz unabhängig von unserem Urteil über den Marxismus – der Mensch offenbar biologisch für eine Gesellschaft programmiert ist, in der es keine nennenswerten Besitzunterschiede gibt.

2. Es gibt grundsätzlich zwei Wege für den Menschen, seine Bedürfnisse zu erfüllen. Er steht vor der Wahl, wenig zu begehren oder viel zu produzieren. Die Industriegesellschaften haben den zweiten Weg gewählt, dessen Schattenseiten heute immer deutlicher werden (verschmutzte Umwelt, eng gedrängte Menschenmassen). Sie produzieren überflüssige Über-

17 Unsere Zusammenstellung orientiert sich an dem auf einem Symposion über ›Man the Hunter‹ 1968 in Chicago gesammelten Material, an dem eine Reihe international angesehener Anthropologen, darunter Claude Lévi-Strauss, Richard B. Lee, L. R. Hiatt, J. Woodburn, J. Turnbull u. v. a. teilnahmen.

schüsse, die durch eine spezielle, erlernbare soziale Technik – das sogenannte Konsumverhalten – verbraucht werden müssen. Die steinzeitlichen Kulturen galten demgegenüber lange Zeit als Leben an der Grenze des Verhungerns, beherrscht von verzweifelter, pausenloser Nahrungssuche. Offensichtlich hat sich hier der tätige Ackerbauer, der die Basis der Industriegesellschaft schuf, ein Gegenbild konstruiert, um sich selber bei der Stange zu halten. Tatsächlich kann aber auch eine asketische Haltung die Lücke zwischen Bedarf und Nachfrage schließen: Wer auf dem Boden schläft, kann nicht aus dem Bett fallen. Mit dem in der agrarischen Gesellschaft erwirtschafteten Überschuß werden Pläne für die Zukunft möglich, Furcht und Hoffnung beginnen eine Rolle zu spielen, die Jägern und Sammlern unbekannt ist. Arbeiten oder Hungern heißt von nun an die Alternative; »wer nicht arbeitet, soll auch nicht essen«, sagt die neolithische Ameise zur paläolithischen Grille. Die archaische Gesellschaft aber kennt jenen Leistungsdruck der gegenwärtigen Zivilisation nicht, den schon ein altgriechischer Vers vorwegnahm: »Stets der Beste zu sein und vorzustreben den andern«. Daher auch die dem neolithisch geprägten Beobachter unverständliche, von zahlreichen Missionaren getadelte »Faulheit« der »Wilden«, ihre unbegreifliche Sorglosigkeit, als ob – wie der Jesuit und Missionar Le Jeune 1634 schrieb – »ihre Jagdbeute in einem Stall eingeschlossen wäre«.

3. Die altsteinzeitlichen Sozietäten leben weitgehend in kleineren Gruppen, deren Mitglieder gleichgestellt sind. Es gibt keine ausgeprägte soziale Hierarchie und in der Regel keine deutlich herausgehobenen Führer; Männer und Frauen sind gleichberechtigt. Das gilt zumindest für Jäger und Sammler in einem Lebensraum, der wahrscheinlich dem Ursprungsgebiet des Menschen entspricht, nämlich für die Hadza in Tansania, die Buschmänner oder die Pygmäen. Eine Hadza-Frau, die von ihrem Mann für einige Monate verlassen wird, weil er ein anderes Lager aufsucht, kann ihren Mädchenschmuck wieder anlegen und dadurch signalisieren, daß sie

diese Ehe für aufgelöst erklärt. Der zurückkehrende Jäger hat kein Recht, dagegen etwas zu unternehmen. Da die Produktionsweisen – Jagen für die Männer, Sammeln für die Frauen – nach Geschlechtern aufgeteilt sind, hat jeder Partner sein unabhängiges Einkommen. Übrigens haben neuere Studien gezeigt, daß Angehörige steinzeitlicher Kulturen mehr vom Sammeln als vom Jagen leben (wenn man von jüngeren Adaptationen, wie jener der Eskimos, absieht), die Frauen also in der Regel mehr zum Überleben beitragen als die Männer, welche das (freilich stets höher geschätzte) Fleisch erbeuten. Auf die Frage der Aggressivität angewendet: Durch die einfache, egalitäre Sozialordnung fehlen in den archaischen Gesellschaften jene aggressiven Reaktionsweisen, die durch strenge Hierarchien gefördert werden. Eine autoritäre Persönlichkeit im Sinn von Adorno und Brunswik gibt es nicht.

4. Die lokalen Gruppen von Jägern und Sammlern beanspruchen in der Regel kein ausschließliches Recht auf bestimmte Nahrungsquellen oder Territorien. Entsprechende Streitigkeiten als Motiv für Aggressionen fallen also fort. Man könnte sich hier nach dem biologischen Sinn dieser Organisation in flexible Gruppen fragen, die dauernd Mitglieder untereinander austauschen. Er liegt wohl darin, daß auf diese Weise die wechselnd ergiebigen Nahrungsquellen in einem bestimmten Gebiet optimal ausgenützt werden.

5. Die lockere Bindung des Jägers und Sammlers an eine bestimmte Gegend und der häufige Wechsel von Einzelpersonen oder Familien von Gruppe zu Gruppe verhindern schließlich, daß allenfalls auftretende soziale Konflikte destruktiv-aggressive Folgen haben. Wenn man sich streitet, so steht keiner der Gegner mit dem Rücken zur Wand. Keiner hat viel zu verlieren, wenn er den Staub des betreffenden Lagers von den Füßen schüttelt, in dem man sich nicht mit ihm verträgt. Er wird ja von der nächsten Gruppe mit offenen Armen aufgenommen. Auf diese Weise kann eine Ge-

sellschaft, die über keinerlei institutionellen Mittel verfügt, Aggressionen zu zügeln und Streit zu schlichten – keine Polizei, keine Gerichte, keine Häuptlinge – soziale Konflikte auf ein Minimum beschränken und ihre zerstörerischen Folgen verhüten. Physische, rituelle (Kopfjagd, Kannibalismus) und seelische (schwarze Magie, Hexenglauben) Aggressivität spielt demgemäß gerade in den urtümlichsten Gesellschaften der Jäger und Sammler eine sehr geringe Rolle[18].

Archaische Erziehung und Aggression

Betrachtet man die gegenwärtig diskutierten Lehren über die Entstehung von Neurosen und Geisteskrankheiten, so fällt es leicht, eine Beobachtung vieler Völkerkundler zu akzeptieren: Psychische Störungen sind bei Jägern und Sammlern ausgesprochen selten. Der Mensch, der einen so großen Teil seiner Evolution in der hier untersuchten Lebensform verbrachte, hat sich zweifellos optimal an sie angepaßt. Wie man bei Menschenaffen keine spontan auftretenden geistigen oder emotionalen Störungen beobachten konnte, so ist auch für den Homo sapiens zu erwarten, daß er umso seltener an Neurosen leidet, je näher sein Leben demjenigen ist, das er in der maximalen Zeitspanne seiner Evolution führte.

Es wäre freilich falsch, sich hier unmittelbar auf einen hypothetischen »Naturzustand« des Menschen zu berufen, wie es etwa Rousseau und nach ihm Sigmund Freud taten, der die Ursache der Neurosen in den Triebversagungen erblickte, welche die Kultur schlechthin und notwendig dem einzelnen auferlege. Freud hätte hier vorsichtiger sein müssen und sich nur auf eine einzelne Kultur beschränken müssen, die er so gut kannte und die ihn so sehr geprägt hatte: das frühkapitalistische Bürgertum der viktorianischen Epoche. Wie wenig

18 Deshalb irrt auch K. Lorenz, wenn er in seinem Buch »Das sogenannte Böse« die Lebensweise von kopfjagenden Alt-Pflanzern – den Papuas auf Neuguinea – für ein typisches Abbild altsteinzeitlicher Jäger und Sammler erklärt und darin einen Beweis für die Instinkt-Natur der Aggression setzen will.

sich Freud von dieser Kultur, die er so brillant analysierte und kritisierte, innerlich lösen konnte, wird aus seinem Buch »Totem und Tabu« deutlich. Dort läßt er den imaginären »Urvater«, Herrn einer primitiven »Horde« (wie sie tatsächlich nie existiert hat), mit allen Impulsen des frustrierten Viktorianers ausgerüstet in der paläolithischen Savanne Amok laufen.

Freuds Todestrieb-Hypothese ist mit seiner einseitigen Interpretation der Kultur (als notwendig durch massiven Triebverzicht erkaufte Form des Zusamenlebens) eng verknüpft. Wie fast immer, muß man auch hier zugestehen, daß die Tatsachen, auf denen Freuds Lehre vom Todestrieb beruht, gut dokumentiert sind: der »Wiederholungszwang« des seelisch Kranken, der leidvolle, peinigende Symptome nicht aufgeben »will«, die in vielen Hochkulturen recht hohe Selbstmordziffer, die verheerenden Kriege. Aber so, wie Freud diese Tatsachen interpretiert, legt er eine Trennung zwischen menschlicher Natur und Kultur zugrunde, die nicht aufrechterhalten werden kann. Die menschliche Natur ist ja in einer *kulturell geprägten Evolution* entstanden und wurde nicht, wie Freud anzunehmen scheint, von einer mit einem Schlag entstandenen Kultur vergewaltigt.

Freud hat hier die viktorianische Moral, die tatsächlich ein hohes Maß an Triebverzicht forderte, mit Kultur schlechthin identifiziert. Den durch die unerbittlichen Forderungen dieser Moral deformierten Menschen seiner Zeit mit seinen folgerichtig unbändigen verdrängten sexuellen und aggressiven Impulsen verwechselte er mit dem »natürlichen« Menschen, der durch die Kultur »gezähmt« werden müsse. Noch er ist jener sich selbst erfüllenden Prophezeiung zum Opfer gefallen, nach der seit Jahrhunderten in Europa den Menschen die »Erbsünde« eben durch den Glauben an eine solche Erbsünde buchstäblich anerzogen wurde. Verdrängte, in den seelischen Untergrund verwiesene Triebimpulse können sich nicht im Kontakt mit der Wirklichkeit differenzieren und verfeinern; die Einsicht und Sensibilität, zu denen der Mensch von Natur aus fähig ist, erreichen sie nicht mehr.

Freud hat diese Vorgänge und ihr Resultat, das chaotisch-triebhafte, vom ungestalteten Primärprozeß beherrschte »Es«, überzeugend und bis heute gültig beschrieben. Aber er ist in seiner Erklärung dieses Prozesses einen Schritt zu weit gegangen: An dem, was er in seiner eigenen Kultur und an seinen von dieser Kultur geprägten Patienten beobachtete, maß er den Menschen schlechthin. Was er im Unbewußten seiner Kranken fand, das Resultat einer neurotisierenden Erziehung, wurde für ihn zur menschlichen Natur. Die maßlosen sexuellen Ansprüche, die heimtückische Aggressivität seiner Patienten sah Freud von den Forderungen der Kultur und dem aus dem Ödipuskomplex hervorgegangenen »Über-Ich« mühsam gebändigt, vom Ich der Realität angepaßt. Er mußte ein solches Über-Ich für unentbehrlich halten, er sah nicht, daß das Es vom Über-Ich nicht nur kontrolliert, sondern in einem bestimmten Ausmaß auch erst gemacht wird. Je mehr Verdrängungen die Erziehung fordert, je strenger und verbietender das Über-Ich wird, desto »böser«, chaotischer, mehr dieser Verbote bedürftig wird das Es. Wie sich die Lehre von der Erbsünde stets dadurch bestätigt hat, daß sie durch ihre Konsequenzen sündige Menschen produzierte, so sah Freud das Über-Ich dadurch gerechtfertigt, daß es jenes gefährliche Triebleben produzierte, zu dessen Kontrolle es dann unentbehrlich schien.

Möglicherweise sind die Zusammenhänge noch erheblich komplizierter, liegt die Wahrheit irgendwo in der Mitte zwischen dem hier vertretenen, anthropologischen Optimismus und dem Pessimismus Freuds. Aber wenn die Lehre Freuds manchmal wie ein Glaubensbekenntnis vertreten wird, scheint es mir nötig, bei aller Bewunderung vor den Leistungen der Psychoanalyse ihre anthropologischen Grenzen anzudeuten.

Eine der gesicherten Erkenntnisse der Psychoanalyse, die fast die ganze moderne Psychologie übernommen hat, ist die Lehre, daß seelische Störungen in der frühen Kindheit erworben werden. Diese Erkenntnis ist es, die Erziehung heute so schwierig und verantwortungsvoll scheinen läßt, hängt doch von ihr das Lebensglück des Erwachsenen entscheidend ab. Wenn wir die Aggressionsarmut und die weitgehende Freiheit von Neurosen in den archaischen Gesellschaften der Jäger und Sammler kennengelernt haben, dann interessiert uns sicher auch die Art und Weise, in der sie ihre Kinder erziehen. Wir wollen hier ein systematisches (wenngleich sicher sehr vereinfachtes Modell einer Neurosen-Theorie als Anhaltspunkt verwenden, um die evolutiven Aspekte der Neurosen des Zivilisationsmenschen aufzuzeigen. Dieses Modell hat Harald Schultz-Hencke, ein »neopsychoanalytisch« arbeitender Psychotherapeut, entwickelt[19]. Er unterscheidet vier typische Neurosestrukturen, die in der »Gehemmtheit« bestimmter Antriebsbereiche des Kindes wurzeln:

1. Die schizoide Struktur mit Kontaktstörungen und -ängsten, (scheinbarer) Gefühlskälte und der Neigung zu paranoischen Projektionen erwächst aus einer Versagung der frühesten, »intentionalen« Impulse des Neugeborenen. Das Kind wird von der Mutter bewußt oder unbewußt abgelehnt, in Heime abgeschoben, wo es einen Hospitalismusschaden davonträgt, u. ä..

2. Die depressiven Neurosen mit gehemmten Impulsen im Bereich des Haben-Wollens, der Neigung zu einer Aufopferung, die den Betroffenen überfordert und in seiner Angst vor der Selbständigkeit wurzelt, beruhen auf einer Unterdrückung frühkindlich-oraler (mundhafter) Impulse: rohes Abstillen, lieblose Flaschenaufzucht, später strenge Ablehnung selbständiger Wünsche.

3. Die zwanghafte Struktur mit übertriebener Pedanterie, Ritualen, Zweifelsucht, der ständigen Kontrolle alltäglicher Verrichtungen (Wasserhahn zudrehen, Tür versperren) und dem Zwang zu bestimmten Gedanken oder Handlungen (et-

19 H. Schultz-Hencke, Der gehemmte Mensch, Stuttgart 1965. – Lehrbuch der analytischen Psychotherapie, Stuttgart 1951. – Auch Christa Meves, Verhaltungsstörungen bei Kindern, München 1971, richtet sich weitgehend nach diesem Schema.

wa Händewaschen) entsteht aus der rücksichtslosen Hemmung der motorischen Aktivität des Kindes, seines Bewegungsdranges und aus einer übertrieben frühen, peniblen Sauberkeitserziehung.

4. Die hysterische Struktur mit mangelnder Gefühlskontrolle, einer infantil-magischen Auffassung der Welt, künstlichgemacht wirkenden Gefühlen, Koketterie und Konversionssymptomen (etwa Lähmungen, die seelisch bedingt sind) ist die Folge einer frustrierenden, chaotisch-ambivalenten oder lieblosen Erziehung im dritten, vierten und fünften Lebensjahr, wenn die Körperbewegung schon ausgereift ist.

Allen diesen Neurosen ist, unter dem Gesichtspunkt der Aggressionslehre betrachtet, eines gemeinsam: Das unbefangene Ad-gredi der Umwelt, das neugierig-aktive Explorieren des Kindes wird durch Erzieher, die nicht auf die Wünsche des Kindes eingehen, sondern sie entweder unterdrücken oder vernachlässigen (wobei diese Vernachlässigung heute oft als »antiautoritäre« Erziehung beschönigt wird) unterbrochen oder nicht verständnisvoll unterstützt. Es verwandelt sich ganz oder teilweise in destruktive Aggression, die sich beim »Schizoiden« etwa in jähen, zerstörerischen Wutanfällen äußert, beim Depressiven eher in selbstquälerischem Tun (bis zum Selbstmord oder zur Sucht), beim Zwanghaften in dauernden Selbstzweifeln und nörgelnder Kritiksucht, beim Hysterischen in aggressiven Delikten und erotischer Grausamkeit (etwa einem Don-Juan-ähnlichen Verhalten bei Männern und Frauen).

Wir müssen uns bewußt bleiben, daß wir hier kein umfassendes System gefunden haben, das auf alle Fälle neurotischer Beschwerden angewandt werden kann, sondern ein höchst vereinfachtes Modell, an dem man nur bestimmte Zusammenhänge verdeutlichen kann. Für den Betrachter der »primitiven« Kulturen von Jägern und Sammlern ist es sehr aufschlußreich, daß die ersten drei (Teil-)Ursachen neurotischer Syndrome, die man in der Kindererziehung suchen muß, in diesen archaischen Sozietäten sehr selten sind. Und man darf sagen, daß dort, wo Neurosen vorgebeugt wird, immer auch zerstörerischer Aggressivität vorgebeugt wird.

Zunächst einmal ist es nur in einer relativ »zivilisierten« Gesellschaft möglich, Kinder nach der Geburt massiv zu frustrieren, ohne daß sie bald sterben. »Zivilisierte« Säuglingsheime, in denen die Kinder den ganzen Tag die Zimmerdecke anstarren müssen und von Schwestern wie kleine Maschinen im Eilzugstempo gefüttert und gewickelt werden, sind ein gutes Beispiel dafür. Es ist bekannt, daß viele solcher im frühen Säuglingsalter massiv frustrierter Kinder später Hospitalismus-Schäden zeigen: Sie bleiben in ihrer geistigen Entwicklung zurück (manche werden durch die Massenpflege regelrecht schwachsinnig) und sind später unfähig, echte Gefühlsbeziehungen aufzubauen, wenn man sie nicht in irgend einer Weise psychotherapeutisch[20] behandelt. Was das mit Aggressivität zu tun hat? Nun, viele dieser früh frustrierten, mutterlos aufgezogenen Kinder werden später zu »gemütlosen Psychopathen« oder Verbrechern[21]. Eines der bekanntesten Beispiele in jüngster Zeit ist Jürgen Bartsch, der vier Kinder in eine Höhle lockte und zerstückelte – ein mutterlos aufgewachsenes Kind, das viel zu spät adoptiert wurde und zu den Pflegeeltern niemals Kontakt gewann.

Eine Gesellschaft, die keinen moralischen Druck auf die Mutter ausübt, ein Kind leben zu lassen, das sie nicht will oder nicht verkraften kann, wird auch sehr wenige schizoide Neurosen kennen, sehr wenige von der Mutter abgelehnte oder in ambivalenter Überbeschützung aufgezogene Kinder. Ebenso selten dürften orale Frustrationen sein, da in der archaischen Gesellschaft Kinder nur dann überlebten, wenn sie ausreichend lange gestillt wurden (oft bis ins vierte Lebensjahr). Die motorische Expansion, der Bewegungsdrang und die neugierigen Wünsche (»haben-haben«; Schultz-

20 Vergleiche W. Schmidbauer, Seele als Patient, München 1971.
21 Beweise dafür bei John Bowlby, Mathernal Care und Mental Health, London 1951, und E. Schmalohr, Frühe Mutterentbehrung bei Mensch und Tier, München 1968.

Hencke spricht hier bereits von Besitzstreben, das, wie wir gesehen haben, kein biologisches Fundament hat, im Gegensatz zum explorativen Verhalten, der Neugier) des Kindes können ebenfalls in einer Kultur kaum frustriert werden, die beweglich geblieben ist und deren wenige Besitztümer mühelos aus der Reichweite des Kindes genommen werden können. Der Buschmann hängt seinen Bogen und Köcher, seine Frau ihren Lederbeutel mit den Straußeneiern zum Wassertransport und dem Messer an einen Ast – und das Kind hat völlig freie Bahn, sein ad-gredi der Umwelt positiv auszuleben. Ihm diese Freiheit in einem zivilisierten Haushalt zu lassen, ist ein Wagnis, das (bezeichnend genug) erst die antiautoritären Kindergärten wieder unternommen haben. Aber auch sie müssen zahlreiche Grenzen setzen und entweder den Eltern oder den Kindern Opfer abverlangen, die in der steinzeitlichen Erziehung einfach überflüssig waren und weder die Kinder einschränkten noch (das ist ebenso wichtig) von den Eltern verlangten, geduldig zuzusehen, wie ein neugieriges Kleinkind den Schleiflack der Schlafzimmermöbel zerkratzt. Ganz abgesehen davon, daß auch die radikalsten Vertreter einer antiautoritären Erziehung eingreifen, sobald das Kind seinen Forschungsdrang auf das Innere des Fernsehapparats, den Küchenherd oder eine Steckdose ausdehnt. (Bruno Bettelheim[22] hat einmal gesagt, daß man es heute vielen Kindern eher erlaubt, ihre Geschlechtsorgane zu erforschen, als den elektrischen Küchenherd).

Ganz ähnlich ist es in der archaischen Gesellschaft mit den »analen« Impulsen bestellt. Die Erziehung zur Reinlichkeit wird sehr lax gehandhabt und ist in dieser rudimentären Form, vor allem in einer tropischen Umwelt, kein Problem. Ekel gegenüber menschlichen Ausscheidungen ist ohnedies eine sehr junge Errungenschaft, zumindest in der überspitzten Form, in der er viele Kinderstuben beherrscht (während die Waschmittelindustrie ihr Bestes tut, durch intensive Reklame die Schmutzphobie der Zivilisierten auf die Spitze zu

22 B. Bettelheim, Liebe allein genügt nicht. Stuttgart 1970.

treiben). Viele Jäger und Sammler benutzen etwa Urin, um Leder zu gerben. Sie sind gegen Gerüchte relativ unempfindlich und tolerieren die Entleerungen ihrer Kinder ohne den Versuch zu machen, jenes konfliktreiche Unternehmen einzuleiten, das in dem zivilisierten Haushalt die »Sauberkeitserziehung« darstellt. Was Psychologen und Kinderärzte heute den sauberkeitsbewußten Müttern und Vätern raten, nämlich Kinder nicht zur Sauberkeit zu zwingen und lieber zu warten, bis sie – fast immer zwischen zwei und drei Jahren – von selbst sauber werden, ist kein modisches Rezept, das aus neuen Erkenntnissen gewonnen wurde (wenngleich es oft als solches ausgegeben wird), sondern eigentlich nur ein Rückgriff auf das, was während des weit überwiegenden Teils der menschlichen Evolution ohnedies geschah. Das Gleiche gilt für den Rat, Kinder zu stillen und auf Flaschennahrung möglichst zu verzichten, oder Kinder nicht zu prügeln, was bei Jägern und Sammlern ebenfalls fast nie praktiziert wird.

Es ist problematisch, hier einzuwenden, daß jede Gesellschaft ihre Kinder nach den eigenen Normen erziehen müsse. Der Zwang zur Sauberkeit, die motorische Zügelung, die künstliche Aufzucht mit der Flasche, ja selbst das Säuglingsheim mit seinem Hospitalismusschaden sind doch feste Bestandteile der Industriegesellschaft, könnte man sagen. Muß man nicht Kinder, die in diese Sozietäten hineinwachsen sollen, in ihren Betten schreien lassen und sie mit der Flasche in regelmäßigen Zeitabständen füttern, um sie an die Ordnung und Pünktlichkeit zu gewöhnen, die eben herrschen müssen, wenn die Fabriken funktionieren sollen?

Solche Einwände verkennen das evolutive Verhältnis zwischen dem »primitiven« und dem angeblich »zivilisierten« Verfahren, Kinder großzuziehen. Mutation und Selektion haben sicherlich daraufhin gewirkt, uns an die 99 Teile unserer Evolution anzupassen, in der es so »primitiv« zuging, nicht an den Rest. Man muß nur bedenken, wie wenig Möglichkeiten der zivilisierte Säugling selbst in der dezidiert antiautoritären Familie hat, Spannungen abzureagieren, wenn man ihn mit seinem primitiven Bruder vergleicht. Er liegt im sterilen Bett und kann eigentlich nur eines: brüllen. Der andere wird den ganzen Tag auf einem weichen, warmen Körper gewiegt und kann trinken, sobald er Lust hat (auch das »self-demand-feeding«, das Stillen, wenn der Säugling es verlangt, ist keine moderne Idee, sondern wiederentdeckte Steinzeit!). Jede sensible Mutter weiß, was ihr Baby eigentlich lieber hätte. Fast jede hat aber auch ein populäres Buch zu Hause, in dem gefordert wird, daß man ein Baby nicht immer hochnehmen und wiegen darf, wenn es schreit, um es nicht daran zu gewöhnen bzw. zu verwöhnen.

Es ist nicht leicht, einen Ausweg aus diesem Dilemma zu finden, das uns die kulturelle Evolution eingetragen hat. Nur wenige Mütter werden Lust haben, nach dem steinzeitlichen System ihr Kind den ganzen Tag auf den Armen zu tragen[23] (oder ihm beizubringen, sich wie ein Äffchen auf dem Rücken festzuhalten, was australische Kinder schon mit acht Monaten perfekt beherrschen). Doch ist es sicher nützlich, bei Schwierigkeiten mit Babies an diese Gesetze der menschlichen Evolution zu denken. Ein Säugling, der nur dann still und zufrieden ist, wenn er getragen wird, ist kein abnormes oder, wie manche Kinderärzte sagen, neuropathisches Kind, sondern wohl nur besonders ausgeprägt steinzeitlich. Wenn die Mutter es verkraftet, soll sie ihn ruhig viel tragen und wiegen, ohne zu befürchten, daß sie ihn damit verwöhnt. Die Angst, ein Kind durch Zuwendung zu verwöhnen, ist ohnedies fast immer ein Versuch, die eigene Bequemlichkeit zu rechtfertigen. Ich habe nie gesehen, daß italienische Kinder, die auf diese Weise verwöhnt wurden, später besonders

23 In Italien habe ich oft Mütter gesehen, die ihre Hausarbeit virtuos mit einem Kleinkind auf dem Arm zu erledigen wußten. Oft hörte ich auch auf die Frage, was sie denn mit ihren Babies gemacht hätten, »è stato parecchio in collo« (er ist viel getragen worden), wobei sich die ganze Familie abwechselt. Das gilt vor allem für italienische Bauern, wo kleine Kinder auch nachts zwischen den Eltern im Ehebett schlafen (und immer gleich gestillt werden, sobald sie schreien).

anspruchsvoll geworden sind. Das Verhältnis zu den Eltern scheint sogar weit herzlicher, als es hierzulande der Fall ist.

Im Grunde ist es nämlich gerade umgekehrt, als der allzu-häufige Gebrauch des Wortes Verwöhnung vermuten läßt. Wenn man den Säugling und das Kleinkind nicht verwöhnt, das heißt, ihren Bedürfnissen nach Kräften gerecht wird, dann hat man später keine Aussichten mehr, daß sie den Eltern zuliebe auf irgendetwas verzichten, weil keine stabile Bindung aufgebaut wurde. Wenn sich manche Eltern also bemühen, schon von Anfang an eisern konsequent zu sein und keine Extrawünsche ihrer Kinder zu dulden, dann erreichen sie das Gegenteil von dem, was sie bezwecken, nämlich eine solide Basis für ihre spätere Erziehung. Sie zerstören deren Fundament, die emotionale Bindungsfähigkeit des Kindes.

Auch angesichts des motorischen Bewegungsdranges, der überschäumenden Forschungslust des gesunden Kleinkindes ist es oft heilsam, sich an den steinzeitlichen Haushalt zu erinnern. Wer etwa Gerd Biermanns Dokumentation[24] über die Motive betrachtet, aus denen deutsche Eltern ihre Kinder prügeln, erkennt auch, daß die steinzeitliche Umwelt den Eltern weniger Selbstkontrolle und Geduld abforderte und es ihnen leichter machte, auf Schläge als Strafe in der Kindererziehung zu verzichten. Bei uns wird geprügelt, weil sich Kinder beschmutzen, weil sie die Eltern beim Fernsehen stören, weil sie sich zuviel bewegen, weil sie zu neugierig sind, weil sie zuviel schreien, weil sie etwas kaputtgemacht haben . . .

Man hat in Feldstudien festgestellt, welche »Arbeitszeit« pro Tag für Jäger und Sammler notwendig ist und deshalb möglicherweise die »natürliche« Zeitspanne darstellt, in der wir gerne aktiv und zielstrebig tätig sind. Noch keine Gewerkschaft hat es gewagt, diese Arbeitszeit zu verlangen: Es sind knapp drei Stunden am Tag. Und wenn ein altägyptischer Spruch sagt: »Das Ohr des Jungen sitzt auf seinem

24 G. Biermann, Kindsmißhandlung, München 1969.

Rücken; er hört nur, wenn man ihn schlägt«, – dann ist es wohl nur die wenig frohe Botschaft des Neolithikums (»wer nicht arbeitet, soll auch nicht essen«), die der Junge nur unter Gewalt und Zwang zu hören bereit ist.

Wenn man die altsteinzeitliche (Jäger und Sammler) und die jungsteinzeitliche (Pflanzer, Viehzüchter, Ackerbauern) Erziehung einander idealtypisch gegenüberstellt, dann kann man sagen, daß die eine mehr die freiheitliche Persönlichkeitsentwicklung förderte, die andere auf Gehorsam Wert legte. Der Jäger muß (freilich in bestimmten Grenzen) selbständiger und auch schöpferischer sein als der Ackerbauer, bei dem es auf pflichtgemäße Erfüllung von Aufgaben, Gehorsam gegenüber überkommenen Regeln und Traditionen ankommt. Folgerichtig sind die meisten Jägervölker überzeugt, daß Prügel ein Kind zu einem schlechten Jäger machen. Offensichtlich ist es dieses Streben nach dem freien Leben als Jäger und Sammler, das man seit dem Neolithikum den den Kindern austrieb, um sie bei der Stange (des Pfluges) zu halten: »Torheit steckt in dem Herz des Knaben«, sagt das biblische Buch der Sprüche, und fährt fort: »die Rute der Zucht vertreibt sie daraus.« So ist das also, und so hat es wohl sein müssen.

Es liegt nahe, uns hier ein romantisches »zurück zur Natur« unterzuschieben und daran zu zweifeln, daß man aus einem solchen Rückblick auf längst verschollene Übergangsstadien der menschlichen Kulturentwicklung für die Gegenwart lernen kann. Doch dürfen wir nicht vergessen, daß wir biologisch immer noch für ein Leben als Jäger und Sammler geprägt sind. Noch interessanter scheint die Tatsache, daß viele Züge dieser Prägung in der pluralistischen Industriegesellschaft wieder wertvoll werden, wohingegen sie in einer agrarischen Gesellschaft weitgehend überflüssig sind. Man könnte sogar spekulieren, ob die zahlreichen Kriege, welche agrarische Gesellschaften gegeneinander führten, nicht mit dieser vom Ackerbau nicht ausgefüllten Natur des Menschen zusammenhängen.

Eine vergleichende Studie an insgesamt 652 primitiven

Gesellschaften, die von amerikanischen Anthropologen (T. Broch, J. Galtung, Q. Wright) durchgeführt wurde, hat gezeigt, daß mit der Komplexität, dem Grad der Arbeitsteilung in einer Gesellschaft auch ihr kriegerischer Charakter wächst[25]. Ein besonders wichtiger Angelpunkt liegt wohl in der schon mehrfach erwähnten »neolithischen Revolution«. Der schweifende Jäger und Sammler, für den Besitz wirklich nur eine Bürde war, wurde seßhafter Viehzüchter und Ackerbauer. Er konnte größere Gruppen bilden und bald Städte gründen. Die im Ackerbau produzierten Überschüsse machten eine ständische, hierarchisch geordnete Gesellschaft möglich, in der es Könige, Priester, Handwerker, Künstler und – Soldaten gab. Bald bildeten sich sekundäre Territorialität und wohl auch Aggressivität aus: Der Bauer hängt notwendig an seinem Grund und Boden. Wer Besitz erwerben kann, entdeckt auch die Möglichkeit, dem Nächsten etwas wegzunehmen. Gleichzeitig wirkte die harte Arbeit, welche der Ackerbau verlangte, frustrierend und erzeugte auf diesem Weg ein gesteigertes Aggressionspotential.

Die Erziehung der Kinder, in der man ohne Prügel nicht mehr auskam, wirkte in der gleichen Richtung und produzierte den Menschentyp, wie ihn die Geschichte kennt. Denn die Seßhaftigkeit, der Bau von Städten, die Notwendigkeit, kaufmännischen Warenaustausch zu organisieren, die Priesterkaste, welche religiöse Traditionen aufzeichnen wollte, sie alle hatten zusammengewirkt, um die Schrift entstehen zu lassen. So wurde in einigen Jahrtausenden aus dem besitzlosen, unsteten, freien Jäger und Sammler ein Träger von Hochkulturen, der Chroniken aufzeichnen konnte – Chroniken, in denen bald Kriegszüge zu den wichtigsten Ereignissen wurden. Das hat Forscher wie Freud, Lorenz oder Mitscherlich veranlaßt, fälschlich anzunehmen, das gegenseitige Abschlachten gehöre zur menschlichen Natur. Doch die geschichtliche Zeit, in der sie vergeblich nach einem friedlichen Men-

25 T. Broch, J. Galtung, Belligerence among the Primitives. In: Journal of Peace Research, 1966, S. 33–45, und Q. Wright, A Study of War, Chicago 1942.

schen suchten und aus der sie ihren Ausgangspunkt ableiteten, ist nur ein winziger Ausschnitt aus der Spanne menschlichen Lebens auf der Erde.

Offenbar erhielten seit dem Neolithikum aggressivere Kulturen eine »Selektionsprämie« in der kulturellen Evolution: Sie konnten sich auf Kosten ihrer friedlicheren Nachbarn ausbreiten. Damals mag es für das Überleben einer Gesellschaft günstig gewesen sein, wenn sie Kinder heranzog, deren konstruktives »Angehen« (ad-gredi) der Umwelt weitgehend zu destruktiver Aggression verbogen war – mitleidlose Kämpfer, die, ohne mit der Wimper zu zucken, Frauen und Kinder mordeten. Niemand kann leugnen, daß der Mensch Aggression lernen kann – durch das Vorbild der Eltern (wenn sie ihn prügeln, wird er Prügel für eine richtige, gute Sache halten), durch Mythen und Legenden, die Totschlag verherrlichen, durch Kriegsspiele und bramarbasierende Zuchtmeister, (heute vielfach durch Film und Fernsehen: Ein zwölfjähriges Kind in New York hat, seit es mit sechs Jahren anfing, das Fernsehprogramm zu verfolgen, mindestens 10 000 Morde, Prügeleien und sadistische Foltern auf dem Bildschirm verfolgt). Aber nichts berechtigt uns dazu anzunehmen, daß destruktive Angriffslust dem Menschen angeboren ist, daß sie ihm stammesgeschichtlich einprogrammiert wurde.

Ein Beweis aus jüngster Zeit für die »Selektionsprämie«, die aggressive Kulturen erhalten, ist die Geschichte des Kolonialismus[26]. In wenigen Jahrhunderten haben die imperialistischen Mächte den ganzen Erdball aufgeteilt und ausgebeutet: Der Kolonialismus spiegelt, ins Gigantische gesteigert, jene Züge des menschlichen Unbewußten wider, die der imperialistischen Kultur entsprechen und die Freud so glänzend analysiert hat: Maßlosigkeit im sexuellen Bereich (den viktorianischen Kolonisatoren waren die Frauen der »Wilden« Freiwild), ungehemmte, zügellose Aggressivität, während man bewußt glaubte, den »Primitiven« Kultur und Fort-

---

26 G. v. Paczensky, Die Weißen kommen. Hamburg 1970.

schritt zu bringen. Schon vor dem, was im flandrischen Grabenkrieg, um Verdun oder später in Auschwitz geschah, schon lange vor den Nürnberger Prozessen gehörte der Völkermord zu den typischen Gaben der Weißen an die unterjochten Kulturen: Die amerikanischen Indianer wurden in wenigen Jahrzehnten von einigen Millionen auf Zehntausende dezimiert, die Australier mit vergiftetem Mehl und anderen heimtückischen Mitteln aus dem Weg geschafft.

Die Mehrzahl der Konflikte, die heute den Weltfrieden bedrohen, resultiert aus dieser kolonialistischen Epoche, in der die Aggressivität einer bestimmten Gesellschaftsform (der kapitalistischen Industriegesellschaft) praktisch den gesamten Erdball eroberte. Diese »Selektionsprämie« ist freilich teuer erkauft, und es wäre fesselnd genug, sich zu fragen, ob kollektive Angriffslust noch heute eine Kultur erfolgreicher macht als eine andere. Immerhin scheint es nicht mehr gerechtfertigt, diese Frage so rückhaltlos zu bejahen, wie es im vorigen Jahrhundert zweifellos angezeigt gewesen wäre[27].

Sicher können wir nicht auf die Stufe der Jäger und Sammler zurückkehren, eine Rückkehr, die wir uns nie als die in ein irdisches Paradies vorstellen dürfen. In der kulturellen Evolution haben sich nicht nur die Schattenseiten und die Gefahren, sondern auch die Chancen des Menschenlebens gewaltig vermehrt. Doch möglicherweise kann eine Erziehung, die sich an die biologisch festgelegten »Steinzeitprogramme« in der körperlichen und seelischen Struktur des Menschen erinnert, manche Schattenseiten des Fortschritts beheben helfen. Dieser Erziehung mag es Anlaß zur Hoffnung sein, daß der Mensch nicht biologisch auf das Abreagieren zerstörerischer Impulse festgelegt ist.

27 Nicht zu übersehen ist, daß sich die Aggressivität heute zunehmend von der militärischen Ebene auf wirtschaftliche und Auseinandersetzungen mit rein politischen Mitteln (»kalter Krieg«) verlegt. Die Zusammenhänge zwischen individueller Angriffslust und politischem Zugzwang sind kaum mehr durchschaubar.

XI. Die Grenzen der Erziehung

Je länger man sich mit Kindern und mit Kinderpsychologie beschäftigt, desto schwerer fällt es, praktische Ratschläge zu geben, die in jedem Fall nützlich sind. Die einzelne Familie ist ein sehr komplexes System; wer mit plumpen Händen eingreift, richtet trotz bester Absichten nicht selten Schaden an. Was ich in diesem Buch zu vermitteln suchte, ist kein neues Erziehungsrezept, sondern eher seelische Widerstandskraft *gegen* solche Rezepte, die sich auf kritische Reflexion über die grundlegenden Aufgaben des Erziehens einerseits, die Hintergründe der heute modischen Lehren andrerseits stützt.

Woran es in vielen Familien heute fehlt, ist nicht das Wissen um Erziehungsregeln, die durch eine breitgestreute Informationswelle vermittelt werden, sondern persönliche Sicherheit, Selbstvertrauen und Ausdauer. Viele Mütter stehen zwischen mehreren Parteien: dem Kind etwa, das unbefangen und freiheitsdurstig heranwächst, und der Großmutter, die überall nur Ungezogenheit sieht. Diese Mutter, die anti-autoritär erzogen hat, wird vielleicht erschrecken, wenn sie jetzt eine kritische Stimme hört. Sie sollte sich nicht beirren lassen. Wichtiger als ein Sortiment von Vorschriften auf dem neuesten Stand ist die Kontinuität in der Erziehung.

Viele Eltern entwerten ihre Verbote und Vorschriften selbst, weil sie viel zuviel verbieten und erwarten, das Kind werde dann schon die Hälfte davon respektieren. Das ist völlig verfehlt. Auf diese Weise entstehen jene harthörigen Kinder, die vor einer Kulisse ständiger mütterlicher oder väterlicher Klagen und Schimpfereien tun, was ihnen paßt. Solche Eltern sind oft noch sehr autoritär geprägt, sie haben bestimmte Vorstellungen, wie ein Kind »sein muß«. Doch es fehlen ihnen Zeit, Energie und wohl auch schon Überzeugung, um selbst mit gleicher Strenge vorzugehen, wie es ihre eigenen Eltern taten. Sie revidieren ihre Theorie nicht, kümmern sich aber auch nicht darum, sie noch in die Tat umzusetzen. Dann werden dauernd der Egoismus, die Inkonsequenz, die fehlenden geistigen Interessen der Kinder beklagt; »zu meiner Zeit war das anders«. Die Kinder, denen das dauernde Gejammer zuviel wird, ziehen sich wirklich auf sich selbst zurück und geben dadurch den elterlichen Klagen über ihren Egoismus neuen Stoff.

Wenn man heute fordert, mit Verboten sparsam umzugehen, so liegt darin auch ein Versuch, die Erziehung ökonomischer zu gestalten. Nur ein Verbot, das wirklich dauernd eingehalten wird, ist sinnvoll. Kinder respektieren Grenzen, die immer deutlich markiert sind; sie kümmern sich nicht um Grenzen, die heute gelten und morgen nicht. Kinder richten ihr Handeln auch viel mehr nach den unmittelbaren Folgen ein, als es der Erwachsene, der viel längere Zeitspannen überblickt, spontan begreifen kann. Der Erwachsene weiß, daß Haarewaschen notwendig ist; das Kind verbindet damit nur die Erinnerung an Wasser in den Augen und protestiert. Der Erwachsene hat oft und oft verlangt, daß das Kind nicht mit Bauklötzen wirft. Das Kind aber hat immer wieder beobachtet, wie die Erwachsenen sich nicht um es kümmern, solange es ruhig spielt, auch wenn es deutlich zu erkennen gibt, daß es sich langweilt. Aber wenn es anfängt, mit Klötzen zu werfen, dann wendet man sich ihm zu – zwar mit bösem Gesicht, aber manchmal ist es dem Kind lieber, es wird geschimpft, als daß sich die Mutter gar nicht um es kümmert.

Ein sehr wesentlicher Vorzug der freiheitlichen Erziehung, in der man dem Kind Zeit und Raum läßt, sich selbst zu kontrollieren, liegt darin, daß sie vielen Wutausbrüchen des Erziehers vorbeugen kann. Denn je mehr ein Erzieher seinen Ehrgeiz darein setzt, dem Kind – vor allem dem Kleinkind – bestimmte Dinge beizubringen oder zu verbieten, desto größer wird auch die Gefahr, daß er zornig wird, wenn das Kind sich seinen Ansprüchen versagt. Fast immer liegt in solchen Fällen der Fehler bei dem, der wütend wird: Er hat entweder nicht richtig erklärt, was er wollte, oder das Kind deutlich überfordert.

Es ist immer falsch, ein Kind anzulügen, auch wenn es noch so bequem sein mag. Dazu gehört auch der Vorwurf, ein Kind sei »böse«, weil es sich anders verhält, als der Erzieher es will. Hier handelt es sich ja um eine besondere Form der Unehrlichkeit. Nicht das Kind ist böse, sondern sein Verhalten ist unerwünscht. Es ist besser, man drückt in solchen Situationen die eigenen Gefühle aus, statt das Kind zu verteufeln: »Wenn du noch einmal mit dem Hammer gegen den Schrank schlägst, werde ich wütend und schmeiße dich 'raus!« – Womit man freilich provoziert, daß (wie meine Tochter mit drei Jahren) das Kind gelegentlich durch den Garten stapft und mit dumpfer Stimme sagt: »Ich bin ganz sauer, daß mich der Papi die grünen Tomaten nicht pflücken läßt...« Worauf es hier ankommt, ist der Einsatz moralischer Wertungen (die indirekt Verdrängungen fördern) durch Verbote, die als realistisch erlebt werden, weil sie in der Gefühlsreaktion anderer Menschen wurzeln. Ein Kind, dem gesagt wird, daß es »böse« ist oder einen schlechten Charakter hat, wird früh in seinem Selbstbewußtsein beeinträchtigt, während ein Kind, das den Widerstand seiner Mitmenschen gegen bestimmte Handlungen nachvollziehen lernte, Verbote akzeptieren wird, ohne die eigenen Impulse zu unterdrücken. Sinnlos ist es auch, dem Kind alles Gute vorzurechnen, das man schon für es getan hat, damit es in einer bestimmten Situation gehorcht. Unter Erwachsenen gilt der Appell an die Dankbarkeit mit Recht als unfein; Kindern gegenüber ist er es nicht minder. Außerdem steigert sich der Erwachsene, der an kindliche Dankbarkeit appelliert, leicht in eine rührselige Stimmung hinein (»was habe ich nicht für dich getan – und so lohnst du es mir«), in der er dem Kind gar nicht mehr sachlich gegenübertreten kann.

Von den Schwierigkeiten der Geduld

Voller guter Vorsätze beginnt der Tag des Erziehers; am Abend verzichtet er klugerweise meist auf eine Bilanz. Man will nie die Beherrschung verlieren, nie unnötig die Selbständigkeit des Kindes einschränken, nie schlagen, immer geduldig an die Einsicht appellieren. Die Praxis sieht meist anders aus; selbst diplomierte und lehranalysierte Psychologen verteilen gelegentlich Klapse und brüllen aus vollem Hals. Hoffentlich gereicht es den weniger geschulten Eltern zum Trost, wenn sie das erfahren. Doch sollte man solche Fehler nicht nur machen, sondern auch aus ihnen lernen. Weniger ratsam ist es, den bequemsten Weg zu wählen und das Kind für die eigene Ungeduld verantwortlich zu machen, wie es nicht selten geschieht. »Raffinierte Biester«, heißen die Kinder dann, »die genau wissen, was sie wollen«. War es nicht höchste Zeit, daß sie mal »einen Dämpfer bekommen«?

Kinder verfügen tatsächlich oft über ein fein abgestimmtes Arsenal, ihre Wünsche durchzusetzen. Es reicht von der charmanten Bitte über das drängende Geschrei bis zum Gebrüll und zum demonstrativen Wutanfall. Nützlich scheint mir, sich dann in die Situation des Kindes zu versetzen. Dieses angebliche Raffinement, die sozialen Techniken, zu erreichen, was man will, dienen dem Kind dazu, sich in einer Welt durchzusetzen, in der es – außer seiner kleinen Persönlichkeit – nichts einzusetzen hat, um den Lauf der Dinge zu beeinflussen. *Die Erwachsenen halten sämtliche familiären Produktionsmittel besetzt.* Sie können die Türen zusperren und öffnen, sie können das Auto anlassen und mit ihm wegfahren, sie können einkaufen, sie verfügen über ein unschätzbares Gut – über Einsicht in Zusammenhänge nämlich, die sich das Kind langsam, mühselig und stückweise erwirbt. Wenn das Kind hier nicht »raffiniert« wäre, dann fände es nur bei ideal verständnisvollen Eltern, die unbegrenzt Zeit für es haben (und wir sind alle keine solchen Eltern) genügend Gelegenheit, seine Bedürfnisse zu befriedigen. Es ist notwendig, daß der Erwachsene seine nahezu unbegrenzte

Macht über das Kind erkennt, wenn er sie nicht mißbrauchen soll, wenn er Machtansprüchen des Kindes, so chaotisch und unvernünftig sie ihm scheinen mögen, tolerant und geduldig begegnen will.

Wie kann man Vorsorge treffen, daß man nicht die Geduld verliert – jene kostbare Eigenschaft, die im Umgang mit Kindern so wertvoll ist? Vorsätze allein sind hier ein schlechter Weg. Der Erzieher soll sich vor allem selbst prüfen und sich nicht auf einen Weg einlassen, den er nicht bis zum Ende gehen und bis zum Ende verkraften kann. Es ist nutzlos, einem Kind erst schrankenlose Freiheit zu gewähren, wenn man später nicht zu diesem Prinzip stehen will, – etwa weil es die Nachbarn stört, weil die Großmutter dagegen ist und man ihr nicht zu widersprechen wagt oder weil die Erbtante artige Großneffen wünscht.

Kinder sind verschieden

Neill und andere Autoren, welche die antiautoritäre Erziehung beeinflußt haben (etwa Wilhelm Reich, Arno Plack) scheinen überzeugt, daß alle Störungen eines Kindes fehlerhaften Erziehungsmaßregeln anzulasten sind. Diese Lehre enthält eine wichtige ethische Forderung an die Eltern: Sie sollen ihre Kinder so erziehen, daß sie zu seelisch gesunden Erwachsenen werden. Sie ist im Prinzip optimistisch: Richtig erzogen, wird aus jedem Kind ein zufriedener, glücklicher Mensch. Schließlich enthält sie eine entschiedene Absage an den Fatalismus einer einseitigen Erbtheorie, der bis heute vor allem die deutsche Nervenheilkunde prägt. Nicht mehr unerklärliche und unabänderliche Erbfaktoren sind verantwortlich, wenn ein Mensch an einer Neurose oder Psychose erkrankt, sondern die Familie, in der er aufwuchs, war in ihren sozialen Interaktionen gestört.

Sicher darf man diese Verdienste einer an der Umwelt orientierten Lehre von der menschlichen Entwicklung nicht unterschätzen. Völlig falsch wäre es auch, in jenen Fehler zu verfallen, wonach jede Eigenschaft des Kindes von irgendeinem Anverwandten originalgetreu vererbt wurde (»diese Bosheit, die hast du sicher von deiner Tante Emmy. Die ist im Irrenhaus gestorben, paß nur auf, daß es dir nicht auch so geht...«)[1]. Aber man darf auch nicht verkennen, daß die im Prinzip so hilfreiche und humanitäre Orientierung Neills, die alle Verhaltensschwierigkeiten des Kindes den Eltern und ihren Fehlern zur Last legt, mißbraucht und ihrer Menschlichkeit entkleidet werden kann, sobald man Vorwürfe gegen diese Eltern aus ihr schmiedet und sie zu Selbstanklagen anhält. Sicher, es gibt krasse Erziehungsfehler, Eltern, die ihren nackten Egoismus in erhabene moralische Formeln kleiden, so daß es dem Betrachter schwer fällt, sie nicht offen jener Bosheit anzuklagen, die sie an ihren Kindern bejammern. Auf der anderen Seite gibt es aber auch Eltern, die sich redliche Mühe geben – und doch zeigt ihr Kind Verhaltensschwierigkeiten. Hier sind Dummheit und Herzlosigkeit eher bei jenen zu suchen, die alle Schuld bei den Eltern suchen und sie anklagen.

Man muß keineswegs zu einer Theorie von angeborenen Charakterdefekten zurückkehren, wenn man daran festhält, daß Kinder von Geburt an durchaus verschiedene Persönlichkeiten sind. Gerade diese Erkenntnis mahnt uns auch nachdrücklich zur Bescheidenheit und Zurückhaltung, wenn es gilt, die »Schuld« für kindliche Verhaltensschwierigkeiten und Neurosen aufzuspüren. Nachweislich ist es nämlich so, daß es Kinder gibt, die auf eine durchschnittliche (und mit durchschnittlichen Fehlern behaftete) Erziehung sehr gut ansprechen und ihren Eltern nie ernstlich Kummer machen. Das ist erfreulich genug, rechtfertigt aber nicht, daß sich diese Eltern nun in die Brust werfen und sich als perfekte Erzieher loben, weit besser als die Frau drei Häuser weiter, die Schwierigkeiten, nichts als Schwierigkeiten mit ihrem Ältesten hat. Solches Selbstlob verrät eigentlich nur, daß der Betreffende noch nicht begriffen hat, worum es geht.

1 Über diese sich selbst erfüllenden Prophezeiungen vergleiche S. 96.

Jeder Kinderpsychologe kennt Fälle, in denen gestörte Kinder offensichtlich nicht viel anders erzogen wurden als gesunde. Spricht das nun dafür, daß die Erbanlagen eben doch »stärker« sind als die Umwelt? Keineswegs; es spricht nur dafür, daß man von der falschen Alternative Erbe – Umwelt weg- und weiterdenken muß. Eine Reihe empirischer Befunde, die wir noch betrachten werden, spricht nämlich deutlich dafür, daß sich weder die rein milieutheoretische (die Einflüsse der Umwelt, vor allem der Mutter, entscheiden allein über seelische Gesundheit und Krankheit, über die normale oder gestörte Persönlichkeitsentwicklung des Kindes) noch die rein genetische (die Erbanlagen bestimmen, ob ein Kind seelisch gesund bleibt oder nicht und welche Persönlichkeit es entwickelt) Lehre aufrechterhalten lassen. Erbe und Umwelt, Gene und Milieu, natürliches Temperament des Kindes und familiäre Prägung wirken dauernd aufeinander ein. In diesem Prozeß einer fortwährenden Wechselwirkung bildet sich der menschliche Charakter. Manche Kinder werden nahezu jede Erziehung weitgehend unbeschadet überstehen; andere müssen sehr viel Glück haben – besonders verständnisvolle Eltern, eine Mutter, die viel Geduld, emotionale Reife und Zeit hat – um keine seelischen Störungen davonzutragen. Zahlreiche Daten[2] sprechen dafür, daß selbst Leiden, die man früher für weitgehend erbbedingt hielt, wie etwa die Schizophrenie, nur auf einer sehr allgemeinen Disposition beruhen, die man als Neigung interpretieren kann, auf ungünstige Umwelteinflüsse besonders stark zu reagieren.

Die Einsicht in diese dauernde Wechselwirkung zwischen Anlage und Milieu, zwischen Temperament und Umwelteinfluß mahnt uns nicht zur Resignation – wie es die reine Erbtheorie tut – sondern zur Bescheidenheit, wenn es gilt, über den Erfolg einer bestimmten Erziehung zu urteilen. Man kann gar nicht vorsichtig genug sein, wenn man ein bestimm-

2 Diese Frage wird in: W. Schmidbauer, Seele als Patient, München 1971, ausführlich behandelt.

tes Fehlverhalten eines Kindes den Eltern ankreiden möchte. Es ist nämlich immer möglich, daß diese Eltern ein weniger »schwieriges« Kind mühelos hätten erziehen können. Und wer stolz ist auf die Früchte seiner Pädagogik, tut gut daran, sich zu fragen, ob nicht auch ganz andere Wege bei diesem Kind zum Ziel geführt hätten.

Seit über einem Dutzend Jahren haben drei amerikanische Forscher, Alexander Thomas, Stella Chess und Herbert C. Birch, zahlreiche Kinder von Geburt an beobachtet und herauszufinden versucht, ob es charakteristische Unterschiede gibt, die erlauben, bereits ein Baby einem bestimmten Temperamentstypus zuzuordnen[3]. Tatsächlich fand sich eine ganze Reihe von Eigenschaften, in denen sich Kinder von Geburt an sicher unterscheiden:

1. Stärke des Bewegungsdranges – es gibt aktivere und weniger aktive Kinder.
2. Regelmäßiger Rhythmus der körperlichen Funktionen (Essen, Ausscheiden, Schlafen, Wachen) oder unregelmäßiger Rhythmus.
3. Reaktion auf neue Objekte oder Personen: Neigt das Kind eher dazu, die neue Situation zu akzeptieren oder sie abzulehnen und sich zurückzuziehen?
4. Paßt sich das Kind in seinem Verhalten Umweltveränderungen rasch oder nur sehr langsam an?
5. Reagiert es besonders sensibel auf äußere Reize?
6. Reagiert es besonders intensiv auf neue Reize?
7. Ist die allgemeine Stimmungslage des Kindes freundlich, weinerlich, versöhnlich oder mißmutig?
8. Inwieweit ist das Kind ablenkbar?
9. Wie groß ist seine Aufmerksamkeitsspanne – der Zeitraum, in dem es sich auf etwas konzentrieren kann?

Hier einige Beispiele, die zeigen, daß sich manche Temperamentseigenschaften über Jahre hin erhalten können. Der kleine Donald zeigte fast sofort nach der Geburt ein erstaunlich hohes Niveau körperlicher Aktivität. Er bewegte sich

3 A. Thomas u. Mitarb., The Origin of Personality. In: Scientific American, Bd. 214, S. 102–110, 1970.

unablässig, sobald er wach war, und drehte sich selbst im Schlaf noch sehr oft um. Mit sechs Monaten »paddelte er wie ein Fisch« in seiner Badewanne, mit zwölf zappelte er beständig, wenn man ihn anzog. Mit 15 Monaten war er ein flinker Läufer; die Eltern berichteten, sie seien dauernd auf der Jagd nach ihm. Mit zwei Jahren wurde er als »dauernd in Bewegung, springend und kletternd« geschildert, mit drei »kletterte er wie ein Affe und rannte wie ein losgelassener Hund«; mit vier – so berichtete die Erzieherin im Kindergarten – kehrte er dort das Unterste zuoberst. Mit sieben Jahren hatte Donald Schwierigkeiten in der Schule, da er immer noch unfähig war, sich lange genug still hinzusetzen, um irgendetwas zu lernen, und die anderen Kinder durch seine dauernde Unruhe störte.

Kinder haben fast immer ein höheres Aktivitätsniveau als Erwachsene; es fällt ihnen weit schwerer, ruhig zu liegen oder zu sitzen. Bei Donald hatte diese motorische Unruhe einen besonders hohen Grad erreicht. Wir haben gesehen, daß sich diese Eigenschaft während seiner Kindheit nicht änderte, offensichtlich nicht zuletzt deshalb, weil Donalds Eltern seine Unruhe geduldig ertrugen. Aber wir können uns vorstellen, daß ein Kind wie Donald, das an sehr ruhebedürftige Eltern gerät (oder etwa von den Großeltern aufgezogen wird) viel eher in seiner Aktivität gehemmt (und damit vielleicht in eine depressive Neurose getrieben) wird als ein Kind mit ruhigerem Temperament. Wir sehen hier, wie die »Erbanlagen« zu bestimmten seelischen Störungen aussehen können. In der Familie eines derart überaktiven Kindes mögen öfter Depressionen vorkommen als in anderen Familien, nicht, weil sich die Depressionen »vererben«, sondern weil Angehörige dieser Familie von ihrem Temperament her besonders in Gefahr laufen, auf hemmende Einflüsse der Umwelt zu stoßen. Nichts wäre verfehlter, dann von einer »ererbten Depression« zu sprechen, die man nicht verstehen könne. Aber andrerseits wäre es auch falsch anzunehmen, daß *allein* durch bestimmte Umweltfaktoren bei jedem Kind jede beliebige seelische Krankheit auftreten könne.

Das Temperament des Kindes ist nicht unveränderlich; es kann durch Umwelteinflüsse unterstrichen, abgemildert oder verwandelt werden. Oft paßt sich das Kind in einer liebevollen, ruhigen Atmosphäre so vollkommen an, daß seine grundlegenden Temperamentseigenschaften teilweise verdeckt werden. So wird ein leicht erregbares Kind, das auf neue Situationen mit heftiger Abwehr reagiert, zunächst das Baden mit Gebrüll ablehnen, aber alsbald lernen, daß Wasser auch eine angenehme Sache sein kann. Daß trotz dieser Anpassung an die Alltagsroutine die Angst vor neuen Situationen bestehen bleiben kann, zeigt etwa der Fall der zehnjährigen Grace, die zu den 141 Kinder gehörte, welche Thomas, Chess und Birch über zehn Jahre lang beobachteten. Grace ging gern in die Schule; sie hatte viele Freunde und schien sehr zufrieden mit ihrem Leben. Doch als sie die Schule wechseln mußte, glaubten die Eltern, ihr ausgeglichenes, ruhiges Mädchen nicht wiederzuerkennen. Grace reagierte mit heftiger Angst auf die neue Umgebung. Die Psychologen forschten nun in den früheren Berichten über Grace und fanden, was die Eltern offensichtlich vergessen hatten: Schon als Baby reagierte das Mädchen auf neue Situationen gewöhnlich mit Angst und zog sich zurück – nicht nur beim ersten Bad, sondern auch als sie zum erstenmal in den Kindergarten ging, oder am ersten Schultag. Erst jetzt wurde klar, daß die akute Angstreaktion auf die neue Schule mit ihren neuen Lehrern, Klassenkameraden und Lernforderungen tief in Graces Temperament verwurzelt war, in einer Neigung, sich nur langsam auf neue Situationen umzustellen und erst einmal mit ängstlicher Zurückhaltung zu reagieren.

Problemlose Kinder und Problemkinder

Nach den amerikanischen Längsschnitt-Studien über die Entwicklung der Persönlichkeit kann man drei typische Temperamente von Kindern unterscheiden. Dabei lassen sich rund zwei Drittel aller Kinder einer bestimmten Gruppe zuordnen, während das restliche Drittel in kein Typenschema paßt, sondern eine Eigenschaftsmischung zeigt, die sich nicht auf einen gemeinsamen Nenner bringen läßt[4]. Wenn Thomas und seine Mitarbeiter zugeben, daß ihr Schema nur für einen Teil der Kinder zutrifft, so macht das übrigens ihre Typenlehre glaubwürdiger als die angeblich allgemeingültigen Klassifizierungen anderer Pädagogen und Psychologen.

Ein erster Typ der kindlichen Persönlichkeit, der sich bereits im frühen Säuglingsalter bemerkbar macht, ist das »problemlose« Kind. Seine Haupteigenschaften sind positive, zufriedene Stimmung, regelmäßige Rhythmen der körperlichen Funktionen – Hunger, Schlaf, Ausscheidung –, geringe bis mäßige Heftigkeit der Antwort auf neue Reize. Es ist anpassungsfähig und gewöhnt sich rasch an neue Situationen. Im Säuglingsalter entwickeln diese Kinder bald voraussagbare Schlaf- und Eßgewohnheiten. Sie schreien selten und haben in der Regel einen für die Eltern einsichtigen Grund dafür. Die Mutter wird nicht oft nachts aus dem Schlaf gerissen; sie findet es leicht, ihrerseits ruhig und ausgeglichen mit dem Kind umzugehen. Diese positive Rückkopplung zwischen Mutter und Kind darf man nicht übersehen; sie führt dazu, daß Babies mit einem günstigen Temperament auch eher eine günstige Umwelt finden.

Die Kinder der ersten Gruppe sind meist gut gelaunt. Sie gewinnen leicht und schnell neue Bekannte, passen sich an geänderte Lebensumstände ohne viel Aufhebens an, essen auch ungewohnte Speisen, sind eher entgegenkommend als abweisend zu Fremden. Wenn sie älter werden, sind sie immer die ersten, wenn es gilt, die Regeln für neue Spiele zu lernen, Freundschaften zu schließen und sich in der Schule zurechtzufinden.

4 In der psychologischen Forschung arbeitet man solche Typen mit einem Mindestmaß an Spekulation durch mathematische Methoden heraus, die darauf beruhen, die Korrelationen zwischen den einzelnen Beobachtungsresultaten zu analysieren (Faktorenanalyse). Diese statistisch-mathematische Begründung unterscheidet die hier besprochene Einteilung von spekulativ aufgestellten Typenlehren.

Es ist recht leicht, solche Kinder aufzuziehen. Man kann damit rechnen, daß sie – innerhalb bestimmter Toleranzgrenzen – die verschiedensten Erziehungsstile verkraften, ohne neurotisch zu erkranken. Mögliche Gefahren für diese problemlosen Kinder, die in den amerikanischen Studien rund 40 Prozent – etwas mehr als ein Drittel – der untersuchten Babies und Kleinkinder ausmachten, liegen gerade in ihrer Fähigkeit, sich an eine gegebene Situation anzupassen. Nicht immer ist es ja günstig, den Anforderungen der Umwelt völlig zu gehorchen und damit den Spielraum der eigenen, freien Entscheidung weitgehend einzuengen. Je besser sich ein Kind an seine Umwelt anpaßt, desto schwerer mag es ihm fallen, sich umzustellen, wenn neue Forderungen an es herantreten. Thomas und seine Mitarbeiter illustrieren das etwa am Beispiel der siebenjährigen Isabella, die bisher immer ein problemloses Kind gewesen war. Sie wuchs in einer Familie auf, wo beide Eltern sehr freiheitlich erzogen und viel Wert auf individuelle Einfälle, Phantasie und spontanen Gefühlsausdruck legten. Isabella zeigte bald diese Eigenschaften in ausgeprägtem Maß. Als sie jedoch in die Schule kam, leistete sie weit weniger, als aufgrund ihrer Begabung zu erwarten gewesen wäre. Es fiel ihr schwer, Freunde zu finden und sich mit ihren Lehrern gut zu stellen. Schließlich stellte sich heraus, daß diese Schwierigkeiten aus ihrem Unwillen und ihrer Unfähigkeit entstanden, sich an die Vorschläge der Klassenkameraden für gemeinsame Unternehmungen anzupassen und den Ratschlägen des Lehrers zu gehorchen (ein weitgehend typischer Konflikt, der auf viele im Zug der »antiautoritären« Welle erzogene Kinder zukommt und sich wohl immer dort als leichter lösbar erweist, wo man zwar Freiheit gewährte, aber außerdem auch auf Einsicht in soziale Spielregeln und emotionale Sensibilität Wert legte).

Man riet nun den Eltern, Isabella nicht mehr nur zu individuell-persönlichen Einfällen und Entschlüssen zu ermuntern, sondern ihr auch zu zeigen, wie man sich konstruktiv den Wünschen anderer fügt, denen der Lehrer oder der Klassenkameraden. Die Eltern übernahmen diesen Plan, und binnen sechs Monaten fühlte sich Isabella in der Schule wohl.

Nun zur zweiten Gruppe von Kindern mit einem typischen Temperament, das man als »schwierig« charakterisieren kann. Diese Kinder finden als Säuglinge keinen rechten Rhythmus im Schlafen und Essen. Sie reagieren sehr heftig auf neue Reize und neigen dazu, sich vor ihnen zurückzuziehen. Sie sind meist negativ gestimmt, weinen leicht und viel, brauchen lange Zeit, ehe sie sich an ungewohnte Situationen anpassen. Diese Kinder machen ihren Eltern viel Mühe; sie brauchen besonders viel Ausdauer und Toleranz. Hier kann es also möglicherweise zu einer negativen Rückkopplung kommen: Das Kind ist zimperlich und weinerlich, die Mutter und der Vater werden unwirsch, worauf das Kind mit noch lauterem Geschrei reagiert und somit den Ärger der Erwachsenen weiter steigert – Vorgänge, die jeder kennt, der selbst Kinder hat, die aber angesichts eines Problemkindes sicherlich schwerer wiegen als bei Kindern mit ausgeglichener Stimmung und besserer Anpassungsfähigkeit.

Übrigens kann gerade die Einsicht in die verschiedenen Temperamentsanlagen von Kindern viel dazu beitragen, daß es gar nicht zu einem solchen Teufelskreis kommt.

Allzuoft beruht der Ärger einer Mutter über ihr weinerliches, immer wieder in lautes Gebrüll ausbrechendes Kind darauf, daß sie sich schämt, unsicher wird und an Minderwertigkeitsgefühlen leidet. Sie hält sich für eine schlechtere Mutter als die anderen, deren Kinder immer so viel »braver« sind als ihr eigenes. Diese Unsicherheit kann nicht nur zu Aggressionen – offenen und verdeckten, bewußten und unbewußten – gegen das Kind führen (die alles nur schlimmer machen), sondern auch die Toleranz und Ausdauer mindern, welche gerade die Mutter des schwierigen Kindes so nötig braucht. Und so wichtig ein empfindliches Gewissen (Mache ich es auch richtig?) in der Erziehung ist (denn ein »gesunder Instinkt« fehlt dem kulturgeprägten Menschen in diesem Gebiet weitgehend), so unnütz scheint mir ein schlechtes Gewissen, weil das eigene Kind weniger gut funktioniert als das Nachbarskind oder das in verschiedenen Erziehungs-Briefen und -Büchern geschilderte Idealkind.

Von Geburt an reagieren Kinder unterschiedlich auf Versuche, sie zu beeinflussen, sprechen verschieden auf neue Situationen und Anpassungsforderungen an. Es ist unsinnig und verrät einen bedenklichen Mangel an entwicklungspsychologischem Wissen, das Heranwachsen eines Menschen ähnlich zu bewerten wie den Wettlauf von Sprintern im Stadion: Wer zuerst einen bestimmten Punkt erreicht hat, hat gewonnen. Wer ihn nicht erreicht, hat verloren; oder seine Erzieher haben versagt.

Allgemeine Aussagen sind hier schlechterdings nicht möglich. Es ist richtig, daß in vielen Fällen nicht das Kind schwierig ist, sondern die Eltern. Falsch ist es aber, daß immer nur die Eltern allein für alle Schwierigkeiten ihrer Kinder verantwortlich sind. Auch die neurotische Mutter, die ihr Kind neurotisiert, handelt ja nicht böswillig, sie mag ja ihrerseits von ihrer eigenen Mutter als Kind neurotisiert worden sein.

Noch ein dritter Temperamentstypus von Kindern hat sich in Langzeitbeobachtungen herausgeschält. Man kann diese Gruppe »Langsamstarter« nennen, Kinder, die eine längere Zeit brauchen, um warm zu werden, ihre Aktivität zu entfalten, neuen Situationen etwas abzugewinnen. Solche Kinder sind meist nicht sehr aktiv und neigen dazu, sich angesichts ungewohnter Forderungen passiv zu verhalten.

Man muß sich angesichts einer solchen Typenlehre bewußt bleiben, daß reine Typen sehr selten sind. Die meisten Kinder sind nicht immer problemlos und auch nicht immer schwierig oder Langsamstarter. *Sie sind bald das eine, bald das andere; nur aus dem relativen Überwiegen einer Eigenschaft kann man auf die Zugehörigkeit zu einer bestimmten Gruppe schließen.* Jedes dritte Kind schließlich konnten Thomas, Chess und Birch überhaupt nicht einordnen. Daß ihre Einteilung trotzdem einen gewissen Wert besitzt, zeigt die recht unterschiedliche Verteilung von Verhaltensstörungen auf die drei Gruppen. Von den 141 Kindern, die über längere Zeit hin regelmäßig beobachtet wurden, zeigten 42 Verhaltensstörungen (Bettnässen, Schulschwänzen, übermäßige Aggressivität, Schulversagen und ähnliche Symptome), so daß die Eltern einen Psychologen oder Psychiater zu Rate ziehen mußten. Nun stellte sich heraus, daß die Gruppe der schwierigen Kinder, obschon sie nur den zehnten Teil aller Beobachteten ausmachte, die größte Quote gestörter Kinder stellte, gefolgt von den langsam startenden Kindern. Rund 70 Prozent der schwierigen Kinder zeigten Verhaltensstörungen, aber nur 18 Prozent der problemlosen Kinder.

Während wir am Fall Isabellas gesehen haben, daß die »problemlosen« Kinder trotz ihrer guten Anpassungsfähigkeit in Schwierigkeiten geraten können, wenn sie etwa in der Schule ganz anderen Anforderungen begegnen als zu Hause, ist es bei den schwierigen Kindern anders: Sie müssen von Anfang an besonders rücksichtsvoll behandelt werden. Die Eltern müssen damit fertigwerden, daß ihr Kind nicht so gut schläft, nicht so regelmäßig ißt, nicht so selten schreit wie andere Kinder, daß es lange Zeit braucht, um sich an das Familienleben anzupassen. Sind die Eltern ungeduldig, hastig oder gar böse mit dem Kind, werden seine negativen Reaktionen noch verstärkt. Andrerseits haben die Langzeitstudien sehr deutlich gezeigt, daß auch ein Kind mit schwierigem Temperament durch geeignete, gleichmäßige und geduldige Führung dazu gebracht werden kann, mit anderen auszukommen und situationsentsprechendes Verhalten zu entwickeln. Es dauert länger, es kostet mehr Mühe, aber es lohnt sich.

Die richtige Strategie für das langsam startende Kind besteht vor allem darin, ihm Zeit zu geben, mit neuen Situationen warm zu werden. Nicht die Eltern dürfen bestimmen, wann es gerne baden will oder gerne neue Speisen essen mag, sondern das Kind selbst. Andrerseits dürfen die Eltern aber auch nicht resignieren und überhaupt darauf verzichten, dem Kind neue Eindrücke zu vermitteln. Sie müssen es im Gegenteil immer wieder ermutigen, seine Zurückhaltung zu überwinden. Sonst kann es geschehen, daß sich ein solches Kind entwickelt wie der kleine Robert: Seine Eltern ermunterten ihn nie, etwas Neues zu lernen. Sie nahmen nur einfach Dinge weg, die ihn störten, ersparten ihm in Zukunft Kontakte, die er einmal abgelehnt hatte, stellten Speisen für immer vom Tisch, die er einmal verweigerte. Als Bobby zehn Jahre alt war, lebte er praktisch von Hackbraten, Apfelmus und weichgekochten Eiern, spielte immer allein und verabscheute es, neue Menschen kennenzulernen oder sich ungewohnten Situationen auszusetzen. Doch war Bobby offensichtlich zufrieden, wenn man ihn allein ließ und es ihm erlaubte, sein Arbeits- oder Spieltempo selbst zu bestimmen.

Bereits eine so rohe Einteilung in problemlose, schwierige und langsam startende Kinder zeigt, wie ungerechtfertigt und fragwürdig Erziehungsrezepte sind. »Eines schickt sich nicht für alle« – oder anders ausgedrückt: wer von einem Kind anderes verlangt, als seine Temperamenteigenschaften zulassen, wird es notwendig enttäuschen und seelisch belasten. Von einem Kind mit viel Ausdauer und langer Aufmerksamkeitsspanne sollte man nicht erwarten, daß es sofort kommt, wenn die Eltern rufen; man muß es bitten, doch nach einer bestimmten Zeit zu kommen. Ein motorisch sehr aktives Kind, das sich dauernd bewegen muß, sollte nicht geschimpft werden, wenn es während einer achtstündigen Autofahrt zappelig und unleidlich wird. Es wäre besser, der Vater hielte öfter an und verschaffte ihm Gelegenheit zu einem kleinen Auslauf. In der Schule wird das motorisch besonders aktive Kind dauernd in der Bank hin und her rutschen, mit seinen Nachbarn reden, mit seinen Schreibutensilien spielen – kurz das tun, was die meisten Lehrer schlicht »stören« nennen. Ein Erzieher, der nun nach dem Rezept vorgeht: »Disziplin muß sein; da gibt es keine Ausnahmen«, wird ein solches Kind bestrafen und dadurch wohl die Überaktivität für einige Tage unterdrücken, auf der anderen Seite aber auch dem Kind das Gefühl vermitteln, es sei ein schlechter, unbeliebter Schüler. Richtiger wäre es in diesem Fall, wenn der Lehrer (der wie alle Erwachsenen seinen Bewegungsdrang weit besser beherrschen kann als ein Kind, vor allem ein überaktives) sich nicht durch dieses störende Verhalten verärgern ließe, sondern versuchen würde, es in konstruktive Bahnen zu leiten – Tafelabwischen und Lehrmaterial verteilen etwa.

Das anpassungsfähige, positiv gestimmte und neuen Forderungen oder Reizen aktiv entgegentretende »problemlose« Kind wird sicher gut mit viel Freiheitsspielraum zurechtkommen. Das ist bei »schwierigen« oder »langsam startenden« Kindern weniger zu erwarten. Das schwierige Kind kann seine Fähigkeiten nicht entwickeln, wenn man ihm nicht dabei hilft, ist aber zu zurückhaltend und lehnt ungewohnte Reize zu sehr ab, um von sich aus aktiv Hilfe zu suchen. Es braucht vorsichtige und vor allem ausdauernde Hilfe; zurückhaltend sollte man mit zu hohen Ansprüchen sein, die es überfordern und enttäuschen (worauf es möglicherweise mit Wutausbrüchen antwortet). Auch für Kinder mit hoher Ablenkbarkeit und geringer Ausdauer ist eine ausgesprochen antiautoritäre Erziehung wenig geeignet. Wenn sie ihre Anlagen entfalten sollen, müssen sie wirklich gefordert werden. Ein Kind mit primär geringer Ablenkbarkeit und hoher Ausdauer hingegen wird auch dann seine Begabung entfalten, wenn man ihm lediglich Anregungen und Spielraum gewährt.

XII. Schluß

»Im Grunde gibt es nur eine ›richtige‹ Erziehung – das Aufwachsen in einer Welt, in der
zu leben sich lohnt. Unsere gesteigerte Sorge
um die Probleme der Erziehung bedeutet in der
Tat, daß die Erwachsenen eine solche Welt
nicht haben.«[1]

Abschließend wollen wir die wichtigsten Gesichtspunkte zu-
sammenfassen und fragen, welche Bedeutung die Diskussion
um eine repressionsarme Erziehung für zukünftige Entwick-
lungen hat. Das Modell Summerhill zeigt, daß man die
finanziellen Aufwendungen für eine Volksschule in einem
Maß steigern müßte, wie es kaum erreicht werden kann. In
Summerhill unterrichtet ein Lehrer rund sieben Schüler; in
den staatlichen Schulen dreißig bis vierzig. Neills Schule hat
Werkstätten, ein Schwimmbad, und als Leiter einen erfahrenen Kinderpsychologen; das alles für 50 bis 70 Schüler.

Man wird allenfalls Einzelheiten übernehmen können:
Freiwilliger Besuch des Unterrichts, offene Klassenzimmer
scheinen zumindest in den höheren Klassen durchaus möglich. Es wird aber nötig sein, hier soziologisch sehr genau zu
differenzieren. Nur Kinder mit guter Lernmotivation, die
meist aus der Mittelschicht kommen, können sich spontan so
für ein Fach interessieren, daß sie den Lernstoff einiger Jahre
konventionellen Unterrichts in einigen Monaten beherrschen.
Bei Kindern aus Arbeiterfamilien ist es viel wichtiger, ihre
Interessen erst einmal zu wecken und die sprachlichen Bar-
rieren zu überwinden, die sie sehr oft hindern, einen diffe-

---

1 Paul Goodman, Growing up absurd – problems of youth in
the organized society, New York 1960.

renzierteren Lernstoff überhaupt aufzunehmen. Bei diesen Kindern reicht es auch einfach nicht aus, daß der Lehrer wartet, bis sie sich spontan für sein Angebot interessieren. Neill hat hier den Sonderfall des hochkreativen Spätentwicklers für ein typisches Modell des Kindes schlechthin genommen. Das ist, wie wir gesehen haben, biographisch zu verstehen, wird aber vielen Kindern einfach nicht gerecht, deren intellektuelle Möglichkeiten auf diese Weise verschüttet bleiben können. Hier wird in Zukunft die auf Intelligenzförderung ausgerichtete Vorschule das antiautoritäre Erziehungsprogramm in vielen wesentlichen Punkten ergänzen[2].

Wir haben in der Einleitung gesehen, wie Neill im Grunde durch eine kommerzielle Idee zum Theoretiker der antiautoritären Erziehung gemacht wurde. Betrachten wir noch einmal Gemeinsamkeiten und Unterschiede zwischen Neills Konzeption und den frühen Experimenten mit antiautoritären Kinderläden, durch welche die Welle antiautoritärer Erziehungsliteratur eingeleitet wurde. Eben jene psychoanalytischen Arbeiten, auf die sich die Studenten der sozialistischen Elternräte stützten, haben auch Neill beeinflußt, als er seine Schule gründete. Das geschah vor etwa fünfzig Jahren, und so alt sind auch die Materialien, die seit 1965, zunächst in Berlin, Frankfurt und München, in Raubdrucken verbreitet und als Arbeitspapiere den Experimenten mit antiautoritären Kinderläden zugrundegelegt wurden. Wie die Studenten, neigt auch Neill eher zu der »optimistischen« psychoanalytischen Auffassung Wilhelm Reichs, daß der Mensch keinen angeborenen Aggressionstrieb hat, sondern nur durch negative Kindheitserlebnisse, vor allem moralischen Zwang und Hemmung der kindlichen Sexualität, aggressiv und unselbständig wird.

Gegenüber diesen Gemeinsamkeiten darf man die Unter-

2 A. Flitner, Der Streit um die Vorschulerziehung. In G. Bittner und E. Schmidt-Cords (Hrsg.), Erziehung in früher Kindheit, München 1968. – H.-R. Lückert, Begabungsforschung und Bildungsförderung als Gegenwartsaufgabe, München 1969.

schiede aber nicht übersehen. Neill spricht fast durchweg über seine Erfahrungen mit älteren Kindern zwischen sieben und vierzehn Jahren, während die Kinderläden die Altersgruppe zwischen zwei bis fünf Jahren aufnahmen. Und Neill versteht seine »freie« Erziehung, die in Deutschland heute zum wichtigsten Modell der »antiautoritären« geworden ist, ausdrücklich unpolitisch. Er will die Gesellschaft nicht ändern, sondern nur verhindern, daß die ihm anvertrauten Kinder durch gesellschaftliche Zwänge unglücklich gemacht werden. Er hält es für ebenso falsch, ein Kind zum Sozialisten und Pazifisten zu erziehen, wie es eine nationalistische oder militaristische Indoktrination wäre.

Die ursprünglichen Vertreter der antiautoritären Kinderläden haben diese neue, weit populärer werdende Fassung des Konzepts der antiautoritären Erziehung mißtrauisch verfolgt und sind endlich dazu geführt worden, sich entweder für eine »sozialistische« Erziehung einzusetzen oder überhaupt den Versuch aufzugeben, über neue Erziehungsmodelle ihrem Ziel der befreiten Gesellschaft näher zu kommen. Heute ist das Konzept der antiautoritären Erziehung weitgehend in die bestehende Gesellschaft integriert. »Antiautoritäre Erziehung« hat aber nicht nur ihren politischen Sinn eingebüßt, sondern ist auch zum Schlagwort geworden. Aus dieser Entwicklung leiteten wir die Notwendigkeit ab, Grundbegriffe der antiautoritären Erziehung kritisch zu analysieren, um einerseits die Verwirrung auf diesem Gebiet etwas zu klären, andrerseits verunsicherten Eltern zu helfen, sich wieder unbefangener ihren Kindern zuzuwenden.

Der erste dieser Grundbegriffe ist die Autorität. In keinem Fall plädiert die antiautoritäre Erziehung dafür, sie abzuschaffen; sie will lediglich absolute Zwangsautorität, die keinen Widerspruch duldet und nicht mit sich argumentieren läßt, durch sachgebundene Autorität ersetzen, die keinen Anspruch stellt, der über ein beweisbares Mehr an Wissen, Erfahrung und Einsicht hinausgeht. In diesem Zusammenhang scheint es notwendig, noch einmal darauf hinzuweisen, daß es gefährlich ist, nur die beiden Möglichkeiten einer »autoritären Manipulation« des Kindes und eines »antiautoritären Freiheitsspielraumes« zu sehen. Wo die Eingriffe des Erwachsenen dazu dienen, den Wirklichkeitssinn, die Einsicht in sachliche und soziale Zusammenhänge und die Sensibilität des Kindes zu fördern, sind sie nicht autoritär, sondern gehören in den Bereich der Sachautorität, durch die Lernmotivation und Ichstärke ausgebildet werden. Wir haben gesehen, daß eine wesentliche Gefahr des einseitigen Verstehens antiautoritärer Thesen darin liegt, daß *jeder* Eingriff (etwa in das kindliche Spiel) für eine autoritäre Manipulation erklärt wird (E. und E. Busche 1970).

Damit kommen wir zu einem zweiten Mißverständnis der antiautoritären Erziehung: Sie wird mit Verwöhnung identifiziert oder von Eltern als Rechtfertigung dafür angeführt, daß sie ihre Kinder emotional vernachlässigen. An dem Begriff der Verwöhnung haben wir kritisiert, daß er undifferenziert und fassadenhaft ist; wer sein Erziehungsverhalten, sei es positiv (»ich habe das Kind zusehr verwöhnt«) oder negativ (»man darf Kinder keinesfalls verwöhnen«) nach diesem Wort ausrichtet, muß in die Irre gehen. Was heute meist als Verwöhnung gilt, ist emotionale Vernachlässigung, die durch materielle Geschenke und ein großzügiges Angebot an Freiheiten ausgeglichen wird. Die Gefahr ist sehr groß, daß Eltern die antiautoritären Thesen dahingehend mißverstehen, daß sie sich in ihrem Verzicht auf emotionale Zuwendung und ihrem Desinteresse an den Kindern bestätigt fühlen und glauben, sie hätten schon immer antiautoritär erzogen, weil sie sich nie um ihre Kinder gekümmert haben. Vielleicht sollte man noch sagen, daß emotionale Zuwendung zunächst einfach darin besteht, vor allem in den ersten sechs Lebensjahren *Zeit* für das Kind zu haben, es selbst zu betreuen, es nicht in ein Heim, in eine Krippe oder zu bezahlten Pflegeeltern zu geben.

Die antiautoritäre Erziehung ist nur als Gegenmodell zu verstehen. Ihr Ziel richtet sich vor allem darauf, keinen »autoritären Charakter« entstehen zu lassen, der nach dem Zweiten Weltkrieg als grundlegende Ursache von Faschismus, Nazismus und Rassismus beschrieben wurde. Dieses Ziel scheint zumindest in Summerhill erreicht zu werden, während man über die Erfolge der antiautoritären Kinderläden oder -gärten in dieser Hinsicht noch nichts weiß. Eine wichtige Komponente der autoritären Persönlichkeit ist ihr gebrochenes Verhältnis zur Sexualität. Obschon kulturanthropologische Argumente dagegen sprechen, daß eine nicht-unterdrückte kindliche Sexualität in jedem Fall zu einer nicht-autoritären und nichtaggressiven Persönlichkeit des Erwachsenen führt (wie Reich annahm), gibt es doch viele Beweise dafür, daß in der Verarbeitung der kindlichen Sexualität die gesunde oder neurotische Einstellung des Erwachsenen auf diesem Gebiet vorausprogrammiert wird. Wir haben hier auch auf die entgegengesetzte Gefahr hingewiesen, daß man nämlich Kinder künstlich sexualisiert, indem man eine »Bejahung der kindlichen Sexualität« fordert, ohne genau zu wissen, wie diese kindliche Sexualität beschaffen ist. Eine Kritik der Libidotheorien Freuds und Reichs kann zeigen, daß die von ihnen beschriebene kindliche Sexualität nicht rein biologischen Ursprungs, sondern mindestens teilweise das Produkt einer extrem repressiven Einstellung der damaligen Gesellschaft zur kindlichen Sexualität war. Da diese Unterdrückung heute, nicht zuletzt dank der weiten Verbreitung psychoanalytischen Gedankengutes, nicht mehr in diesem Ausmaß gegeben ist (und sicher nicht in jenen Familien stattfindet, welche sich entschlossen haben, die kindliche Sexualität zu bejahen), scheint es notwendig, den Spielraum freundlicher Toleranz nicht zu überschreiten und ein Kind nicht etwa zu der theoretisch vorgefaßten Konzeption kindlicher Sexualität zu bekehren, die man aus der Lektüre der Arbeiten Reichs gewonnen hat. Diese Forderung, die Bejahung der kindlichen Sexualität auf Toleranz zu beschränken, ist vor allem auch deshalb wichtig, weil der Erwachsene möglicherweise die Selbstkontrolle verliert, wenn er sich auf sexuelle Spiele mit Kindern einläßt.

Eine sehr wichtige Rolle in der Diskussion um die antiautoritäre Erziehung spielt die Frage nach der Natur menschlicher Aggressivität. Wer an einen angeborenen Aggressions-instinkt (Konrad Lorenz) oder Aggressions- bzw. Todestrieb (Sigmund Freud, Alexander Mitscherlich) glaubt, der muß naturgemäß skeptisch bleiben gegenüber einem Versuch nach antiautoritären Prinzipien – auch wenn sie nicht mißverstanden werden – durch Freiheit und emotionale Zuwendung allein zu erziehen. Wir glauben nun, daß dieser Einwand nicht stichhaltig ist und sich die reaktive, von Lernprozessen bestimmte Natur der menschlichen Aggression durch den kulturanthropologischen Vergleich verschiedener Gesellschaftsformen erweisen läßt. Doch diente die Betrachtung des Lebensstils von Jägern und Sammlern, wie er das entscheidende Stadium der menschlichen Evolution beherrschte, nicht nur dazu, die These eines Aggressionsinstinktes zu widerlegen. Sie kann auch Anhaltspunkte über die natürlichen Bedürfnisse von Kindern geben, die auf diesem urtümlichen Stadium gesellschaftlicher Differenzierung weit leichter zu befriedigen waren als heute. Wo die antiautoritäre Erziehung versucht hat, dieses »phylogenetische Milieu« den Kindern wieder zu geben (lange Stillperiode, Verzicht auf Sauberkeitserziehung, ein Höchstmaß an Bewegungsfreiheit, keine Unterdrückung der kindlichen Sexualität), bewegt sie sich auf einem soliden Fundament, während man andrerseits die Forderung an eine Gruppe von Vorschulkindern, »sich selbst zu regulieren« (d. h. ohne Eingriffe von Erwachsenen oder älteren Kindern zusammenzuleben) als unbiologisch ablehnen darf.

Die hier unternommene Analyse von Grundbegriffen der antiautoritären Erziehung diente vor allem dem Zweck, unsicheren Eltern, die sich vor die Alternative »autoritäre Manipulation« einerseits, »antiautoritäre Verwöhnung« andrerseits gestellt fühlen (wie man sie heute in der Erziehungsberatung so häufig trifft), zu zeigen, daß ein solches Denken in sich gegenseitig ausschließenden Alternativen nicht gerechtfertigt ist. Es ist durchaus möglich, ein Kind nicht-autoritär, d. h. sachlich zu »manipulieren«, wenn man darunter versteht, daß man seine Fähigkeit fördert, sich in der komplexen

Wirklichkeit unseres Lebens zurechtzufinden. Und andrerseits ist es auch möglich, die Bedürfnisse eines Kindes zu erfüllen, ohne es zu verwöhnen. Die Grenze zwischen Freiheit und Zügellosigkeit, zwischen dem demokratischen und dem laxen Erziehungsstil muß zwar immer wieder neu gezogen werden (und sich auch nach dem Alter des Kindes richten). Aber das heißt keineswegs, daß es eine solche Grenze nicht gibt.

Auch die Betrachtung des Gegensatzes zwischen frustrierender und non-Frustration-Erziehung zeigt, wie verfehlt es ist, hier nach einer Entweder-oder-Schablone zu denken (und zu erziehen). Während die autoritäre Erziehung Kinder aus Prinzip frustriert, weil eben der Erwachsene immer recht haben muß, hat man die antiautoritäre als non-Frustration-Erziehung mißverstanden[3]. Es gibt aber gar keine Erziehung, die Kindern jede Frustration erspart. Wenn die Eltern keine Grenzen setzen, dann tut es die Realität. Wir haben gezeigt, daß manche »überbeschützende« Eltern ihre Kinder über diese durch die Realität selbst gesetzten Frustrationen hinweglügen (und auf diese Weise den Wirklichkeitssinn und die Selbständigkeit der Kinder gefährden), während andere, »vernachlässigende« Eltern ihnen abverlangen, alleine mit diesen unerläßlichen Frustrationen fertig zu werden (die in unserer gegenwärtigen Gesellschaft wohl einen besonders hohen Pegelstand erreichen).

Beide Wege hindern das Kind, wirksame Techniken der Bewältigung von Frustrationen aufzubauen, die Überbeschützung ebenso wie die (sich möglicherweise als antiautoritäre Haltung tarnende) emotionale Vernachlässigung. Nur wenn der Erwachsene dem Kind ein Gefühl der Geborgenheit gibt und versucht, ihm den Zusammenhang zwischen der (gesellschaftlichen) Wirklichkeit und den das Kind treffenden Frustrationen einsichtig zu machen, kann eine wirksame Frustrationsbewältigung aufgebaut werden. Andern-

---

3 Beispiele finden sich in »Summerhill – pro und contra«, vor allem in dem Aufsatz Max Raffertys.

falls wird sich das Kind und später der Erwachsene entweder in einer Neurose oder Psychose von der frustrierenden Wirklichkeit abwenden, oder mit heftigen Aggressionen reagieren. Der erste Reaktionstyp ist öfter mit Überbeschützung verbunden, der zweite mit emotionaler Vernachlässigung[4].

Auch mit dem Hinweis auf die Grenzen der Erziehung, welche ihr die Intelligenz- und Temperamentsanlagen des Kindes setzen, hofften wir elterliche Unsicherheit beseitigen zu helfen. Es geht gewiß nicht darum, die früher herrschende, fatalistische Lehre von der schicksalshaften Vererbung bestimmter Persönlichkeitszüge oder Geisteskrankheiten wieder aufzugreifen. Aber andrerseits kann man auch nicht einfach ableugnen, daß manche Kinder von Geburt an schwieriger zu erziehen sind als andere, indem man – wie es Neill tut – die Schuld an allen kindlichen Verhaltensstörungen Erziehungsfehlern zuschreibt. Es gibt Kinder, die auf eine Erziehung durchschnittlicher Qualität sehr gut ansprechen, und andere, die auf sie mit neurotischen Schwierigkeiten reagieren. Das ist kein Anlaß zur Resignation, denn die von uns zitierten Forschungsergebnisse sprechen dafür, daß man auch solche »schwierigen« Kinder durch Geduld und Ausdauer zu gesunden Erwachsenen erziehen kann. Aber es ist ein Hinweis darauf, jene Selbstgerechtigkeit einzuschränken, die eine reine Milieutheorie den Eltern oder Autoren von Erziehungsbüchern einflößt, die keine gestörten Kinder haben und sich deshalb als perfekte Erzieher in die Brust werfen, obschon sie oft nur von günstigeren Voraussetzungen ausgingen.

Auf ein sehr grundlegendes Problem ist noch hinzuweisen, das auch unser von Paul Goodman übernommenes Motto über diesem Kapitel anspricht. Wir haben eingangs ziemlich harte Worte für die Versuche gefunden, Kleinkindern revolutionäres Gedankengut einzuimpfen. Dabei ging es aber

4 In einer von Gisela Ammon geplanten Veröffentlichung über ihren psychoanalytischen Kindergarten, Berlin, wird das Prinzip der Frustationsregulation ausführlich erläutert werden (pers. Mitteilung, Nov. 1971).

nicht darum, den Sinn oder die Notwendigkeit einer Veränderung dieser Gesellschaft anzuzweifeln, sondern nur darum, einen ungeeigneten Weg dazu zu kritisieren. Wer Kinder mit marxistischen Parolen großzieht, der riskiert, daß sie in der Pubertät aus Protest die Leninplakate von der Wand reißen. Ehe man ein politisches Bewußtsein prägen kann, ist es nötig, die Denkfähigkeit schlechthin zu schulen. Sonst läuft man Gefahr, daß gerade jene revolutionären Ideen, die wie ein religiöser Glaube vor der Entwicklung des kritischen Denkens anerzogen wurden, dem Heranwachsenden mit eben diesem kritischen Denken unvereinbar scheinen.

Trotz solcher Einschränkungen ist Erziehung niemals ein unpolitisches Unternehmen. Wer ein Kind so erzieht, daß es später nicht zwanghaft dazu neigt, sich dem Mächtigeren anzuschließen, der muß nie eine politische Information geben und handelt doch politisch. Der Abbau einer Erziehung zum autoritären Charakter gehört ebenfalls hierher. Es liegt nahe, einzuwenden, daß man auf diese Weise an Symptomen herumkuriere, aber das soziale System selbst nicht ändern könne. Mir scheint, hier wird wieder das Denken in Alternativen zur Scheuklappe. Es ist doch nicht nur möglich, sondern sogar weit menschlicher, das eine zu tun und das andere nicht zu lassen. Wir können gegen die Ungleichheit in unserer Gesellschaft kämpfen und versuchen, auf dem (einzig möglichen) Weg über soziale Reformen diese blindlings konsumierende, ihre natürliche Umwelt zerstörende, jedes zweite Kind neurotisierende und dem privaten Profit einer winzigen Minderheit dienende Sozietät zu verändern. Aber gleichzeitig müssen wir auch versuchen, unsere Kinder so zu erziehen, daß sie auch dann einigermaßen gesund und glücklich bleiben, wenn diese Reformen nicht oder nur sehr langsam durchgesetzt werden können. Es ist unmenschlich, von einer Generation zu verlangen, sich für künftige zu opfern; die Geschichte hat gezeigt, daß sich dieses Opfer noch nie gelohnt hat. Anpassungsfähigkeit bleibt eine wertvolle seelische Leistung des Menschen, auch wenn das, woran man sich anpassen muß, dringend geändert werden sollte. Freilich ist es nötig, hier innerhalb der mit Anpassung umschriebenen Sachverhalte zwischen der zwanghaften und der freien Adaptation zu unterscheiden. Der ängstliche, in seinem Selbstgefühl geschwächte, mißtrauische Mensch wird sich so anpassen, daß er andere Möglichkeiten gesellschaftlichen Zusammenlebens gar nicht mehr wahrnehmen kann und sie mit einem totalen Zusammenbruch seiner Wertwelt gleichsetzen muß. Diese zwanghafte Anpassung resultiert aus einer Erziehung, die dem Kind das Gefühl gibt, nur dann etwas wert zu sein, wenn es genau das tut, was die jeweils Mächtigen von ihm erwarten.

Die gesunde Anpassungsfähigkeit hingegen kommt aus der Einsicht, daß soziale Spielregeln zwar notwendig, immer aber vorläufig und verbesserungsbedürftig sind. Die antiautoritäre Erziehung ist eine Etappe auf dem Weg zu solchen Formen der Anpassungsfähigkeit; man wird sie wohl später einmal als Übergangsstadium verstehen, in dem heftig gegen eine autoritäre Tradition angekämpft wurde, um den Weg für eine künftige, von Freiheit und Sachautorität bestimmte Erziehung ohne Angst zu ebnen.

Literatur

ADLER, A., Menschenkenntnis. Zürich 1947.
–, Individual Psychology. New York 1925.
ADORNO, TH. W. et al., The authoritarian personality. New York 1950.
AICHHORN, A., Verwahrloste Jugend. Bern/Stuttgart 1954.
–, Erziehungsberatung. Zeitschrift f. psychoanal. Päd. Bd. VI, 1932.
ARENDT, H., Authority in the twentieth century. In: Rev. of Politics, *18*, 1956, S. 403.
AUSÜBEL, D. P., Theory and problems of child development. New York 1958.
BALINT, A., Versagen und Gewähren in der Erziehung. In: Z. psychoanal. Päd. Bd. X, 1936.
BANDURA, A. et al., Imitation of film–mediated aggressive models. In: J. abn. soc. Psychology 66, 1963, S. 3–11.
BENEDEK, TH., Elternschaft als Entwicklungsphase. In: Jahrb. d. Psychoanalyse. Bd. I, 1960.
BERGE, A., Autorität und Freiheit in der Erziehung. München 1961.
BERNFELD, S., Antiautoritäre Erziehung und Psychoanalyse. 3 Bde. Frankfurt 1969–1970
BIERMANN, H. (Hrsg.), Handbuch der Kinderpsychotherapie. München 1969.
BORNEMANN, E., Analyse der gegenwärtigen Erziehungssituation. In: Lückert 1964.
BORNSTEIN, ST., Unbewußtes der Eltern in der Erziehung der Kinder. In: Z. f. psychoanal. Päd. VIII, 1934.
BOWLBY, J., Maternal care and mental health. In: WHO Bulletin Bd. III, 1951.
–, Separation anxiety. In: The Internat. J. Psychoanal. *40*, 1959.
BRACKEN, H. v., Zur Sozialpsychologie der Autorität. In: Ps. Rundschau *1*, 1949, S. 94.
BURLINGHAM, D. T., Kinderanalyse und Mutter. In: Z. f. psychoanal. Päd. VI, 1932.
–, Die Einfühlung des Kleinkindes in die Mutter. In: Imago *21*, 1935.
CORRELL, W., Pädagogische Verhaltenspsychologie. München 1963.
–, Lernpsychologie. Donauwörth 1969.

Dührssen, A., Psychogene Erkrankungen bei Kindern und Jugendlichen. Göttingen 1954.

–, Heimkinder und Pflegekinder in ihrer Entwicklung. Göttingen 1958

Erikson, E. H., Kindheit und Gesellschaft. Stuttgart 1961.

–, Das Problem der Identität. In: Psyche X, 1956

Fenichel, O., Über Erziehungsmittel. In: Z. f. psychoanal. Päd. IX, 1935.

Ferenczi, S., Versuch einer Genitaltheorie. Leipzig – Wien – Zürich 1924.

–, Die Anpassung der Familie an das Kind. In: Z. f. psychoanal. Päd. II, 1928.

Freud, A., Erzieher und Neurose. In: Z. f. psychoanal. Päd. VI, 1932.

–, Die Erziehung des Kleinkindes vom psychoanalytischen Standpunkt aus. In: Z. f. psychoanal. Päd. VIII, 1934.

–, Das Ich und die Abwehrmechanismen. München 1965.

–, Psychoanalyse und Erziehung. Bern/Stuttgart 1960.

Freud, S., Gesammelte Werke. London 1940–1952, Bde. I–XVII
Für die Erziehung wichtige Einzelarbeiten:

–, Drei Abhandlungen zur Sexualtheorie (1904, Bd. V)

–, Meine Ansichten über die Rolle der Sexualität in der Ätiologie der Neurosen (1904, Bd. V)

–, Zur sexuellen Aufklärung der Kinder (1907, VII)

–, Die »kulturelle« Sexualmoral und die moderne Nervosität (VII)

–, Charakter und Analerotik (VII)

–, Analyse der Phobie eines fünfjährigen Knaben (VII)

–, Ein Kind wird geschlagen (VII)

Friedländer, K., Neurosis and home background: a preliminary report. The Psychoanalytic Study of the Child, III/IV, 1949.

Gleason, M. C., A study of attitudes leading to the rejection of the child by the mother. Smith College Studies in Social Work I, 1944.

Greenacre, Ph., Toward an understanding of the physical nucleus of some defense reactions. In: Internat. J. of Psychoanalysis 39, 1958.

Grigat, R., Kemmler, R., Autoritäre oder antiautoritäre Erziehung. München 1971.

Groddeck, G., Kinderläden, Kinderläden. In: Vorgänge 9, Nr. 5, 1970.

Haffter, C., Kinder aus geschiedenen Ehen. Bern 1948.

Hart, H. H. (Hrsg.), Summerhill – pro und contra. Reinbek 1971.

Hitschmann, E., Die gröbsten Fehler der Erziehung. Zeitschr. f. psychoanal. Päd. II, 1927.

HORKHEIMER, M., ADORNO, TH. W., Soziologische Exkurse. Frankfurter Beiträge zur Soziologie IV, 1956.

HORKHEIMER, M., Autorität und Familie. Frankfurt 1960.

HORN, H., Erziehung ohne Autorität? Essen 1963.

HORN, K., Dressur oder Erziehung. Frankfurt 2 1967.

HUG-HELLMUTH, H., Vom »mittleren« Kinde. In: Imago VII, 1928.

JACKSON, E. B. et al., Early child development in relation to degree of flexibility of maternal attitude. The Psychoanal. Study of the Child VII, 1952.

JACKSON, E., The self and the object world. The Psychoanal. Study of the child IX, 1954.

KANNER, L., Child psychiatry. Springfield 1957.

KLEIN, M., Die Psychoanalyse des Kindes. Int. Psychanal. Verlag, Wien 1932 (liegt auch in verschiedenen Raubdrucken vor).

KOMMUNE 2 (Hrsg.), Versuch der Revolutierung des bürgerlichen Individuums. Berlin 1968.

KOPPER, J., Autorität und Selbstbewußtsein. In: Stud. gen. 17, 1964, S. 712.

LAFORGUE, R., Familienneurose in psychoanalytischer Sicht. In: Z. f. Psycho-somatische Medizin 7, 1960.

LEVY, D., Maternal Overprotection. New York 1957.

LÜCKERT, H.-R. (Hrsg.), Handbuch der Erziehungsberatung. München 1964.

MALINOWSKI, B., Sex, culture, myth. London 1968.

–, Mutterrechtliche Familie und Ödipus-Komplex. Imago X, 1924.

–, Geschlechtstrieb und Verdrängung bei den Primitiven. Reinbek 1962.

MEAD, M., Mann und Weib. Stuttgart/Konstanz 1955.

MENAKER, E. u. W., Ich-Psychologie und Evolutionstheorie. Stuttgart 1971.

MENG, H., Psychoanalyse und Sexualerziehung. In: Z. f. Psychoanal. Päd. V, 1931.

MÜHLE, G., SCHELL, CH. (Hrsg.), Kreativität und Schule. München 1970.

MITSCHERLICH, A., Ödipus und Kaspar Hauser. Tiefenpsychologische Probleme der Gegenwart. In: Der Monat 3, 1950.

–, Auf dem Weg zur vaterlosen Gesellschaft. München 1969.

– (Hrsg.), Bis hierher und nicht weiter. Ist die menschliche Aggression unbefriedbar? München 1969.

MURPHY, G., Personality; a biosocial approach to origins and structure. New York 1947.

NEILL, A. S., A dominies log. London 1916.

–, A dominie dismissed. London 1918.

NEILL, A. S., A dominie in doubt. London 1920.
–, The problem child. London 1926.
–, The problem parent. London 1932.
–, The problem teacher. London 1939.
–, Heart, not heads. London 1945.
–, The problem family. London 1948.
–, The free child. London 1953.
–, Freedom – not license. New York 1966.
–, Summerhill. A radical approach to child rearing. New York 1960. Deutsch unter dem Titel »Erziehung in Summerhill, das revolutionäre Beispiel einer freien Schule«, München 1965; Taschenbuchausgabe unter dem Titel »Theorie und Praxis der antiautoritären Erziehung« Reinbek 1969.
–, Das Prinzip Summerhill. Fragen und Antworten. Reinbek 1971.
NEWMAN, H. H., How differences in environment affected separated one-egg twins. Multiple human births. New York 1940.
PFISTER, O., Elternfehler in der Erziehung der Sexualität und Liebe. Der Ursprung der Elternfehler. In: Z. f. psychoanal. Päd. III, 1929.
OEVERMANN, U., Soziale Schicht und Begabung. In: Z. f. Pädagogik, Beiheft, Weinheim 1966.
POROT, M., L'enfant et les relations familiales. Paris 1954.
PLACK, A., Die Gesellschaft und das Böse. Eine Kritik der herrschenden Moral. München 1968.
REDL, F., Erziehung schwieriger Kinder. München 1971.
REICH, W., Die sexuelle Revolution. Frankfurt 1969.
–, Die Funktion des Orgasmus. Köln 1969.
–, Der triebhafte Charakter. Leipzig – Wien – Stuttgart 1925.
RICHTER, H.-E., Eltern, Kind und Neurose. Stuttgart 1963.
–, Die narzisstischen Projektionen der Eltern auf das Kind. In: Jahrb. d. Psychoanal. Bd. I, 1960.
SCHMALOHR, H., Frühe Mutterentbehrung bei Mensch und Tier. München 1968.
SCHMIDBAUER, W., Seele als Patient. München 1971.
–, Kleine Psychotherapie. München-Planegg 1970.
–, Psychotherapie – Ihr Weg von der Magie zur Wissenschaft. München 1971.
–, Jäger und Sammler. Als sich die Evolution zum Menschen entschied. München-Planegg 1972.
SKIDELSKY, R., English progressive schools. London 1969.
SPITZ, R. A., Vom Säugling zum Kleinkind. Stuttgart 1969.
–, Hospitalism. A follow-up report. The Psychoanal. Study of the Child, II, 1946.
–, Die Entstehung der ersten Objektbeziehungen, Stuttgart 1959.

Spitz, R. A., Nein und Ja. Die Ursprünge der menschlichen Kommunikation. Stuttgart 1959.

Stern, E., Über Verhaltens- und Charakterstörungen bei Kindern und Jugendlichen. Zürich 1953.

Strecker, E. A., Their mother's sons. New York 1951.

Strzcelewicz, W., Zum Problem der Autorität in der Erziehung. 6. Beih. Z. f. Päd. 1966, S. 53.

Tausch, A. u. R., Erziehungspsychologie. Göttingen 1970.

Toman, W., Die Familienkonstellation und ihre psychologische Bedeutung. In: Aus der Werkstatt des Erziehungsberaters. Wien 1960.

Wolffheim, N., Von den Anfängen der Kinderanalyse und der psychoanalytischen Pädagogik. In: Psyche V, 1951.

Young, K., Personality and problems of adjustment. New York 1952.

Zentralrat d. soz. Kinderläden Berlin (Hrsg.), Erziehung zum Klassenkampf. Berlin 1969.

Zulliger, H., Schwierige Kinder. Bern – Stuttgart 1951.

Erklär mir die Welt
Pipers Kinderlexikon

Herausgegeben von Hans Peter Thiel.
Ein Lexikon für 6—10jährige mit den wichtigsten
Grundinformationen aus der Umwelt des Kindes.
200 Seiten mit über 300 farbigen Abbildungen und
1500 Stichwörtern in 74 Bild-Texteinheiten. Lam. Ppb.

»Das Kompendium für die Schulanfänger der 70er
Jahre.«   Die Welt am Sonntag

»Ein Lexikon, das sich nicht stur vom sinnwidrigen
Prinzip des Alphabets leiten läßt: das ist bemer-
kenswert. Noch dazu ein derart neu eingerichtetes
Lexikon für Kinder: das verdient Applaus . . .
›Erklär mir die Welt‹ bricht mit den Konventionen der
Kinderwelt von A bis Z . . . Alles in allem eine
äußerst geglückte Verbindung von zusammen-
hängender und punktueller Wissensvermittlung.«
                     Frankfurter Allgemeine Zeitung

»Man ist bald erstaunt, was alles in Bild und Wort
von den Lexikonleuten untergebracht worden ist:
wie viele Geschichten, die Informationen sind, und
Informationen, die sich als Geschichten lesen
lassen . . . Man findet alles, was heute — im modernen Kinderalltag — das Kind interessieren könnte
und an was es sich lesend erinnern soll.«
                                      Karl Krolow